THÜRINGEN

Fortsetzung am Ende des Buches

Marianne Mehling (Hg.)

KNAURS KULTURFÜHRER IN FARBE THÜRINGEN

Über 220 farbige Fotos und Grundrisse
sowie 3 Seiten Karten

Autor: Hans Schoder

Fotos: Roland Werner, Norbert Dallinger, Helene Hartl, Klaus König,
Erhard Pansegrau, Hans Schoder, Hans-Joachim Schwerdhöfer, Hans-Horst Skupy

Genehmigte Lizenzausgabe für
Weltbild Verlag GmbH, Augsburg 1998
Vollständige Ausgabe

Idee: Redaktionsbüro Harenberg (Schwerte)
Gestaltung und Herstellung: von Delbrück, München
Karten: Herbert Winkler, München
Stadtplan: Kartographie Huber, München
Grundrisse: Karl Schneider, Solms
Reproduktion: Repro Ludwig, Zell am See
Einbandgestaltung: Franz Wöllzenmüller
Umschlagabbildung: Die Wartburg bei Eisenach (Foto: Bildagentur Mauritius)
Texterfassung und Filmbelichtung: Appl, Wemding
Umbruch: Ventura Publisher im Verlag
Druck: Appl, Wemding
Aufbindung: Großbuchbinderei Sigloch, Künzelsau
Printed in Germany
ISBN 3-8289-0698-2

VORWORT

Thüringen, in der Mitte Deutschlands gelegen, ein Land der sanften Hügel, der dunklen Wälder, der Burgen stolz und kühn, ein stilles Land in Geschichte und Kultur, doch nicht ohne Reiz in seiner Vergangenheit und Gegenwart, einladend und sehenswert.

Die geographischen Grenzen differieren hier stärker als anderswo mit den politischen. Das Thüringer Becken als zentrales Gebiet wird im Norden begrenzt von Harz, Hainleite und Schmücke, im Westen von der Werra, im Osten von Saale und Elster, im Süden vom Thüringer Wald, doch gehen die historischen Grenzen weit darüber hinaus. Die größte Ausdehnung erfuhr Thüringen in der Zeit der Völkerwanderung: Von ca. 400–531 bestand das Königreich der Thüringer, das von der Oker bis an den Main, von der Werra bis zur Elbe reichte. Franken und Sachsen verbündeten sich und zerschlugen 531 in der legendären Schlacht an der Unstrut dieses mächtige Reich. In den nachfolgenden Jahrhunderten unter der Herrschaft fränkischer Herzöge begann die Christianisierung, vor allem mit der Persönlichkeit des Bonifatius, der 741 das Bistum Erfurt gründete und von der Existenz einer Siedlung im Gerabogen berichtete, die als Stadt Erfurt die bedeutendste, wenn auch nicht älteste (Arnstadt 704 erwähnt) in Thüringen wurde. Ihre Souveränität währte nur wenige Jahre; schon 746 wurde sie von der Diözese Mainz übernommen, die bis in das 19. Jh. nicht nur die kirchlichen, sondern auch die politischen Geschicke der Stadt leitete oder doch wesentlich bestimmte. Bald nahmen auch die Reichsklöster Fulda und Hersfeld Einfluß auf die Entwicklung Thüringens durch zahlreiche Klostergründungen in dem noch wenig erschlossenen Land, das auch für die weltlichen Herrscher an Interesse gewann, wie die Gründung einer Reihe von Königshöfen zeigt (Rohr, Mühlhausen, Erfurt, Nordhausen). Der Versuch einer weitgehend territorialen Einheit wurde von dem Geschlecht der Ludowinger unternommen, die sich, von Franken kommend, Mitte des 11. Jh. als Landgrafen von Thüringen über zwei Jahrhunderte im steten Kampf gegen andere bedeutende Grafen – Henneberg, Schwarzburg-Kefernburg, Weimar-Orlamünde – behaupteten und sich von der Wartburg aus in geschickter Weise Geltung über ihr Territorium und darüber hinaus verschafften, nicht zuletzt durch ihre kulturellen Ambitionen in Burgenbau und Minnesang und durch das soziale Wirken der heiligen Elisabeth. Zur Repräsentation ihrer Macht errichteten sie außer dem glanzvollen Palas der Wartburg anspruchsvolle Residenzen in Creuzburg, Weißensee und auf der Neuenburg. Gleichzeitig dienten die Städtegründungen Eisenach, Langensalza, Gotha, Schmalkalden, Tennstedt ihren ehrgeizigen Zielen, doch konnten sie mit dem wirtschaftlich stärkeren Zentrum Erfurt und den Reichsstädten Mühlhausen und Nordhausen nicht konkurrieren.

Nach dem Aussterben der Ludowinger 1247 fiel das Land an die Wettiner, die es durch eine Erbfolge 1482 in zwei Herrschaften teilten, die für Jahrhunderte die Geschichte Thüringens wesentlich prägen sollten: Die nördlichen Teile fielen der albertinischen Linie der Wettiner zu (später Gebiete der Provinz Sachsen), die südlichen dem ernestinischen Kurfürstentum Sachsen (später die sächsischen Herzogtümer Thüringens). Die Bedeutung Thüringens als einheitliches politisches Gebilde war für die kommenden Generationen gering, doch zwei Ereignisse der deutschen Geschichte nahmen hier ihren Anfang: die Reformation und das Wirken Martin Luthers sowie der Deutsche Bauernkrieg. Mühlhausen war das Zentrum der Aufständischen, die 1525 den »Ewigen Rat« gründeten und damit die Forderung, die Gewalt müsse vom Volk ausgehen, erstmals in der deutschen Geschichte verwirklicht hatten, bis zum blutigen Ende in der Schlacht bei Frankenhausen. Nach diesen Höhepunkten folgte eine lange Zeit weiterer Teilungen, eine Zeit des Partikularismus, der im 18. Jh. einen Gipfel erreichte, als Thüringen in viele kleine Besitztümer zersplittert war, die keinerlei politische Bedeutung besaßen und deren Herrscher darauf bedacht waren, für ihre Zwergstaaten aufwendige Residenzen zu schaffen. Thüringen wurde zum Symbol deutscher Kleinstaaterei. Andererseits widmeten sich aufgeklärte Herrscher der Pflege und Förderung von Kunst und

Wissenschaft (in Weimar Herzog Carl August und die klassische deutsche Literatur: Goethe, Schiller, Herder, Wieland). Erst zu Anfang des 19. Jh., nach den Befreiungskriegen, als Preußen die ehemals kursächsischen und mainzischen Gebiete übernommen hatte, kam es zu einem stärkeren politischen Zusammenhalt, bedingt durch die technisch-wirtschaftliche Entwicklung. Gleichzeitig organisierte sich die Arbeiterschaft, die in Thüringen drei wegweisende Kongresse abhielt (Eisenach 1869, Gotha 1875 und Erfurt 1891). Zu einer Zusammenführung der thüringischen Gebiete – noch ohne die preußischen Provinzen und das Land Coburg – kam es erst nach der Novemberrevolution 1918, als sich die Fürsten- und Herzogtümer auflösten und zu Freistaaten erklärten, die 1920 das Land Thüringen ins Leben riefen. 1944 schließlich wurden auch die preußischen Teile angegliedert. Im 2. Weltkrieg blieb Thüringen, abgesehen von der fast völligen Vernichtung der Stadt Nordhausen, von größeren Zerstörungen verschont. An die Zeit der nationalsozialistischen Herrschaft gemahnt das Konzentrationslager Buchenwald, das oberhalb der Klassikerstadt Weimar auf dem Ettersberg errichtet wurde. Amerikanische Truppen befreiten im Frühjahr 1945 das Land, im Juli 1945 wurde es vertragsgemäß von der Roten Armee besetzt. Die historische Mission Thüringens nach dem Neubeginn währte nicht lange, 1952 wurde es in die Bezirke Erfurt, Gera und Suhl aufgeteilt. Die Wende im November 1989 gibt die Chance, die Jahrhunderte währende Zerrissenheit des Landes zu beenden und ein neues Thüringen zu schaffen.

Von der Frühzeit Thüringens zeugt ein erstaunliches Monument. Es belegt nicht nur die dichte Besiedlung während der Steinzeit, sondern ist zugleich eine Sehenswürdigkeit von internationalem Rang. Auf dem Kleinen Gleichberg nahe Römhild sind bedeutende Reste einer keltischen Burg, einer Akropolis mit stadtähnlichem Charakter, erhalten (2. Jh. v. Chr.). Unweit davon findet sich in Südthüringen der Königshof Rohr, auf dem um 825 eine karolingische Basilika errichtet wurde, von der große Teile in der heutigen Dorfkirche erhalten sind und die eine der ersten Hallenkrypten nördlich der Alpen in sich birgt. Bauten aus der Zeit der Christianisierung sind nicht erhalten. Die Annahme einer Missionskapelle des 11. Jh. in Arnstadt-Oberndorf hat sich nicht bestätigt, es fehlen auch eindeutige baugeschichtliche Dokumente des frühen Burgenbaus, obwohl die Nachrichten bis in das 8. Jh. reichen (Mühlburg, Wachsenburg). Einen Höhepunkt der Kunst stellen die Gründungen von großen Benediktinerklöstern dar, die der Hirsauer Reformbewegung angehörten. Das erste ist Reinhardsbrunn (1085), es folgen das Peterskloster in Erfurt (1103), Paulinzella (1105) und Thalbürgel (1142). Leider ist von Reinhardsbrunn, dem Stammkloster der Thüringer Landgrafen, nichts mehr vorhanden; es wurde im Bauernkrieg zerstört. Die Kenntnis gerade dieser Anlage wäre von Wichtigkeit gewesen für die Entwicklung des romanischen Kirchenbaus. Noch im 12. Jh. entstanden weitere Kloster- und Ordenskirchen (Klosterveßra, Nordhausen, Mühlhausen, Klosterlausnitz u. a.), und die Zisterzienserbauhütten (Volkenroda, Georgenthal, Arnstadt) drangen vor. Im 13. Jh. ließen sich die Bettelorden besonders in den Städten Erfurt und Mühlhausen nieder und errichteten ihre charakteristischen Kirchen. Die Thüringer Landgrafen ließen Ende 12. Jh. von rheinischen Bauleuten den Palas der Wartburg errichten, der mit seiner klassischen Fassade, den prächtigen Räumen und der Bauplastik zu den großen Leistungen romanischer Kunst zählt. Die Burgen der mit den Landgrafen wetteifernden Territorialherren sind weniger repräsentativ, doch wehrhafte Anlagen (Ranis, Lobdeburg, Lohra, Brandenburg, Kapellendorf, Hanstein u. v. a.), zum Teil mit dem eigenwilligen Typus der Kemenate (Reinstädt, Orlamünde). Zwei Hauptwerke deutscher Plastik des 12. Jh. befinden sich im Dom zu Erfurt: der sog. Wolfram und die Stuckmadonna. Von der nur in geringem Maße erhaltenen Wandmalerei dieser Zeit sind die Iwein-Fresken im Hessenhof zu Schmalkalden (1225) zu nennen. Besondere Erwähnung verdienen die Werke der Glasmalerei des 13.–15. Jh., deren überregionale Bedeutung sich nicht nur in frühen Scheiben des 13. Jh. (Erfurt, Oberndorf, Veitsberg) offenbart, sondern vor allem in großen Zyklen von hoher Qualität in den Kirchen von Erfurt und Mühlhausen. Die Bildhauerkunst dieser Zeit ist mit vielen Werken unterschiedlicher

Burgruine des »Hohen Schwarms« mit Saale >

Qualität besonders in diesen beiden Kunstzentren vertreten. Eine Besonderheit Thüringens zeigt sich aber auch in der ungewöhnlich hohen Zahl von erhaltenen Schnitzaltären in den Stadt- und Dorfkirchen (Saalfeld, Bibra, Dienstädt, Themar, Neusitz u.v.a.) und in der Vielfalt der Dorfkirchen. Deren Grundtypus ist zwar schon früh als Chorturmkirche mit Saal festgelegt, aber durch die Einbauten von Emporen, Kanzeln, Altären und Tonnen im 17./18. Jh. erhielten sie ein charakteristisches Aussehen, das durch bildhafte Malereien an den Emporen und Decken sowie eine kräftige Farbigkeit der Innenarchitektur betont wird. Auch auf die Sonderform der Wehrkirchen im Werratal sei hingewiesen (Walldorf, Herpf). Hohe gestalterische Ansprüche wurden an die Stadtkirchen gestellt als Basilika (Heiligenstadt, Arnstadt) oder Hallenkirche (Erfurt, Mühlhausen, Neustadt) und an die Rathäuser (Pößneck, Saalfeld, Neustadt).

Die Wilhelmsburg zu Schmalkalden ist das bedeutendste Kunstwerk der Renaissance in Thüringen (1585 begonnen). Sie besitzt eine der ersten protestantischen Schloßkirchen überhaupt und zeichnet sich durch eine großzügige figürliche und dekorative Ausmalung der Säle und Gemächer aus. Weitere Bauten des 16. Jh. findet man in Heldburg, Rathäuser aus dieser Zeit in Arnstadt, Gera und Hildburghausen, in Erfurt trifft man auf eine Reihe stattlicher Bürgerhäuser (Hohe Lilie, Roter Ochse, Breiter Herd und Stockfisch), Schloßanlagen sind in Marksuhl, Sondershausen, Breitungen und Schleusingen zu sehen. Die Eigenständigkeit vieler Residenzen erforderte in der Barockzeit den Bau von Schlössern, die uns heute übertrieben groß für die kleinen Länder erscheinen. Die mächtigen, außen meist schlichten Anlagen (Gotha, Weimar) besitzen glanzvolle Ausstattungen an Stuck und Malerei (Rudolstadt, Saalfeld, Meiningen, Dornburg, Schwarzburg, Oppurg, Krossen u. v. a.). Für die hohen Ansprüche dieser Zeit mag Eisenberg ein besonderes Beispiel sein: Das Herzogtum Sachsen-Eisenberg bestand lediglich von 1681 bis 1707; in diesen wenigen Jahren aber wurde ein bemerkenswertes Schloß erbaut, dessen Schloßkapelle mit ihrer überragenden Ausstattung an Stuck und qualitätvoller Malerei zu den besten Kunstwerken des Barock in Thüringen zählt. Das Bürgerhaus der Barockzeit besitzt in der Stadt eine bescheidene Fassade (Goethe- und Schillerhaus in Weimar beispielsweise). Außerhalb der Residenzen und auf dem Dorf dominiert fast uneingeschränkt das Fachwerk, das sich teilweise sehr dekorativ zeigt (Wasungen, Themar, Oberellen, Treffurt, Ummerstadt). Der Historismus des 19. Jh. präsentiert sich beim Neubau von Kirchen (Sonneberg) oder Schlössern (Reinhardsbrunn, Altenstein, Hummelshain) und bei der Lösung gründerzeitlicher Bauaufgaben (Anger zu Erfurt). Eine Ausprägung des neuen historischen Denkens und des Interesses für Traditionen ist die Denkmalpflege, die sich in Thüringen der Erhaltung von Zeugen der Geschichte (Paulinzella, Klosterlausnitz, Thalbürgel) und dem Weiterbau im historischen Stil widmet (Restaurierung der Wartburg 1838 bis 1890). Nach der Jahrhundertwende ist der Jugendstil vor allem durch Bauten Henry van de Veldes präsent, aber auch durch sehenswerte Häuser in Weimar, Jena, Gera, Greiz.

Von Weimar ging mit der Gründung des Bauhauses 1919 die Revolution des neuen Bauens aus, das aber in Thüringen bis auf wenige Ausnahmen keine Weiterentwicklung erfuhr. Die Architektur des Nationalsozialismus wollte sich selbst manifestieren, z.B. durch den Bau eines Gauforums mitten in Weimar, der aber ebenso wie der beabsichtigte Umbau der Schwarzburg durch den 2. Weltkrieg vereitelt wurde.

Nach der Befreiung 1945 stellte sich der Staat zunächst die Aufgabe, mit dem Bau der Mahn- und Gedenkstätte Buchenwald (1954–58) den Opfern des Nationalsozialismus ein bleibendes Denkmal zu setzen. Andere Bauten wurden bis um 1960 meist im traditionellen Stil eines Neoklassizismus gestaltet (Zentralklinik Bad Berka, Kulturhaus der Maxhütte), auf den man auch beim bescheidenen Wohnungsbau in den Städten zurückgriff. Der danach einsetzende Massenwohnungsbau ging auf Kosten jeder architektonisch-künstlerischen Qualität. Am Rande der Städte Erfurt und Jena entstanden Viertel aus überdimensionierten, einförmigen Wohnscheiben und -blöcken, die sich auch in den Zentren historisch gewachsener Städte ausbreiteten (Erfurt, Jena, Gera, Gotha) und die sich auf die überholte Theorie vom Kontrast zwischen Neuem und überlebtem Altem stützten. Die wenigen öf-

Alter Grenzstein von 1595 am Wappensteinweg des Rennsteigs vor Friedrichshöhe >

fentlichen Bauten dieser Zeit wären nicht erwähnenswert, wenn sie nicht auch der Stadtzerstörung Vorschub leisteten (Gera, Suhl). Ein Menetekel mag das »Haus der Kultur« in Erfurt mitten im Zentrum dieser Stadt sein, dessen Torso zu einem Denkmal der Unkultur geworden ist.
Die Baupolitik führte in planwirtschaftlicher Konsequenz zur Vernachlässigung jeder Reparatur und Werterhaltung an den Gebäuden, so daß es besonders in den Städten zu Flächenabrissen kam, die durch größenwahnsinnige Verkehrsplanungen (Erfurt, Mühlhausen) gefördert wurden. Lediglich im Bereich der Denkmalpflege versuchte man mit Einzelleistungen gegen diese Strömung anzukämpfen. Die Bemühung, städtebaulich zu ordnen, wurde jedoch durch Beschlüsse und Ignoranz zunichte gemacht. Durch die Wende im November 1989 eröffnet sich die Möglichkeit, auch den Städten wieder ihren historischen Charakter zu geben, der in vielen Einzelbauten, in den Dörfern sogar größtenteils erhalten ist. Er zeugt von der Einmaligkeit, wie sich in Thüringen Kunst und landschaftliche Schönheit harmonisch zu einer Kulturregion von unverwechselbarem Reiz verbinden.

Wie die übrigen Bände der Reihe stehen auch hier die Farbabbildungen gleichrangig neben dem Text. Von mehr als 270 beschriebenen Orten werden Burgen, Kirchen, Schlösser, Theater, Museen und andere Baudenkmäler vorgestellt. Über 220 farbige Fotos und Skizzen sowie 3 Seiten Karten illustrieren den Text. Und analog zu den Vorgängerbänden sind die Artikel alphabetisch nach Orten geordnet. Die Brücke zwischen den Orten schlägt der Kartenteil auf Seite 226–227. Er führt alle behandelten Orte auf. Große Punkte kennzeichnen einen Hauptort, kleine Punkte der gleichen Farbe im Umkreis die dazugehörenden Umgebungsorte. Verschiedene Farben wurden verwendet, um deutlich zu machen, zu welchem Hauptort die betreffenden Umgebungsorte gehören. Die Karte bietet so einen Überblick darüber, welche Orte in der Nachbarschaft eines Zielpunktes liegen und deshalb vielleicht zusätzlich in einen Reiseplan einbezogen werden können. Bei jedem Ort sind im Kopf des Artikels Einwohnerzahl und ein Hinweis auf die betreffende Karte (S.227 □ F9 = Seite 227, Planquadrat F9) angegeben. Die einzelnen Sehenswürdigkeiten sind jeweils fett gedruckt. Im Anhang finden sich eine Zeittafel, ein Artikel Register der Fachwörter, ein Register aller behandelten Orte und ein Künstlerregister.

Altenburg, Schloß

04600 Altenburg Altenburg		
Einw.: 47 200	Höhe: 230 m	S. 227 □ F 9

Zu Füßen einer 976 erstmals erwähnten Burg, die unter den Staufern zur *Kaiserburg* erhoben wurde, entwickelte sich im 12./13. Jh. eine von niedersächsischen Kaufleuten besiedelte Stadt (1205 erwähnt) mit einem trapezförmig erweiterten *Straßenmarkt.* Nach der Stauferherrschaft gelangte sie in die Hand der Meißener Markgrafen. Im 17. und 19. Jh. war sie Residenzstadt der Herzöge von Sachsen-Altenburg.
Kartenspielern ist Altenburg als *die* Skat-Stadt bekannt, denn hier wurde 1810–17 das beliebte, weitverbreitete Spiel aus mehreren damals bekannten Kartenspielen neu entwickelt.

Schloß: Auf jäh abbrechendem Bergsporn thront das *Altenburger Schloß,* dessen Gebäude sich um einen polygonalen Innenhof aneinanderreihen. Zu ihm gelangt man durch einen Triumphbogen (1742–44), über die mit figurenbesetzten Obelisken (Herkules und Minerva, um 1725) geschmückte *Auffahrt* und durch das spätgot. äußere Torhaus sowie den inneren Torturm (15. Jh.).

A

Von der roman. Vorgängerburg sind der w *Hausmannsturm* (10. Jh.) und der gleichermaßen über kreisförmigem Grundriß erbaute n *Mantelturm* (11. Jh.) erhalten. *Wohngebäude* vorwiegend aus dem 17./18. Jh. G. Moosdorf schuf die Fresken (Amor und Psyche) im *Festsaal* (1869). Die Deckengemälde im sog. *Bachsaal* illustrieren die Geschichte der Wettiner. Die spätgot. *Schloßkirche* (1980 restauriert) wurde nach einem Brand (1444) wohl v. Moyses v. Altenburg erneuert. Die Winkelhakenkirche setzt sich aus einem zweischiffigen Langhaus und einem netz- und sternge-

Altenburg, Schloßpark (l), Lindenaumuseum, Landschaft an der Unstrut, Max Klinger

wölbten Chor zusammen. Neben dem spätgot. Chorgestühl und dem Bronzeepitaph der Margarethe Kurfürstin v. Österreich (†1486) verdient auch die *Barockausstattung* (Mitte 17. Jh.) mit Emporen, Logen, Hochaltar und aufwendiger *Orgel* (1735 bis 1738, restauriert) v. G. H. Trost Beachtung.
Das *Schloßmuseum* dokumentiert die Vor- und Frühgeschichte der Gegend, die Baugeschichte des Schlosses und umfaßt auch eine Trachtensammlung. Ein Paradies der »Zocker« ist dagegen das *Spielkartenmuseum* (das umfassendste seiner Art) mit historischen Tarock- und Skatblättern (u. a. handkolorierte Holzschnittkarten, 15. Jh.) sowie einer Kartenmacherwerkstatt (um 1600).
Im bereits 1593 erwähnten Schloßpark, der seit 1827 als Landschaftsgarten angelegt ist, stehen noch das innen mit Stuckarbeiten und Deckenfresken geschmückte *Teehaus* und die *Orangerie* (1712), die J. H. Gengenbach für den damaligen Barockgarten schuf. – Am unteren Ende des Schloßparks findet man das nach dem Gelehrten B. A. v. Lindenau benannte *Lindenaumuseum* mit einer kostbaren Sammlung griech. und etruskischer Vasen (7.–4. Jh. v. Chr.) sowie einer Pinakothek mit der stattlichsten außerital. Kollektion v. Tafelbildern (13. bis 16. Jh.) der ital. Vor- und Frührenaissance, u. a. v. Fra Angelico, Sandro Botticelli, Bernardo Daddi, Filippo Lippi, Simone Martini und Luca Signorelli, ferner mit Skulpturen und Gemälden (16.–20. Jahrhundert) u. a. v. Ernst Barlach, Lucas Cranach, Otto Dix, Käthe Kollwitz, Max Liebermann und Auguste Rodin.
Im benachbarten *Mauritianum* finden sich naturkundliche Sammlungen mit spektakulären Dioramen zur heimischen Flora und Fauna.

Rathaus: Das Zentrum der Stadt, der langgestreckte Markt – 1525 ließ Kurfürst Johann hier vier Führer des Bauernaufstandes hinrichten –, wird optisch beherrscht von einem der schönsten *Renaissance-Rathäuser* Deutschlands. Der nahezu würfelförmige dreigeschossige Backsteinbau wurde 1562–64 nach einem Entwurf von Nicolaus Gromann errichtet. Das horizon-

< Altenburg, Schloßkirche

Altenburg, Lindenaumuseum, Bildnis eines Mädchens, von Louis Ferdinand von Rayski

Altenburg, Rathaus

Altenburg, Brüderkirche

Posterstein (Altenburg), Burg

tal gegliederte Gebäude mit seinem aufstrebenden Pyramidendach zeichnet sich durch seine in sich ruhende, harmonische Proportion aus. In der Mitte der Marktfront Treppenturm mit welscher Haube; zwei reliefgeschmückte Runderker, mehrere reichverzierte Portale gliedern die strenggehaltene Fassade. Beachtenswert das Kreuzgewölbe des Ratskellers im Erdgeschoß und die Reliefdarstellung des Jüngsten Gerichts über der Tür zum Bürgermeisterzimmer.

Theater: Das jetzige Landestheater (Theaterplatz) wurde 1871 nach einem Entwurf O. P. Brückwalds erbaut. Es ist ein Bauwerk der *Semperschule,* die gegen den romantischen Klassizismus für eine von der Renaissance inspirierte sachliche Nüchternheit eintrat.

St. Bartholomäi: Die im 2. Viertel des 12. Jh. gegr. Stadtkirche wurde nach ihrer Zerstörung (1430) durch die Hussiten Ende des 15. Jh. zur dreischiffigen Hallenkirche umgestaltet und erhielt dabei ihr Kreuzrippengewölbe über achteckigen Pfeilern. Vom roman. Ursprungsbau stammt die kreuzgratgewölbte Krypta (unter dem s Seitenschiff) mit schlichten Figuren- und Blattkapitellen. Seit 1669 ersetzt der w Barockturm die ehem. got. Doppelturmfassade. Ihr heutiges Aussehen erhielt die Kirche bei ihrer neugot. bereinigenden Restaurierung (1878).

Marienkirche: Die Größe der beiden »roten Spitzen«, 2 mächtige Backsteintürme (12./13. Jh.), lassen die einstige Bedeutung der 1172 geweihten ehem. Augustinerchorherrenkirche ahnen. Bekanntester Förderer des sog. *Berger-Klosters* war Kaiser Friedrich I. Barbarossa. Außer den Türmen blieb v. der roman. Stiftskirche nach einem Brand (1588) lediglich ein Fragment des Langhauses übrig.

Außerdem sehenswert: Am *Brühl* oder *Alten Markt* im NO der Stadt, dessen *Skatbrunnen* an die »Skatstadt« Altenburg erin-

Kapellendorf (Apolda), Modell der Wasserburg

nert, befinden sich zwei bemerkenswerte Bürgerhäuser: die im 15./16. Jh. entstandene und 1604 umgebaute *Renaissance-Kanzlei* und das *Seckendorffsche Barockpalais* von 1724 mit seinem ausgeprägten Giebel und reichen Schmuckornamenten. Weitere sehenswerte Bürgerhäuser aus dem 18. Jh. am Theaterplatz.

Die *Brüderkirche* am Markt, neugot., wurde 1904 an Stelle des früheren Franziskanerklosters errichtet. Im SW der Altstadt steht noch der 1609 achteckig bekrönte Glockenturm der schon im 16. Jh. geschliffenen *Nicolaikirche.*

Umgebung

Ehrenhain (8 km sö): Die urspr. spätgot. *Dorfkirche,* v. der ein Tabernakel (1521) erhalten ist, wurde im 17. Jh. barockisiert und durch J. Böhme mit neuem Altar und Logenprospekt ausgestattet.

Gößnitz (13 km s): An einem alten Handelsweg gelegen, nahm der Ort Mitte des 19. Jh. einen wirtschaftlichen Aufschwung, als er Eisenbahnknotenpunkt der Linien Leipzig–Plauen und Erfurt–Chemnitz wurde. Ursprünglich ein Rundling, später mit zentralem Markt. *Dorfkirche:* Nach großzügigem Plan 1491 unter Einbeziehung des Turmuntergeschosses begonnen, wurde im 16. Jh. das Konzept aufgegeben. 17.–19. Jh. versch. Umbauten. Dreiseitig geschlossener Chor und gleichbreites SSchiff, an Langseiten Anbauten mit Stern- und Netzgewölben. – *Pfarrhof* von 1653, beachtliches Fachwerkobergeschoß und -giebel, stattliches Hoftor.

Posterstein (23 km sw): *Burg:* Die auf einem Bergkegel oberhalb des Dorfes gelegene Burg besitzt einen weithin sichtbaren ma Bergfried (oberer Abschluß 1888). Unregelmäßiger Grundriß der Anlage, Frührenaissance-Portal, im Inneren teilweise Zellengewölbe. Museum. – *Dorfkirche:* Schlichter Bau mit Flachdecke. Ungewöhnlich die einheitliche Ausstattung mit Altar, Kanzel und

Niederroßla (Apolda), Dorfkirche

Niederroßla (Apolda), Wasserburg

Patronatsstand, mit überquellendem Schnitzwerk aus Lindenholz geschmückt, das trotz späterer Vorhaben ungefaßt blieb. Die Frucht- und Blumengehänge, musizierende Engel und anderer figürlicher Schmuck überziehen die Architekturteile wie gedrehte Säulen, Balustrade und schweres Gebälk in einer geradezu manieristischen Art und Weise. Als Schöpfer ist Johannes Hopf 1689 nach einer Inschrift angegeben.
Eine örtliche Überlieferung besagt, daß Hopf als Müllerbursche diese Werke während einer langen Gefangenschaft schnitzte: sie stehen trotz der beachtlichen Kunstfertigkeit der Volkskunst nahe.

Schmölln (14 km sw): Im 13. Jh. zur Stadt erhoben, planmäßig angelegte Siedlung mit zentral gelegenem großen Markt. – *Rathaus* nach Brand 1772 mit Freitreppe und kleinem Turm. Nahe die *Stadtkirche,* bereits 1159 erwähnt, Neubau Mitte des 15. Jh. als dreischiffige Halle von 4 Jochen, breiter Chor mit $^{5}/_{8}$-Schluß, der eine Tonne mit Stichkappen besitzt, Schiffsgewölbe nach Brand 1772 in Holz erneuert und verputzt. – Beachtliche Bildwerke im Chor, bes. eine *Madonna* (um 1500) und ein *Vesperbild* mit kniendem Engel, das Blut Christi auffangend, Anfang 15. Jh.

Ziegelheim (11 km sö): Als Wallfahrtskirche geplant, liegt die *Dorfkirche* (1508–17) außerhalb des Ortes. Im kurzen, netz- und sterngewölbten Langhaus, das an einen viergeschossigen Turm (innen Loge mit Maßwerkbrüstung) angebaut ist, findet man eine kostbar geschnitzte Barockausstattung, so die Emporenbrüstungen und den reichen Altaraufbau (um 1750–80).

99510 Apolda
Apolda

Einw.: 25900 Höhe: 175 m S. 227 □ E 8

Die bereits 1119 urkundlich erwähnte Stadt (heute Kreisstadt) liegt im hügeligen östlichen Randgebiet des *Thüringer Beckens.* Sie erlebte im 17./18. Jahrhundert eine wirtschaftliche Blüte durch die örtliche

Arnstadt, Oberkirche >

Strumpfmanufaktur und die noch tätige Glockengießerei.

Glockengießerei (Bahnhofstr. 41): In der seit 1722 betriebenen *Apoldaer Glockengießerei* werden noch heute Turmglocken in einer Technik des hohen MA (Mantelabhebeverfahren) hergestellt. Aus ihr stammen sowohl die größte dt. Glocke (1923) für den Kölner Dom als auch die gigantische, mit Stacheldrahtreliefs überzogene Turmglocke des Buchenwaldmahnmals auf dem Ettersberg bei →Weimar. – Die Exponate des angeschlossenen *Glockenmuseums,* darunter auch solche aus Ägypten, Afrika und China, dokumentieren die über 3000jährige Geschichte der Glocke. – Im selben Gebäude befindet sich auch ein *regionalgeschichtliches Museum* mit einer Sammlung zur Apoldaer Strickerei und Wirkerei.

Viadukt: 1845 für die Bahnlinie Erfurt–Halle–Leipzig erbaut, 97 m lang, 91 m hoch.

Feuerlöschgerätewerk: 1938 von Egon Eiermann.

Wohnhaus Schilling (Auenstraße): Eine bemerkenswerte Jugendstilvilla, 1904 von dem Dresdner Architekturbüro Schilling und Gräbner für die bekannte Glockengießerfamilie Schilling erbaut.

Außerdem sehenswert: Am Markt das zweigeschossige *Renaissance-Rathaus* (1559) mit barock bekröntem Treppenturm. – Neugotische *Stadtkirche* (1892–94) nach Plänen von J. Otzen mit 80 m hohem Glokkenturm.

Umgebung

Großromstedt (6 km s): Umfangreiches germanisches *Gräberfeld.*

Kapellendorf (7 km sw): In der urspr. dreischiffigen *Basilika* des ehem. Zisterzienserinnenklosters (13.–17. Jh.) Taufstein und Grabmäler aus der Spätgotik. – In der restaurierten *Wasserburg* (12.–16. Jh.) die

Arnstadt, Schloßmuseum, Barockes Porzellankabinett >

Arnstadt, Liebfrauenkirche

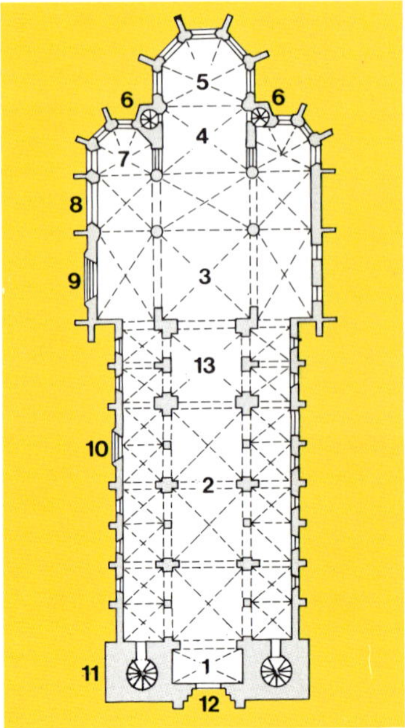

Arnstadt, Liebfrauenkirche 1 Doppeltürmiger W-Bau, um 1240 **2** Langhaus **3** Vierung **4** Staffelchor (um 1275–1300) mit figürlich geschmückten spätgot. Flügelaltar (Marienkrönung, seitlich Passionsbilder, 1498) **5** Polygonalapsis mit figürl. Konsolen **6** Treppentürmchen **7** Nördlicher Nebenchor mit Tumba Günthers XXV. v. Schwarzburg und Gemahlin (um 1382) **8** Prachtfenster der N-Seite **9** Querhausfassade mit Fensterrose und Giebelrosette **10** N-Portal mit Tympanon (Kreuzigung) **11** NW-Turm mit nach 1300 vollendeten Obergeschossen **12** W-Portal, um 1240 **13** Neugot. Glockenturm

Burgküche und das *Burgmuseum* mit umfassender Sammlung zu Thüringens Burgen sehenswert.

Liebstedt (8 km nw): *Ehemalige Wasserburg.* Der Deutsche Orden unterhielt hier seit 1331 eine Kommende.

Jetziger Bau 1486 begonnen, im 16. Jahrhundert, bes. nach 1577 ausgebaut. Grundriß ein unregelmäßiges Fünfeck mit engem Hof, darin Erker mit Vorhangbogenfenstern.

Niederroßla (3 km nw): *Wasserburg.* Im 11.–12. Jh. als Stammsitz der Ritter von Roßla gegründet. Die fünfeckige Anlage mit einem 57 m hohen, rechteckigen Bergfried an zwei Seiten von der Ilm umgeben, im 15.–18. Jh. verändert, Obergeschosse z.T. in Fachwerk. Der S-Flügel und ein 1738–39 vom Weimarer Herzog Ernst August errichtetes Schloßgebäude nach 1945 abgerissen. Nach 1966 wurde mit dem Ausbau für ein Kulturzentrum des Dorfes begonnen.

Oßmannstedt (6 km w): Einen prachtvollen Taufstein (um 1610) birgt die barock umgestaltete, urspr. spätgot. *Dorfkirche.* – Das ehem. *Rittergut* gehörte in den Jahren um 1800 Ch. M. Wieland, der hier an seinem vierbändigen »Aristipp« arbeitete. Im *Park* finden sich das Grab des großen Rokokodichters (†1813) sowie die Grabmäler für seine Frau Dorothea (†1801) und Sophie Brentano (†1803).

Arnstadt, Oberkirche, Blick zum Chor

99310 Arnstadt
Arnstadt

Einw.: 28400 Höhe: 280 m S. 226 □ C 9

Arnstadt darf sich wegen seiner urkundlichen Erwähnung um 704 (unter dem Namen *Arnestati*) »älteste Stadt der ehem. DDR« nennen, wenngleich ihr das Stadtrecht erst 1226 verliehen wurde. Bekannt ist dieses »Eingangstor zum Thüringer Wald« hauptsächlich als *Bach-Stadt*, denn hier machten Caspar, Heinrich, Johann Christoph und allen vorweg Johann Sebastian Bach über mehrere Generationen hinweg deutsche Musikgeschichte.

Liebfrauenkirche: Die nach 1956 v. neugot. Zutaten befreite Basilika (13./14. Jh.) vereint spätroman. Bauteile wie die Untergeschosse der beiden oktogonal bekrönten *W-Türme* und das dreischiffige Langhaus mit solchen aus der Frühzeit der Gotik, etwa der Bauzier des Außenbaues und dem breiten *Hallenchor,* der in 3 polygonalen Apsiden endet. Am Außenbau verdienen die beiden *N-Portale* und das Kruzifixus-Relief (zwischen Kaiser Otto und Bischof) im Bogenfeld des einen Beachtung, im schlichtkühlen Inneren mit hohen, schlanken Bündelpfeilern der spätgot. *Vierflügelaltar* (Marienkrönung mit den hll. Laurentius und Bonifatius, 1498), die mit faltenreichem Gewand geschnitzte sog. *Schöne Madonna* (um 1415), die Glasmalereien des ma *Passionsfensters* und mehrere *Grafengrabmäler* (14. Jh.) aus der Parler-Werkstatt. – Aus dem 16. Jh. stammt das Renaissance-Gebäude der benachbarten ehem. *Papiermühle.*

Oberkirche: Den spätgot. N-Turm dieser Kirche des ehem. Franziskanerklosters (um 1250–1350) ziert eine Barockhaube (1746). Der einschiffige Innenraum wurde 1725 mit einer Holztonne eingewölbt und birgt neben einigen interessanten Renaissance-Grabmälern (16. Jh.) farbig bemalte Emporenbrüstungen (um 1580) und eine Barockausstattung (Altarretabel, Kanzel und Taufe, alle 2. Viertel 17. Jh.) v. B. Röhl.

Bachkirche: Die urspr. spätgot. Kirche (1444) erhielt bei der Barockisierung (1676 bis 1683) ihre hölzernen Emporen im schlichten Inneren. – Johann Sebastian Bach war hier 1703–07 Organist.

Haus zum Palmbaum: In dem im 17. Jh. erbauten Renaissance-Wohnhaus (Unterm Markt 3), dessen Hauptraum eine Stuckdekke ziert, sind heute die *Johann-Sebastian-Bach-Gedenkstätte* mit einer Sammlung zur Musikerdynastie Bach und mit dem Orgelspieltisch J. S. Bachs sowie das *Stadtgeschichtsmuseum* eingerichtet.

Schloßmuseum: Teils im Rokoko-, teils im Empirestil gehalten sind die Säle im *Piano Nobile* des doppelgeschossigen Neuen Palais (1728–32), dessen erhöhter Mittelrisalit in einem Frontispiz gipfelt. Teilnehmern v. Führungen werden kostbare Rokokogläser (18. Jh.), flämische Bildteppiche (16. Jh.) und das umfassende *Porzellan- und Fayencenkabinett* gezeigt, sonstigen Besuchern verbleibt der Gang durch die *Puppenstadt Monplaisir* mit mehr als 400 Wachsfiguren aus der Zeit um 1690–1750 und durch die Gemäldegalerie (18. Jh.).

Außerdem sehenswert: Von der ehem. *Stadtbefestigung* zeugen noch das wohl bis auf das 14. Jh. zurückgehende *Riedtor* und das *Neutor* (18. Jh.). – Am *Markt* liegen das 1581–83 übereck erbaute dreigeschossige *Renaissance-Rathaus,* dem got. Nischenfiguren (um 1375) und Volutengiebel zum Schmuck gereichen, sowie ö der zur gleichen Zeit entstandene ehem. *Tuchhändlergaden.* – Im *Alten Friedhof* bei der barocken *Gottesackerkirche* (um 1740) findet man die Grabdenkmäler für 2 Dutzend Mitglieder der Familie Bach, außerdem das Grabmal des Schriftstellers Willibald Alexis (1798–1871).

Umgebung

Arnstadt-Oberndorf (2 km sö): Dorfkirche *St. Nikolai.* Die Lage oberhalb des Dorfes und die Nähe zum Stammsitz der Grafen von Schwarzburg-Käfernburg weist auf die

< *Arnstadt, Schloß Neideck, Turm*

Drei Gleichen (Arnstadt), Wachsenburg

Besonderheit der ehem. dreischiffigen Pfeilerbasilika hin, die wesentlich vom sonst üblichen Typus Thüringer Dorfkirchen abweicht. Die Seitenschiffe sind vermutlich im 16. Jh. abgebrochen und die Arkaden vermauert worden. Der Chor ist von Wandsäulen und einem Rundbogenfries gegliedert. Das Turmuntergeschoß, ein fast quadratischer Raum, besaß sich nach N und S öffnende, jetzt vermauerte Arkaden, die von stuckierten, archaisch anmutenden Akanthusornamenten gerahmt sind, und nach O eine größere, von Säulen flankierte Bogenöffnung.

Diese Art der Anlage mit nach außen führenden Öffnungen gab Anlaß zu einer Deutung als frühe Missionskapelle (8. Jh.), überzeugender jedoch ist durch stilistische Vergleiche die Datierung der ehemals kleinen, aber stattlichen Kirche in das 11. Jh. Im Fenster der Ostwand des Chores die Kopie eines Glasgemäldes (Original im Thüringer Museum Eisenach) mit der Darstellung des hl. Nikolaus (3. Viertel des 12. Jahrhunderts) in Grisaillemalerei, es zählt zu den ältesten Scheiben deutscher Glasmalerei.

Dornheim (3 km ö): In der *Dorfkirche,* in der J. S. Bach wirkte und auch heimlich getraut wurde, steht ein spätgot. Flügelaltar aus der 1. Hälfte des 15. Jh.

Drei Gleichen (11 km nw): Hinter der Sammelbezeichnung »die Drei Gleichen« verbergen sich die ma *Wachsenburg* (heute Hotel) sowie die Ruinen der *Burg Gleichen* und der durch G. Freytags »Nest der Zaunkönige« bekannten *Mühlburg,* der vielleicht ältesten Burg (704 erwähnt) Thüringens.

Elxleben (12 km nö): *Dorfkirche.* 1722–27 als hohe Saalkirche errichtet, die Untergeschosse des Turmes vom Vorgängerbau des 15. Jh. erhalten, beim Neubau mit einer kunstvollen welschen Haube versehen, die weithin die Landschaft beherrscht. Sehenswerter Kanzelaltar, getragen von Palmbaumsäulen, Orgelprospekt auf der zweiten Empore, steil mit barockem Schwung bis zur Holzdecke reichend.

Espenfeld (5 km sw): *Dorfkirche.* Chorturmanlage mit halbkreisförmiger Apsis, ein in

dieser Region verbreiteter Grundriß. Auffällig der monumentale Turm aus Gliedermauerwerk, das obere Geschoß holzverkleidet mit Zeltdach. Ursprünglich 2. H. 12. Jh. Kirche und Friedhof mit einer z. T. erhaltenen hohen Mauer umschlossen, die den vom Turm ausgehenden wehrhaften Charakter unterstreicht.

Ichtershausen (5 km n): *Kirche* des ehem. Zisterzienser-Nonnenklosters. 1122 gegr., ehem. dreischiffige Basilika mit drei platt geschlossenen Apsiden und zwei Westtürmen, nach einem Brand A. 17. Jh. verstümmelt und auf ein Schiff reduziert. Auf den z. T. abgerissenen Klostergebäuden wurde im 16. Jh. ein Kammergut mit Schloßbauten errichtet, die im 19. Jh. zu einem Gefängnis umgewandelt wurden. *Nadelwerk.* Fabrikbau des 19. Jh. dominierend an einer Straßenkreuzung mit einer eindrucksvollen Front, dreigeschossig in Fachwerk mit Dachreiter, unverputzt. Für einen Industriebau ungewöhnlicher, teppichhafter Eindruck durch große mit zarter Versprossung versehene Fenster.

Neudietendorf (11 km nw): *Brüdergemeine.* Die von Herrnhut ausgehende Gründung erfolgte 1743, doch erst 1764 wurde von der Gothaer Landesregierung eine Konzession erteilt. Im Mittelpunkt der Anlage der Kirchsaal von 1779/80, der in seiner Schlichtheit und kühlen Farbgebung die Ideen der Herrnhuter charakterisiert. Friedhof mit den für eine Brüdergemeine typischen, einheitlichen Grabsteinen.

Plaue (10 km sw): *Ruine Ehrenburg.* In der 1. H. des 14. Jh. errichteten die Grafen von Schwarzburg-Blankenburg zum Schutze der Handelsstraße und des Ortes die Burg. Obwohl die Anlage seit A. 16. Jh. verfiel, ist der Hauptbau, ein rechteckiger Wohnturm, als Ruine erhalten. Heute Gaststätte.

Rudisleben (3 km n): *Dorfkirche.* Auf den Resten einer alten Kirche Neubau von 1731 als Zentralbau errichtet. Hohes Mansarddach mit Dachreiter.

Siegelbach (3 km s): *Dorfkirche.* Der Kirchturm in seiner wehrhaften Architektur mit Zinnenkranz ist eine Dominante im Tal der Gera. Im Ursprung gotisch, das Langhaus mit Mansarddach von 1769.

Thörey (8 km nw): *Dorfkirche.* Der 1143 genannte Ort ist tatsächlich viel älter, er dürfte zu den frühesten missionarischen Gründungen des 8. Jh. zu zählen sein. Eine Grabung in der Kirche, die seit dem 14. Jh. zu dem Zisterzienser-Nonnenkloster Ichtershausen gehörte, stellte frühmittelalterliche Reste fest. Das jetzige Langhaus von 1616.

< Artern, Veitskirche

Artern, Pfarrkirche St. Marien

06556 Artern
Artern

Einw.: 7300	Höhe: 130 m	S. 227 □ D 8

Am nördlichen Ufer der Unstrut und einem östlichen Ausläufer des Kyffhäusermassivs gelegen, erwarb die Stadt ab Mitte des 15. Jh. ihren Reichtum durch Salzgewinnung. Als *Aratora* wurde sie bereits 786 zum erstenmal urkundlich genannt. Neben der Altstadt wurde im 13. Jh. mit dem Bau der Neustadt begonnen, deren Straßen ein planmäßiges, gitterförmiges Schema aufweisen. Die ehemalige Stadtbefestigung wurde nach 1852 abgebrochen. In Artern lebte Goethes Urgroßvater, Hans Christian

Göthe (Harzstr. 10), als Hufschmied und Ratsmitglied. Sein Sohn Friedrich Georg zog als Schneider nach Frankfurt/Main. Der Dichter Novalis (Friedrich Leopold Freiherr v. Hardenberg) hielt sich 1799 wiederholt in Artern auf, wo er seinen berühmten Roman »Heinrich von Ofterdingen« begann.

Pfarrkirche St. Marien: Dieser Bau in der Neustadt ist ein gutes Beispiel für den nachträglichen Umbau einer Kirche in ma und späterer Zeit. Der älteste, spätroman. Teil der Kirche (Chorturm und Langchor) stammt vom Anfang des 13. Jh., hinzugekommen sind spätgot. und Renaissance-Bestandteile. Der Chor ist mit Kreuzrippengewölben ausgerüstet, das einschiffige Langhaus (1608–20, nach großem Stadtbrand) schließt mit einem hölzernen Tonnengewölbe ab, das zusätzlich mit gotisierenden Strebepfeilern abgestützt wird.

Außerdem sehenswert: *Rathaus* am Marktplatz (Neubau v. 1905) und einfache barokke *Wohnhäuser* (Ende 18. Jh.).

Umgebung

Kalbsrieth (4 km sö): 2 km sö v. Kalbsrieth befindet sich der *Derfflinger Hügel,* ein großer Grabhügel mit Gräbern aus dem Neolithikum, der Jungstein- und Bronzezeit. Ausgrabungsfunde im Museum in Weimar. – Die *Dorfkirche* v. 1821 ist ein großzügiger klassizistischer Bau in rechteckiger Form und mit rechteckigen Fenstern in 3 Geschossen. Innen ein Porträt des C. A. v. Kalb (Pastell, um 1780) und spätgot. Schnitzaltar (Ende 15. Jh.).

Das ehem. *Herrenhaus,* ein einfacher Bau mit 2 Etagen, stammt aus dem 17. Jh. – Goethe und Großherzog Karl-August v. Sachsen-Weimar haben sich mehrfach auf dem Rückweg v. Allstedt in Kalbsrieth aufgehalten.

Ringleben (4 km w): Der Turm der *Dorfkirche* stammt noch aus roman. Zeit. Der Chor ist spätgot., das Langhaus barock (1720). Im Inneren befinden sich ein spätgot. Schnitzaltar (15. Jh.), im Schrein Christus, die Flügelaußenseiten mit Gemälden, und ein Kanzelaltar v. 1720. Einige großzügige Grabdenkmäler des 18. Jh. sind auf dem Kirchhof zu sehen. – Von der ma Befestigung des Ortes ist das *Schenktor* erhalten, ein zweigeschossiges Tor mit Walmdach.

Roßleben (15 km sö): *Dorfkirche,* der frühgot. Chor als Rest eines ma Baues erhalten, stattl. Schiff 1724–28, hölzerne Tonne

Bad Blankenburg, Burg Greifenstein

und doppelte Empore. Reicher Kanzelaltar der Bauzeit. – *Ehem. Klosterschule,* anstelle eines um 1140 gegr. Augustiner-Chorherrenstifts, das um 1260 in ein Zisterzienser-Nonnenkloster umgewandelt wurde. 1554 Gründung der Schule, nach Brand 1686 zerstört, 1740–42 barocker Neubau einer Dreiflügelanlage, N-Seite im 19. Jh. geschlossen.

Voigtstedt (4 km nö): Die *Dorfkirche* hat einen spätgot. Chor (Ende 15. Jh.) und ein Renaissance-Langhaus (1620–23), dessen Fenster und s Portal noch in got. Stil gehalten sind. Die Kirche birgt einen barocken Orgelprospekt und einen hölzernen Kanzelaltar (1705) mit Stucküberzug.

Wiehe (16 km sö): *Stadtkirche,* vom ma Bau nur noch der Turm, 1518 beg., schlichtes Langhaus nach Stadtbrand v. 1659, Holztonne, Kanzelaltar nach 1659. – *Denkmal* des in Wiehe geborenen Historikers Leopold v. Ranke, 1896 nach einer Büste v. Friedrich Drake. – *Schloß,* stattl. Vierflügelanlage nach Brand 1664–66.

B

07422 Bad Blankenburg

Rudolstadt

Einw.: 7900 Höhe: 207 m S. 227 □ D 9

Im Tal der Schwarza, wenige Kilometer, bevor der Fluß in die Saale mündet, liegt am Rande des Thüringer Waldes zu Füßen der Ruinen der *Burg Greifenstein* das Städtchen Blankenburg. 1323 das erste Mal urkundlich bezeugt, dürfte der Ort jedoch bereits im 13. Jh. entstanden sein. Im 13. u. 14. Jh. war die Burg Residenz der Grafen Schwarzburg-Blankenburg, verlor jedoch dann an Bedeutung und wurde seit dem 16. Jahrhundert dem Verfall anheimgegeben. Das Städtchen selbst ist immer eine unbedeutende Ackerbürgerstadt geblieben. Bis ins 17. Jahrhundert trieb man an den S-Hängen der Stadt Weinbau.

Fröbel-Museum: Im *Haus über dem Keller* (Johannisgasse 4) realisierte der Pädagoge und Pestalozzi-Schüler Heinrich Fröbel 1839 eine *Spiel- und Beschäftigungsanstalt* für Kinder, die als »Kindergarten« international Schule machen sollte. Seit seinem 200. Geburtstag (1982) sind in dem Haus Exponate zum Leben und Wirken Fröbels ausgestellt, darunter auch v. ihm für die unterschiedlichen Altersgruppen der Vorschulkinder entwickelte Spielsachen.

Außerdem sehenswert: Neben der teils roman., teils got. erbauten *Burgruine Greifenstein* (restauriert) mit Burgkapelle und Palas (Sammlung zur Burggeschichte und Burggaststätte) verdienen das *Rathaus* (18. Jh.) und die *Pfarrkirche* (14.–18. Jahrhundert) mit gewölbter Holzdecke eine Erwähnung.

Schwarzburg, (Bad Blankenburg), Kaisersaal

< Blick auf Schloß Schwarzburg

Umgebung

Döschnitz (17 km s): *Dorfkirche* (1732 bis 1770) steht am Rande des reizvoll im Sorbitztal gelegenen Dorfes. Der Kanzelaltar aus dem ehemals hier gebrochenen Döschnitzer Marmor, die besondere Qualität erhebt ihn weit über die sonst üblichen Werke in Dorfkirchen.

Oberweißbach (19 km sw): Die *Oberweißbacher Bergbahn* ist die steilste Seilzugbahn der Welt mit Normalspur. Von der Station Obstfelderschmiede gelangt sie in nur 18 Minuten zur 323 m höher gelegenen Bergstation Lichtenhain (663 m). Eine weitere Station befindet sich in Cursdorf. Die Bahn wurde 1922 erbaut.

Im *Friedrich-Fröbel-Haus* (Markt 10) ist eine Sammlung untergebracht, die Leben und Werk des Pädagogen Friedrich Fröbel dokumentiert, der 1782 in Oberweißbach geboren wurde. – Die einschiffige barocke *Pfarrkirche* wurde 1767–79 erbaut. Der Kanzelaltar im Innenraum stammt aus der Entstehungszeit.

Schwarzburg (10 km sw): Strategisch günstig auf einem v. der Schwarza umflossenen steilen Felssporn gelegen, thront die bereits 1071 als *Swartinburg* genannte ehem. Residenz (bis ins 15. Jh.) der mächtigen Thüringer Grafen. Die im 17. Jh. durch Graben, Zwinger und Wehrtürme verstärkte unregelmäßige Burganlage wurde nach einem Brand (1736) zum barocken Sommer- und Jagdschloß umgestaltet, ist seit 1940 *Ruine* und wird Zug um Zug restauriert. Unverändert erhalten sind nur der Turm der Schloßkapelle, die Außenmauern und das Dach des *Palas.*

Im Inneren der Burggebäude sind neben dem reich mit Stuckdekorationen und einer Gemäldeserie (urspr. 148 Kaiserporträts, beginnend mit Julius Cäsar; alle 1709–19) geschmückten *Kaisersaal* auch eine Dokumentation zur Burg- und Regionalgeschichte (im Erdgeschoß) sowie eine Waffenkollektion aus Beständen des ehem. Schwarzburger Zeughauses sehenswert.

06567 Bad Frankenhausen

Artern

Einw.: 9400 Höhe: 132 m S. 226 □ D 8

Der Kur- und Erholungsort erstreckt sich im Frankenhäuser Tal am Fuße des waldigen Kyffhäusers und geht zurück auf die im

Oberweißbach (Bad Blankenburg), Oberweißbacher Bergbahn

Vorhergehende Seiten:

Linke Seite: Bad Frankenhausen, Hausmannsturm

Rechte Seite: Göllingen (Bad Frankenhausen), Ehemalige Benediktinerklosterkirche

13. Jh. an der Straße von Nordhausen nach Erfurt planmäßig neu angelegte Stadt. Man unterscheidet eine um die seit 998 gewinnbringende Salzquelle erbaute *Oberstadt* und eine zwischen ihr und dem älteren Dorf **Frankenhausen** (9. Jh.) gelegene *Unterstadt.* Zahlreiche Fachwerkbauten verleihen der *Altstadt* noch heute ein mittelalterliches Gepräge.

Schloß (s der Altstadt): Das v. barocken und klassizistischen Veränderungen (17. bis 19. Jh.) befreite »Renaissanceschloß« zeigt heute als Rekonstruktion (1975) den Zustand der Anlage vor dem Schloßbrand von 1689. Das darin eingerichtete *Kreisheimatmuseum* dokumentiert zum einen als Regionalmuseum die Natur-, Stadt- und Salzhandelsgeschichte, zum anderen als Bauernkriegsmuseum (mit sehenswertem Zinnfiguren-Diorama) die dt. Bauernkriege, insbesondere die Schlacht v. 1525. – Der Schloßpark wurde 1973 erneuert.

Altstädter Kirche: Das roman. Bauwerk, das vermutlich im 12. Jh. errichtet wurde und von dem nur noch der Chor mit Apsis erhalten sind, war urspr. die Kirche des außerhalb der Stadt gelegenen Dorfes Frankenhausen. Sehenswert sind das Kämpfergesims am s Chorbogenpfeiler mit reichem ornamentalen und figürlichen Schmuck sowie die got. Gemälde in der Apsiskuppel (um 1400, 1900 erneuert).

Unterkirche: Das 1215 als *Zisterzienserinnen-Klosterkirche* erbaute Gotteshaus wurde später erst kath. Pfarrkirche (St. Jakob), dann ev. *Predigerkirche.* Dies spiegelt auch die heutige Einrichtung der 1691–1701 barockisierten dreischiffigen Basilika mit ihrer leicht gewölbten Holzdecke wider, v. a. Kanzel, Taufe (1701), *Seitenschiffsemporen* (mit Logen) und die Barockorgel. Beachtung verdienen auch der stuckierte Altaraufbau (um 1700), ein got. *Kruzifixus* (um 1300) und mehrere Grabmäler (16.–18. Jh.), die z. T. aus der ehem. *Liebfrauenkirche* (Oberstadt, heute Ruine) hierher gebracht wurden.

Bauernkriegsgedenkstätte »Panorama« (Schlachtberg 9): Der *Schlachtberg* n v. F. hat seinen Namen von der »Schlacht bei F.« am 15. 5. 1525, der letzten Schlacht des auf-

Bad Frankenhausen (l) Göllingen, Ehem. Benediktinerklosterkirche, Krypta (r),

ständischen Bauernheeres unter der Führung von Thomas Müntzer, der im Falle eines Sieges seine Vorstellung einer radikalchristl. Ordnung verwirklichen wollte. Martin Luther enttäuschte die Bauern hingegen mit seiner Verurteilung »Wider die räuberischen und mörderischen Rotten der Bauern«. Die marxistisch geprägte Forschung sieht in der verlorenen Schlacht das tragische Ende einer beispielhaften »frühbürgerlichen Revolution« und feiert die durch die Vereinigten Streitkräfte v. Landgraf Philipp v. Hessen und Herzog Johann v. Sachsen geschlagenen 6000 Bauern, Bürger und Tagelöhner seit 1975 mit einer gigantischen *Gedenkstätte* (1974–87). Der zylindrische Rundbau wurde innen v. Werner Tübke* mit dem monumentalen *Schlachtgemälde* »Frühbürgerliche Revolution in Deutschland« (123 m × 14,5 m, Acryl auf Leinwand) bemalt. In historisierender, betont realistischer Darstellungsweise bevölkerte er das aufwendige Panorama mit annähernd 3000 Bildfiguren.
Didaktisch aufbereitete *Sammlungen* dokumentieren die Geschichte der Bauernkriege und die Entstehung v. Denkmal und Gemälde.

Außerdem sehenswert:
Ein malerisches Relikt der ehem. Stadtmauer ist der *Hausmannsturm* (12.–16. Jh.) – Die *Angerapotheke* ist ein Fachwerkhaus v. 1490–95. Noch älter ist das 1840 renovierte spätgot. *Rathaus* (1448).

Umgebung

Göllingen (9 km sw): Ehemalige Benediktinerklosterkirche, vor 1012 von der Abtei Hersfeld gegründet, damit eines der ersten Benediktinerklöster in Thüringen, noch vor Reinhardsbrunn, 1606 aufgehoben, danach Domäne und andere profane Nutzungen. Die Reste der Kirche aus dem 2. Drittel des 12. Jh., von denen der Turm bes. hervorzuheben ist. Er war urspr. ein das W-Querschiff abschließender Chorturm von einem Bau mit 2 Chören und 2 Querschiffen. Im Erdgeschoß befindet sich eine dreischiffige Halle, die auch als Krypta bezeichnet wird, von 3 Jochen, geteilt durch Säulen mit Würfelkapitellen, die teilweise mit Doppelschilden verziert sind, gratiges Gewölbe und hufeisenförmige Gurtbögen. Über dem Erdgeschoß eine hohe Turmhalle, die sich vermutlich im O als Empore nach dem Mittelschiff öffnete. Trompen, die nach außen halbe Zeltdächer tragen, leiten von diesem rechteckigen Bauteil in ein achteckiges

Kyffhausen (Bad Frankenhausen), Burgruine

Kyffhausen (Bad Frankenhausen), Kyffhäuser-Denkmal

Obergeschoß über, das höchst eindrucksvoll mit gekuppelten Fenstern, profilierten Gewänden und Rundbogenfriesen gegliedert ist. Es wird von einem Zeltdach abgeschlossen.

Kyffhausen (10 km n): Als Höhenburg auf dem Kyffhäusergebirge mit 600 m Länge eine der größten deutschen Burgen des Hochmittelalters, als Reichsburg von Kaiser Heinrich IV. und Heinrich V. vermutlich um 1100 während der Sachsenkriege errichtet, bereits 1118 zerstört, danach in der heute noch erkennbaren Form wieder aufgebaut als eine Anlage in drei durch eigene Umwehrungen und Wohnbauten selbständige Teile, die Unter-, Mittel- und Oberburg, größtenteils verfallen, der wohl wichtigste Teil der Oberburg zerstört, als man in den Jahren 1891–1896 den gigantischen Bau des *Kyffhäuser-Denkmals* errichtete. Architekt war der durch andere Denkmäler (Porta Westfalica, Deutsches Eck, Völkerschlachtdenkmal in Leipzig) bekannte Bruno Schmitz. Über drei Terrassen erhebt sich der eine Nachbildung der Kaiserkrone tragende Turm in einer Höhe von 81 m. Im Felsenhof die monumentale Gestalt des erwachenden Barbarossa von Nikolaus Geiger, darüber das Reiterstandbild Wilhelms I. von Erich Hundrieser. – Burgenromantik verbindet sich mit der Sage vom wiederkehrenden Barbarossa zu einer patriotischen Übersteigerung nach dem Krieg von 1870/71, der auch in den folgenden Jahrzehnten einem militanten Geist diente.

Ringleben (9 km nö): Die Dorfkirche besteht aus einem roman. Turm, einem barocken Langhaus von 1720 und einem got. Chor. Der Kanzelaltar datiert ebenfalls v. 1720.

Rothenburg (12 km nw): Höhenburg auf einem Sporn des Kyffhäusergebirges, erstmals um 1100 genannt, seit 16. Jh. verfallen, im 19. Jahrhundert restauriert, 1937–38 Grabungen. – Erste Anlage in der ersten Hälfte des 12. Jh., von ihr Teile des Bergfrieds, der Ringmauer und des kleinen Palas erhalten, Erweiterungsbauten sind der erneuerte mächtige Bergfried, die Kapelle und der Palas.

Die Kapelle enthält eine Empore über Doppelarkade, der zweigeschossige Palas Mitte 13. Jh., der Saal im OG mit Gliederungselementen, Säulen mit Kelch- und Kelchblockkapitellen, gestaffelte Fenstergruppen, Gewände mit Rosettenschmuck. – Im Hof der *Bismarckturm*, 1906 von Wilhelm Kreis erbaut.

Rottleben (6 km nw): In der SW-Flanke des **Kyffhäuser**-Gebirges (n des Ortes) ist die *Barbarossahöhle* sehenswert. Ein Eingangsstollen führt ins verzweigte Innere, dessen Zentrum der sog. Barbarossathron einnimmt.

Er erinnert an die Kyffhäusersage, wie sie durch J. Praetorius im 17. Jh. und F. Rükkerts Barbarossaballade (1813) verbreitet wurde, derzufolge der in Unteritalien verstorbene Kaiser Barbarossa (urspr. aber Friedrich II.) hier im Berg schlafen und nach seinem Erwachen die vergangene Kaiserherrlichkeit restaurieren soll.

Seehausen (3 km sö): Die barocke Dorfkirche wurde unter Einbeziehung eines älteren

Kyffhausen (Bad Frankenhausen), Kyffhäuser-Denkmal, Reiterstandbild Wilhelms I. >

Bad Liebenstein, Esplanade

Vorgängerbaus 1713 errichtet. Kanzelaltar und Gestühl stammen aus der Entstehungszeit.

36448 Bad Liebenstein Bad Salzungen		
Einw.: 3800	Höhe: 324 m	S. 226 □ B 9

Nach Zusammenführung der Orte Grumbach und Sauerbrunn im Jahre 1800 begann ein bescheidener Badebetrieb, der Mitte des 19. Jh. durch Förderung der Meininger Herzöge sich zu einem internationalen Badeort ausweitete. Städtebauliche Dominante wurde die Esplanade mit stattlichen Kurhäusern der 2. Hälfte des 19. Jh., daneben das Palais Weimar von 1825, mit rundem Kuppelsaal im 1. OG, der Brunnentempel um 1800 über der gefaßten Quelle und das kleine Kurtheater. Der Meininger »Theaterherzog« Georg II. ließ 1872/73 die Villa Georg im englischen Landhausstil errichten und für seine Frau Feodora die nach ihr benannte Villa (1860 vom Münchner Architekten Ludwig Lange) als oberbayr. Bauernhaus, zweigeschossige Giebelstellung mit Galerie, Wandbilder von August und Heinrich Spieß nach Entwürfen von Ludwig Richter. Lebensgroße Holzplastiken von G. Klotz.

Das **Postamt** von 1895 ein sehenswertes Beispiel verspielter Fachwerkromantik. Das Bemühen um Bewahrung oder um Wiedergewinnung regionaler Traditionen führt zur Verleugnung der Zweckbestimmung des Gebäudes, das eher als ein Landschlößchen mittleren Dorfadels denn als ein Postamt wirkt.

Burgruine Liebenstein: Nach 1360 unter den Herren von Stein Ausbau der Burg bis 1386 mit dreigeschossigem Palas und Ringmauern. 1567 zerstört, 1676 Wiederaufbau, seit 18. Jh. Verfall. Steil über dem Ort eine eindrucksvolle, gut konservierte Ruine.

Schloß und Park Altenstein: Eine Sommerresidenz der Meininger Herzöge. Die ehem.

Bad Liebenstein, Villa Feodora

Bad Liebenstein, Postamt

Bad Liebenstein, Burgruine Liebenstein

Burg bereits 1736 durch ein bescheidenes Schloß ersetzt, das 1887/88 einem repräsentativen Neubau von A. Neumeister weichen mußte. Das Neorenaissancegebäude mit hohen Ziergiebeln und Schornsteinen in englischer Manier wurde vor wenigen Jahren durch Brand zerstört, Wiederaufbau im Gange.
Der ca. 112 ha große Landschaftspark wurde 1798–1803 nach Ideen von Georg I. im romantischen Stil mit zahlreichen Parkarchitekturen, Ritterkapelle, Sennhütte, Wasserfall angelegt, 1846–50 nach Plänen von H. v. Pückler-Muskau und E. Petzold umgestaltet und erweitert.

Umgebung

Lutherdenkmal im Glasbachtal (3 km nö): Zur Erinnerung an Luthers Gefangennahme am 4.5. 1521, der hier zum Schein überfallen und in Sicherheit auf sein »Pathmos« auf die Wartburg gebracht wurde. *Stele* von 1857 in Form eines got. Fialtürmchens mit Kreuzblumengiebeln.

Schweina (1,5 km n): *Schloß Glücksbrunn,* 1703 mit Park. Auf dem Friedhof das Grab Friedrich Fröbels, der 1852 in dem zu Schweina gehörenden Schlößchen Marienthal verstarb. Grabstein in den »Urformen« des Fröbelschen Kinderspielzeugs: Quader, Zylinder, Kugel.

Steinbach (2 km nö): *Dorfkirche.* Saalbau von 1736 mit geradem Chorschluß, Dachreiter, Glockenstuhl. Im Innern doppelte Emporen mit bäuerl. Brüstungsmalerei, Tonne mit figürl. christlichen Motiven. Einheitliche Ausstattung und farbliche Fassung.

36433 Bad Salzungen

Bad Salzungen

Einw.: 20 800 Höhe: 262 m S. 226 □ B 9

In karolingischer Zeit eine königliche »villa salsunga«, bedingt durch reiche Salzvorkommen Entwicklung zur Stadt im 13./14. Jh. Nutzung der Solequellen zum Badebetrieb seit 1801, seit M. 19. Jh. bedeutender Aufschwung durch Kurbetrieb, Einbeziehung des an die Altstadt schließenden Sees durch Bau von stattlichen Kurhäusern und Villen, z. T. in historisierenden Fachwerkkonstruktionen, besonders aber des 1937 in 17 Achsen und 3 Geschossen errichteten Kurhauses. Die vorgelagerte Wandelhalle von 1953, trotz zeitl. Abstandes kaum stilistische Unterschiede zu bemerken.

Stadtkirche gegr. 12. Jh., 1789/91 Neubau in anspruchsloser Architektur.

Haunscher Hof, zweigeschossiger Renaissancebau von 1516 am See, verändert im Jahre 1624.

Schloß Wildprechtrode: Die Wasserburg der Herren von Buttlar wurde A. 17. Jh. zu einem Schlößchen umgebaut, das den ehem. Treppenturm einbezog und die neuen Bauten um einen engen Hof gruppierte, wirkungsvoll die mit derbem Schmuck ausgestatteten Giebel.

Möhra (Bad Salzungen), Lutherdenkmal und Lutherhaus (links)

Umgebung

Dietlas (14 km w): *Schloß.* Der ehemals den Hennebergern, später den Ernestinern gehörige Bau war urspr. eine Wasserburg, dann Kemenate, seit 1416 Schloß genannt. Die ältesten Teile aus dem 14. Jahrhundert. Trotz vieler Veränderungen zwischen dem 17.–19. Jahrhundert wirkt der Bau in seiner schlichten Gliederung stattlich und durchaus einheitlich.

Möhra (6 km n): *Dorfkirche.* Über dem spätgotischen Chor ein mächtiger Turm mit Laterne, 1728. Langhaus als Saalkirche mit Emporen 1705, Holztonne mit illusionistischer Architekturmalerei. In einer Kapelle der Kirche, die in den Altarraum einbezogen ist, wurden 1483 die Eltern Luthers getraut. Möhra gilt als der Stammsitz der Familie Luther. Am Dorfanger steht ein schlichtes Fachwerkhaus von 2 Geschossen, das 1616 Georg Luther erbaute und das als *Lutherhaus* bekannt ist.

Lutherdenkmal auf dem Dorfanger, 1846 von Ferdinand Müller und Daniel Burgschmiet.

Stadtlengsfeld (14 km sw): Im 12. Jahrhundert im Zusammenhang mit hersfeldischen Ministerialen genannt. 1359 Marktrecht durch Karl IV. 1878 brannte die Stadt fast völlig ab, von der ehemaligen Wasserburg mit Rundturm Reste erhalten. *Stadtkirche.* Saalbau von 1790 mit roman. Chorturm, got. Triumphbogen und Gewölbe, barocke Emporen.

Vacha (18 km w): An einer wichtigen Stelle an der Werra entwickelte sich die frühe Siedlung bereits 1186 zur Stadt, wurde im 13. Jh. befestigt, M. 14. Jh. entsteht anstelle einer zerstörten Holzbrücke eine steinerne. Einen Stadtbrand von 1467 überstanden nur wenige massive Gebäude. Die heutigen Wohnhäuser am Straßenmarkt sind meist im 19. Jh. gebaut worden, ausgenommen das *Rathaus,* nach dem Bauherrn, dem landgräfl. Amtmann Kaspar Widemarkter, auch »Widemark« genannt, 1613 vom Zimmermeister Hans Weber erbaut. Das stattl. Haus besitzt ein massives Erdgeschoß mit

Vacha (Bad Salzungen), Panorama

frühbarockem Portal, darüber zwei Geschosse in Fachwerk mit reichen Schmuckformen in den Brüstungsfeldern, ein kräftiges Gesims schließt die beiden Geschosse ab, darüber leicht zurückgesetzt ein weiteres Geschoß mit Uhrturm.

Stadtkirche. Vom roman. Bau ist nur der Turm erhalten, das Langhaus wurde 1821 bis 1824 im klassizistischen Stil errichtet, das Hauptportal als dorischer Portikus mit kannelierten Säulen. Der Saal mit Emporen, Kanzel und Orgel einheitlich und nüchtern.

Friedhofskirche. Rest eines ehem. vor der Stadt gelegenen Servitenklosters, das nach dem Stadtbrand von 1467 aufgehoben wurde. Der jetzige Bau ist der hohe Chor der ehemaligen Klosterkirche um 1400, mit Wandmalereien Mitte und Ende des 15. Jahrhunderts.

Kath. Kirche. In dem Neubau des 19. Jh. befindet sich ein seltenes Werk deutscher Bildhauerkunst um 1400, eine Marienstatue, die geöffnet einen Gnadenstuhl enthält.

37327 Beuren

Worbis

Einw.: 1300	Höhe: 333 m	S. 226 □ B 8

Ehem. Zisterzienserinnenkloster: Das 1208 im *Eichsfeld* gegr. Nonnenkloster wurde nach einer Blüte in der Folge der Gegenreformation (noch heute ist die Bevölkerung des früher kurmainzischen Eichsfeldes überwiegend kath.) erst 1810 säkularisiert. Das Innere der urspr. roman., im 13. Jh. nach O vergrößerten *Klosterkirche* wurde um 1672 nach Entwürfen des ital. Baumeisters A. Petrini barockisiert und erhielt schließlich die barocken *Deckenfresken* (Legenden v. Zisterzienserheiligen; 1718). Nach Plänen Petrinis wurden 1673–79 auch der S- und der O-Trakt der *Klausurgebäude* (heute Altersheim) barock umgestaltet, deren Erneuerung mit der Vollendung (1702) des W-Traktes abgeschlossen wurde.

Außerdem sehenswert: Einem beachtlichen spätgot. Flügelaltar (um 1400) mit einer

Herren-Breitungen (Breitungen), Schloß (l), Klosterkirche (r)

Passionsdarstellung begegnet man in der mehrfach erneuerten *Dorfkirche.*

Umgebung

Scharfenstein (1 km s): Die 138 m hoch über dem Leinetal auf einem Felssporn des Düns thronende *Burg* (Erholungsheim) wurde 1209 erstmals genannt, während der Folgejahrhunderte des öfteren zerstört (v. a. während der Bauernkriege) und wieder aufgebaut, zuletzt Anfang 16. Jh. Ab 1587 in kurmainzischem Besitz, diente sie bis 1802 als Gerichtsstätte und Gefängnis.

98597 Breitungen

Schmalkalden

Einw.: 5800 Höhe: 297 m S. 226 □ B 9

Für den Ursprung des Ortes sind im MA drei Siedlungskerne zu unterscheiden: Links der Werra *Frauen-(=Königs-)Breitungen,* rechts der Werra *Herren-(=Burg-) Breitungen* und flußaufwärts am selben Ufer *Alten-Breitungen.* In karolingischer Zeit bildeten die drei Orte eine selbständige Mark. Die Attribute Herren und Frauen leiten sich von den Mönchs- bzw. Nonnenkonventen der Orte her. 1049 ist das Kloster in Herren-Breitungen erstmals urkundlich bezeugt, seit 1114 hat der Teil Frauen-Breitungen Marktrechte. Ab 1360 unterstand Breitungen den hennebergischen Landesherren. Im Bauernkrieg 1525 wurde Herren-Breitungen von den Aufständischen geplündert und Frauen-Breitungen zum Teil zerstört, jedoch konnte sich der katholische Konvent zunächst noch halten. Doch schon 1528 wurde das Nonnenkloster ganz aufgelöst, 1553 zog Abt Kilian mit den letzten drei Mönchen nach Erfurt.

Herren-Breitungen: Das 1149 erwähnte *Benediktinerkloster,* eine Dreiflügelanlage mit zylindrischen Ecktürmen, erfuhr in der

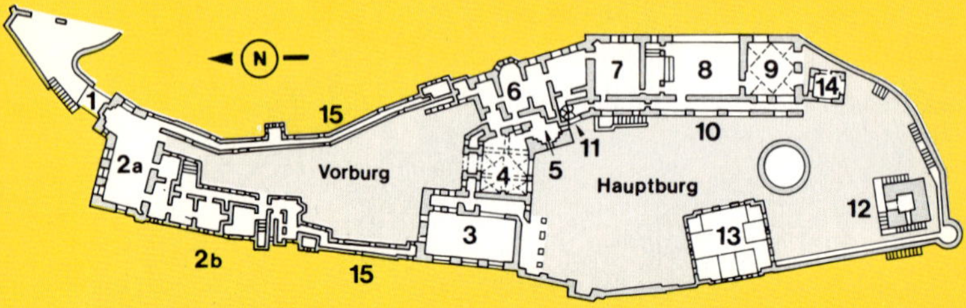

Vorhergehende Doppelseite:

Links: Eisenach, Wartburg
Rechts: Wartburg, Palas

2.Hälfte des 16.Jh. eine Profanierung; die Klausurgebäude wurden als *Schloß* mit *Fürstenhaus* im O-Flügel benutzt und weltlich ausgestattet. Die ehem. *Klosterkirche* (1112 geweiht), eine beeindruckende frühroman. Basilika mit Flachdecke, einseitigem (s) Stützenwechsel und eingebautem roman. *W-Turm,* diente fortan als Schloßkirche. Nach einem Brand (1662) wurde sie 1842 teilweise erneuert. – Im einschiffigen Inneren der barocken *Dorfkirche* (1731) mit Holztonne und doppelstöckigen Emporen schöne Kanzel und Orgelprospekt aus den 30er Jahren des 18.Jh. – Die dreigeschossige *Fachwerk-Kapelle* (1733) an der Brücke über den Farnbach bezieht ein älteres Sokkelgeschoß aus Sandstein mit ein.

Außerdem sehenswert: Der Ortsteil *Frauen-Breitungen* bewahrt außer gut erhaltenen *Fachwerkhäusern* (17.–19.Jh.) einige Renaissancebauten: Das ehem. *Amtshaus* und der ehem. *Edelhof* (beide 1606) besitzen Fachwerkobergeschosse. Die einschiffige *Pfarrkirche* (1615) bezieht einen roman. W-Turm mit Fachwerkobergeschoß ein und birgt im einschiffigen Inneren einen kostbaren Flügelaltar (Muttergottes zwischen Heiligen; 1518); die Brüstungen ihrer doppelstöckigen Empore sind mit neu- und alttestamentlichen Szenen bemalt.

Eisenach, Wartburg 1 Zugbrücke **2a** Torhaus (12.–19.Jh.) **2b** Ritterhaus **3** Vogtei (15.–19.Jh.) **4** Torhalle (19.Jh.) **5** Bergfried (19.Jh.) **6** Neue Kemenate (19.Jh.) **7–10** Dreigeschossiger Palas (um 1200) mit spätroman. Baudekor **7** Rittersaal **8** Speisesaal **9** Elisabethkemenate mit Glasmosaiken (1902–06) v. A.Oetgen **10** Arkaden **11** Treppentürmchen **12** S-Turm mit Zinnenkranz (1840) **13** Gadem (Gästehaus, 19.Jh.) **14** Kapelle mit Apostel-Fresken (um 1320) **15** Wehrgänge (15.–19.Jh.)

E

Eisenach, Wartburg, Ritterhaus und Vogtei

99817 Eisenach Eisenach		
Einw.: 44300	Höhe: 215 m	S. 226 □ B 9

Eisenach liegt an der Hörsel, einem Nebenfluß der Werra, am nordwestlichen Rand des Thüringer Waldes. Die Wartburg (410 m) überragt den Ort. Die am westlichsten gelegene Kreisstadt Thüringens ist heute ein stark besuchter Fremdenverkehrsort, Kongreß- und Industriestadt.
Eisenach wurde um 1150 von den Thüringer Landgrafen (den Ludowingern) vermutlich im Zusammenhang mit dem Bau der Wartburg gegründet und 1150 als *Isinacha* erstmals urkundlich genannt. Durch Ereignisse auf der Wartburg wurde der Ort zum kulturellen und politischen Mittelpunkt der damaligen Landgrafschaft Thüringen. 1525 nahmen große Teile der Bürgerschaft am Bauernaufstand teil. Nach der Besetzung der Stadt durch die Heere der Fürsten wurden 17 Anführer enthauptet. Von 1572 bis 1638, 1640 bis 1644 und 1672 bis 1741 war Eisenach Residenz eines Herzogtums der Wettiner (ernestinische Linie), in deren Besitz der Ort bereits seit Mitte des 13. Jh. war. Herausragende historische Ereignisse waren das Wartburgfest der Deutschen Burschenschaften am 18./19. 10. 1817, das, von einer Minderheit der ca. 500 Teilnehmer initiiert, zu einer Demonstration gegen Reaktion und Restauration wurde, und der Eisenacher Parteitag 1869, auf dem die Gründung der Sozialdemokratischen Arbeiterpartei beschlossen wurde. Ab 1920 war Eisenach Teil von Thüringen und ist heute Teil des Bezirks Erfurt. Die 1896 gegründete Fahrzeugfabrik AG ist die drittälteste Kraftfahrzeugfabrik in Deutschland.

Wartburg: Die Burganlage soll der Sage nach 1067 v. Graf Ludwig dem Springer gegr. worden sein. Er soll beim Anblick des Felsens ausgerufen haben: »Wart' Berg, du sollst mir eine Burg werden.« Der Bau der weitläufigen Anlage, die sich um 2 Höfe gruppiert, erfolgte jedoch erst unter seinen Nachfolgern. Unter Hermann I. (1190 bis 1217) hielten sich die mittelhochdt. Epiker Heinrich v. Veldeke (der »wise man, der rehter rime alererst began«) und Herbort v. Fritzlar sowie die mittelhochdt. Dichter Walther von der Vogelweide und Wolfram von Eschenbach dort auf. Über das Leben am Hof berichtet die um 1260 entstandene Strophendichtung »Der Wartburgkrieg«.
Hier wird auch von dem legendären Sängerwettstreit, der 1206 bis 1207 im Palas der Burg stattgefunden haben soll, berichtet. Richard Wagner behandelte die Sage in sei-

Eisenach, Wartburg,
< Sängersaal, Kapitell

ner Oper »Tannhäuser und der Sängerkrieg auf der Wartburg« (1845), E.T.A. Hoffmann in seinen Erzählungen »Die Serapionsbrüder« (1811 bis 1812) und Ludwig Tieck in seinem »Phantasus« (1812–16). Zur Bekanntheit der Burg trug auch das Leben der 1235 heiliggesprochenen Landgräfin Elisabeth (1207–31) bei. Ihre Demut und Armut standen in scharfem Gegensatz zu den Sitten der Zeit. Johannes Rothe, um 1360 in Creuzburg an der Werra (nw) geboren und 1434 in E. gestorben, hat dem Stoff in seinem »Leben der heiligen Elisabeth« eine gültige Form gegeben. Vom 4.5. 1521 bis zum 1.3. 1522 hielt sich Martin Luther, der vom Reichstag in Worms wegen seiner ketzerischen Schriften mit der Reichsacht belegt worden war, als Junker Jörg auf der Wartburg auf. Hier übersetzte er das Neue Testament aus dem Griech. Seine Bibelübersetzung, die erst 1534 abgeschlossen wurde, trug entscheidend zur Herausbildung einer frühneuhochdt. Schriftsprache bei. Vom späten 16.Jh. an begann die Burg, da sie keine strategische Bedeutung hatte und nicht als Residenz genutzt wurde, zu zerfallen. Erst 1838–90 wurde sie, auf Initiative Goethes, wiederhergestellt.

Der älteste Teil der Anlage ist der roman. Palas (Landgrafenhaus) im SO mit prächtiger W-Fassade. Die beiden unteren Stockwerke wurden etwa zwischen 1190 und 1220, das Obergeschoß nach 1250 errichtet. Im Erdgeschoß finden sich 2 gewölbte Räume, der Rittersaal und die Elisabeth-Kemenate, die mit Mosaiken v. 1902–06 ausgestattet ist. Der ebenfalls im Erdgeschoß gelegene Speisesaal hat eine hölzerne Flachdecke. Im 1. Stock liegen die Kapelle (um 1320, mit Wandgemälden aus dieser Zeit), der Sängersaal, das Landgrafenzimmer und die Elisabeth-Galerie. Letztere wurden 1854–55 v. Moritz v. Schwind mit *Freskenzyklen* ausgemalt, die die Geschichte der Wartburg, den Sängerkrieg und die Elisabeth-Legende zum Thema haben. Im 2. Stock findet sich der Festsaal mit einer Ausstattung v. 1867.

Die Burganlage betritt man v. NO über eine Zugbrücke. Das Torhaus stammt im Kern aus dem 12. und 15.Jh. An das Torhaus schließen sich das Ritterhaus und die Vogtei (an der S-Seite Erker vom Harsdörferschen Haus in Nürnberg, 1872 eingebaut) an. In der Vogtei wohnte Luther während seines Aufenthalts auf der Wartburg. Sein Zimmer ist fast unverändert erhalten. Hier hängen sein Porträt und das seiner Frau Katharina, gemalt v. Lucas Cra-

Eisenach, Pfarrkirche St. Georg

Eisenach, Pfarrkirche St. Georg

nach d. Ä. (1526). Im O und W des ersten Burghofs liegen 2 Wehrgänge, der Elisabethen- und der Margarethengang, aus der Zeit um 1450, im S Torhalle und Dirnitz. Diese stammen wie auch der Bergfried und die an ihn anschließende Neue Kemenate im N des 2. Burghofs, aus der 2. Hälfte des 19. Jh. Nördlich des Palas liegt ein Treppenhaus v. 1953–54, s ein neuroman. Bad, das sog. Ritterbad, aus der Zeit nach 1889. Dem Palas gegenüber, an der W-Seite des 2. Burghofs liegt das Gadem, das ehemalige Gästehaus, ein Fachwerkbau von 1874–77, in dem jetzt eine Gaststätte untergebracht ist.

Der S-Turm (Aussichtsturm) mit Burgverlies stammt im Kern aus dem 12. Jh. und wurde im 19. Jh. erneuert. In der Neuen Kemenate und der Dirnitz befindet sich eine *Kunstsammlung:* Besondere Beachtung verdienen der Dürerschrank aus der Zeit um 1510, der Wandbehang mit Szenen aus der Elisabeth-Legende aus der Zeit um 1475 und ein got. Leuchterengel aus der Riemenschneider-Werkstatt.

SAKRALBAUTEN

Hospitalkirche St. Annen (Georgenstr.): Die Kirche soll 1226 v. der Landgräfin Elisabeth v. Thüringen gestiftet worden sein. Der im Kern spätgot. einschiffige Bau wurde 1634–39 erneuert. Aus dieser Zeit stammen auch die beiden Rundbogenportale.

Pfarrkirche St. Georg: Die dreischiffige spätgot. Hallenkirche, mit deren Bau 1515 begonnen wurde, geht auf eine landgräfliche Gründung aus der Zeit um 1180 zurück. Das Gebäude wurde wiederholt umgebaut, so in der 2. Hälfte des 16. Jh. und Ende des 19. Jh. Der 62 m hohe W-Turm datiert v. 1899–1902. Die Ausstattung der Kirche besteht u. a. aus einer Kanzel v. 1676 und einem Orgelprospekt v. 1719 sowie einer spätgot. (um 1500) und einer barocken (spätes 15. Jh.) Kreuzigungsgruppe. Beachtung verdienen auch die Grabsteine der thüringi-

Eisenach, Nikolaitor mit Nikolaikirche >

Eisenach, Marktbrunnen

Eisenach, Bach-Denkmal

schen Landgrafen, u.a. die Deckplatte vom Grab Ludwigs des Springers. In der Georgenkirche predigte Martin Luther nach seiner Rückkehr aus Worms am 2.5. 1521, zu einem Zeitpunkt, als er bereits unter Reichsacht stand. Der Komponist Johann Sebastian Bach wurde am 23.3. 1685 hier getauft. Vor dem W-Portal der Kirche steht der *Marktbrunnen* v. 1549. Dargestellt ist der hl. Georg im Kampf mit dem Drachen (Der Heilige ist der Schutzpatron v. E.). – Zwischen Brunnen und Postamt markiert ein weißes Kreuz im Pflaster die Stelle, an der die 17 Bauernführer 1525 hingerichtet wurden.

Kreuzkirche (am Ende der Domstr.): Der Baumeister des barocken Zentralbaus, der 1692–97 in der Form eines griech. Kreuzes errichtet wurde, war Johann Mützel. Die schlichte Ausstattung stammt aus der Entstehungszeit.

Nikolaikirche (Karlsplatz): Bei der dreischiffigen roman. Basilika aus der 2. Hälfte des 12. Jh. handelt es sich um die ehem. Kirche eines Benediktiner-Nonnenklosters. Im W der Kirche eine Vorhalle, im O ein Hauptchor mit einem s Nebenchor, die beide mit Apsis versehen sind. Über dem Nebenchor erhebt sich ein Turm. Im Inneren befindet sich ein spätgot. Schreinaltar aus dem frühen 16. Jh. (Beweinung Christi). – Südlich der Kirche steht das im Kern spätroman. (um 1200) *Nikolaitor.* – Auf dem Platz vor der Kirche steht das 1895 v. Adolf v. Donndorf geschaffene *Lutherdenkmal.*

Predigerkirche (Predigerplatz): Das frühgot. Bauwerk (wahrscheinlich 2. Hälfte 13. Jh.), das einmal zu einem Dominikanerkloster gehörte, wurde 1902 umgebaut. Beachtung verdienen die dreischiffige Krypta unter dem Chor und die zweistöckige Kapelle an der S-Seite. In der Kirche ist die *Skulpturensammlung* des Thüringer Museums untergebracht. Zu sehen sind Hauptwerke der thüringischen kirchlichen Plastik des MA, u.a. Flügelaltäre, Kruzifixe, Ves-

Eisenach, Bachhaus

perbilder und Figurengruppen. Eine weitere Ausstellung ist der Ur- und Frühgeschichte des Kreises E. gewidmet.

PROFANBAUTEN

Rathaus (Markt): Das dreigeschossige Bauwerk, das 1508 errichtet wurde, ist im Kern spätgot. 1564 wurde es im Renaissancestil umgebaut und nach dem Stadtbrand v. 1636 wieder aufgebaut. Beachtenswert sind das Sitznischenportal, der Turm mit geschweifter Haube und Laterne sowie die Reliefbildnisse am Untergeschoß.

Residenzhaus (Markt): Von dem ehem. Schloß sind nur noch Teile erhalten, der dreistöckige spätgot. W-Flügel mit Treppenturm v. ca. 1507 und der N-Flügel mit Renaissanceportal v. 1539.

Schloß (Markt): Der dreigeschossige Barockbau an der N-Seite des ehem. Mittwochsmarkts wurde 1742–51 v. dem Landbaumeister Gottfried Heinrich Krohne für den Herzog Ernst August v. Sachsen-Weimar errichtet. Die s Hauptfassade wird v. 3 repräsentativen Portalen geziert. Der Festsaal im Inneren ist mit reichen Rokoko-Stuckdekorationen und einem Deckengemälde ausgestattet, das den Triumph der Galatea zeigt. Im linken Gebäudeflügel ist das *Thüringer Museum* untergebracht, in dem u.a. Gläser aus thüringischen Glashütten, Thüringer Porzellan, Gemälde dt. Meister und eine Apotheke v. 1740 zu sehen sind.
Am Museum erinnert eine Gedenktafel an Johann Wolfgang v. Goethe, der sich als Weimarer Minister und zu geologischen Studien häufiger in E. aufhielt.

MUSEEN

Automobil-Ausstellungs-Pavillon (Wartburgallee): Hier wird die Geschichte des

Eisenach, Lutherhaus

Eisenach, Lutherhaus, Lutherstübchen

Eisenacher Automobilhaus dokumentiert. Zu sehen sind u. a. der Wartburg-Motorwagen v. 1898, ein motorgetriebenes Kutschfahrzeug, der Dixi U34 v. 1907, der EMW-Sportwagen 327, der in den 30er Jahren hier gebaut wurde, das Sportcoupé EMW Typ 327/2 und die Wartburg W353-Limousine, nach dem Trabant das meistverkaufte Auto der ehem. DDR.

Bachhaus (Frauenplan 21): Hier in der Nähe wurde der Komponist Johann Sebastian Bach am 21.3. 1685 geboren.
1906 wurde das Gebäude v. der Bach-Gesellschaft erworben und in ein Museum umgewandelt. Zu sehen sind eine Sammlung zu Leben und Werk der Familie Bach sowie zahlreiche historische Musikinstrumente.

Gedenkstätte »Eisenacher Parteitag 1869« (Marienstr. 57): Hier, im ehem. Hotel Goldener Löwe, fand vom 7. bis 9.8. 1869 der Gründungsparteitag der Sozialdemokratischen Arbeiterpartei Deutschlands statt. An dieses Ereignis erinnern zahlreiche Dokumente.

Lutherhaus (Lutherplatz 8): Das Museum ist in einem der ältesten und schönsten Bürgerhäuser v. E. untergebracht, dem sog. *Cottaschen Haus,* das teilweise aus dem späten 15. Jh. stammt und nach der Zerstörung 1944 originalgetreu wiederaufgebaut wurde. Martin Luther soll als Lateinschüler 1498–1501 bei Frau Ursula Cotta gewohnt haben. Zu sehen sind u.a. Bibeldrucke und geistliche Bücher aus dem 16. Jh. Das Gebäude beherbergt weiterhin das *Deutsche Evangelische Pfarrhausarchiv.*

Reuter-Wagner-Museum (Reuterweg 2): Der niederdt. Schriftsteller Fritz Reuter (*1810) siedelte 1863 v. Neubrandenburg nach E. über. Am 1.4. 1868 zog er in die Villa im Neurenaissancestil um, die der Architekt L. Bohnstedt 1864–67 für ihn erbaut hatte. Reuter starb am 12.7. 1874 und ist auf dem Neuen Friedhof an der Mühlhäuser Str. begraben (Grabmal mit Marmorbüste).

Creuzburg (Eisenach), Alte Werra-Brücke

Die Villa ging 1895 nach dem Tod seiner Witwe in den Besitz der Stadt über. Der Salon, das Arbeitszimmer des Schriftstellers, das Musikzimmer und das »Sanctuarium« genannte Nähstübchen seiner Gattin sind im Originalzustand erhalten. – In dem Gebäude ist auch die sogenannte *Oesterleinsche Sammlung* über Leben und Werk des Komponisten Richard Wagner untergebracht, die 1895 v. Wien nach E. verkauft wurde. Sie umfaßt u.a. Autographen, Erstausgaben v. Werken Richard Wagners, Fotos und Theaterzettel.

Thüringer Museum →Predigerkirche und Schloß.

Außerdem sehenswert: Einige *Fachwerkhäuser* aus dem 16.Jh., die die zahlreichen Stadtbrände überdauert haben, die *Ratsapotheke* in der Karlstr. 1, die *Volkshochschule* in der Georgenstr. 2 und das *Bohlsche Haus* in der Goldschmiedestraße 1. – Im *Landestheater* am Theaterplatz 4–6 werden Schauspiele, Opern, Operetten und Balletts gezeigt. Weiterhin finden hier Konzerte der Landeskapelle statt. – Der um 1700 angelegte fürstliche Lust- und Küchengarten, *Karthausgarten,* sö des Stadtzentrums geht auf ein Kartäuserkloster zurück. Bereits zur Goethezeit wurde er in einen Landschaftspark umgestaltet. Im Teezimmer des frühklassizistischen Gärtnerhauses findet sich eine Bildtapete aus der Zeit um 1830, die Amor und Psyche zum Thema hat.

Der mittelalterliche *Hellgrafenhof* (Hinterhof des Hauses Georgenstr. 43) gilt als das älteste Gebäude von Eisenach. Hier sollen schon die legendären Gestalten Heinrich v. Ofterdingen (Titelgestalt eines Romans v. Novalis) und der Zauberer Klingsor gewohnt haben.

Das *Burschenschaftsdenkmal* auf der Göpelskuppe wurde 1900–02 nach einem Entwurf v. Wilhelm Kreis errichtet. – Südlich v. E. an der Straße nach Wilhelmsthal liegt die Gaststätte Hohe Sonne. Der Gebäudekomplex liegt in 434 m Höhe. Schöner Blick auf die Wartburg.

Veranstaltungen: *Eisenacher Sommergewinn,* ein großes Volksfest am Wochenende vor Ostern. Die *Thüringer Bachtage* finden im März oder April statt.

Umgebung

Berka an der Werra (26 km sw): Die *Pfarrkirche* besteht aus einem spätgot. Chor (Baubeginn 1439) mit Kreuzrippengewölbe, über dem sich der massive Turm mit Spitzhelm und 4 Erkern erhebt, und einem Renaissance-Langhaus v. 1616 mit einem kassettierten Tonnengewölbe. Die Ausstattung besteht aus einem Kruzifix aus der Zeit um 1500, einem Taufstein v. ca. 1530, einer Kanzel v. 1634, einem Orgelprospekt v. 1667 und Chorgestühl aus dem 17. Jahrhundert.

Burkhardtsroda (18 km sw): Dorfkirche. Erbaut 1787 als Fachwerkbau mit Mansarddach, im W dreigeschossiger Turm mit geschweifter Haube. Durch die Fachwerkkonstruktion, die hohen Fenster mit zierlichen Sprossen, Korbbogen und Schlußstein besticht das Gebäude durch eine überzeugende Harmonie der Proportionen und der Farbigkeit.

Creuzburg (11 km nw): Der Ort entstand bei einer Burg am Übergang der Straße v. Kassel nach Erfurt über die Werra (Alte Brücke, 1223). Die um 1215 begonnene *Stadtbefestigung* ist teilweise erhalten. – Die *Nicolaikirche* geht auf eine 1215 gegr. roman. Basilika zurück. Sie wurde im 15. Jh. umgebaut (Turm v. 1428). Nach einem Brand 1765 wurde das basilikale Langhaus in eine Saalkirche umgebaut. Die Ausstattung wurde 1945 zerstört. – Die *Gottesakkerkirche* ist ein einschiffiges spätroman. Bauwerk, das, nachdem es im 17. Jh. verfallen war, 1710 wieder aufgebaut wurde. Im Inneren befinden sich ein Holzgewölbe und doppelte Emporen. Das nahe gelegene *Friedhofsportal* datiert v. 1624. – Der Innenraum der spätgot. *Liboriuskapelle* (nach 1499, an der Werrabrücke) wurde 1514–23 v. Cunrad Stebel ausgemalt. Dargestellt sind das Jüngste Gericht, die Passion Christi und das Leben der hl. Elisabeth. – Das *Schloß* geht auf eine der Hauptburgen der thüringischen Landgrafen zurück. Die v. einer Ringmauer umgebene Anlage stammt in ihrem Kern aus dem 12. Jh. Am ehem. Palas (Herzoghaus) finden sich noch roman. Reste. Das Gelbe Haus ist ein einfacher Renaissancebau mit Fachwerkobergeschoß v. ca. 1606.

Falken (22 km nw): *Dorfkirche* mit barokker Ausstattung und einem spätgot. Flügelaltar (um 1500). Ein Tafelbild aus der 1. Hälfte des 15. Jh. zeigt die Kreuzigung Christi.

Gerstungen (23 km w): Ein alter, bis zur Gegenwart geschichtsträchtiger Ort, der bereits im 8. Jh. genannt wurde, mit einem fränkischen Königshof (an der Stelle des jetzigen Amtshauses zu vermuten), altes Grenzgebiet – ehemals einer der wichtigsten Grenzübergänge zwischen der BRD und der ehem. DDR. – *Dorfkirche.* Saalbau mit eingezogenem, dreiseitig geschlossenem Chor, 1282 erwähnt, 1588 Brand, danach Wiederaufbau. Turm und Langhaus, Ausmalung des 19. Jh., die Emporenbrüstungen bemalt nach Motiven der Holzschnitte von Schnorr v. Carolsfeld. – *Ehem. Amtshaus.* Amtsgericht auf den Mauern einer Wasserburg, Inschrift 1521, Fachwerk des 17.–18. Jh. *Apotheke,* dreigeschossiger Fachwerkbau des 17. Jh. mit ornamentaler Schnitzerei. – *Ehem. Oberförsterei,* dreigeschossiger stattlicher Fachwerkbau auf hohem Werksteinsockel. Trotz der betonten Horizontale durch die verzierten Schwellen und Brüstungen wirkt das Gebäude infolge eines bis zum Hauptgesims durchgehenden Erkers und eines Treppenturms fast turmartig.

Großburschla (25 km nw): Großes Dorf an der Werra, die hier die Grenze zwischen Thüringen und Hessen bildet – Straßenzug mit giebelseitigen Fachwerk-Bauernhäusern mit dem bezeichnenden Namen »Hessisches Ende«.

Dorfkirche, wahrscheinlich bereits E. 10. Jh. von Fulda gegründet. Der heutige Bau als Stiftskirche zw. 1130–1150 errichtet. Veränderungen im 14. und 16. Jh., Umbau mit got. Maßwerkfenstern, Abbruch des nördl. Seitenschiffes der ursprünglich dreischiffigen Basilika, erhalten noch die Arkatur des N-Seitenschiffes mit sächs. Stützenwechsel. Bei der Restaurierung 1965–68 Freilegung einer roman. Chorschranke und eines dreifarbig-ornamentalen Estrichfußbodens.

Hörschel (Eisenach), »Zum Fährhaus«, erstes Haus am Rennsteig >

Lauchröden (Eisenach), Die Brandenburg

Hörschel (11 km nw): Hier beginnt ein sowohl historisch als auch kulturgeschichtlich interessanter Weg: Der *Rennsteig* (vgl. dort). Hier im W an der Werra beginnt die 168 km lange Verbindung und führt bis nach Blankenstein an der Saale als östlichstem Ort, meist auf dem Kamm des Thüringer Waldes laufend bis zu dem Thüringer Schiefergebirge. Er hat infolge seines fast geraden Verlaufs eine verbindende Funktion als Kurierstraße, weniger dem Verkehr dienend, seit M. 19.Jh. beliebt als ein abwechslungsreicher Wanderpfad, der heute auch dem Sport im Sommer wie im Winter dient. Zugleich ist der Rennsteig eine trennende Linie als Wasserscheide zwischen Weser-, Rhein- und Elbstromgebiet, als Grenze ehemals zwischen Thüringen und Franken und den Einflußsphären der Bistümer Mainz und Würzburg.

Lauchröden (14 km nw): *Die Brandenburg.* Auf einem Berg oberhalb des Dorfes am linken Ufer der Werra, unmittelbar an der Grenze zwischen Hessen und Thüringen. Infolge der bisherigen Grenzsicherungsanlagen erst jetzt wieder zugänglich. Herrschaftsgeschichte z.T. unklar, wahrscheinlich in Verbindung zu bringen mit Landgraf Ludwig II. von Thüringen und der unweit gelegenen Wartburg. Große Doppelburg, zwischen beiden Anlagen Felsen und tiefe Gräben, die westl. Burg mit Mauern und hohem, rundem Bergfried erhalten, in der östlichen ein sechseckiger, oben runder Turm, als Teilburg mit eigenem Bering, ein weiterer östl. Teil mit rechteckigem Palas oder Wohnturm. Hervorragende Mauertechnik, z.T. mit Buckelquadern, staufischen Burgen sehr verwandt. Hauptbauzeit 2.H. 12.Jh.

Marksuhl (15 km sw): Bei der *Pfarrkirche* handelt es sich um einen einschiffigen Barockbau aus der Zeit um 1667 mit einem spätgot. W-Turm v. 1454. – Das *Schloß* ist eine Renaissance-Anlage v. 1587–91. Das Einfahrtstor datiert v. 1613–16. Im Inneren befinden sich einige Räume mit Rokoko-Stuckdecken.

Mihla (13 km n): In diesem Ort gab es einmal 3 Renaissanceschlösser. Das mittlere,

Lauchröden (Eisenach), Brandenburg, Östliche Burganlage mit Bergfried

das Blaue Schloß, wurde 1836 abgerissen. Das 1581 erbaute *Rote Schloß* mit massivem Erdgeschoß und 2 Obergeschossen aus Fachwerk dient heute als Altersheim. Das zweistöckige *Graue Schloß,* das 1536 bis 1560 errichtet wurde, wird heute als Wohnhaus, Gaststätte und Kulturzentrum genutzt. – Das bemalte hölzerne Tonnengewölbe und die bemalten doppelten Emporen der barocken *Dorfkirche* v. 1711 sind bemerkenswert. Für die 13 Reliefs (die Passion) des spätgot. Flügelaltars aus der Zeit um 1490 haben Kupferstiche des Malers Martin Schongauer als Vorlage gedient.

Oberellen (16 km w): *Schloß.* Zweiflügelanlage 1594–1604, Obergeschoß in Fachwerk, im Hof Treppenturm mit welscher Haube. Im Inneren Gewölbe vorhanden, verfälscht. – *Kirche.* 1656 auf den Mauerresten des Vorgängerbaues errichtet, Einbau der Emporen 1775 und 1811. Tympanon des Westportals, trotz des fragmentarischen Zustandes der eigenartige, archaische Stil erkennbar. Christus als Weltenrichter mit Maria und Johannes. 1.H. 12.Jh. – Im *Dorf* zahlreiche Fachwerkhäuser des 17. bis 19. Jahrhunderts.

Ruhla (15 km sö): Die *Concordiakirche* ist ein Frühbarockbau, der 1660–61 errichtet wurde. Sie hat die Form eines Winkelhakens: der W-Flügel ist die Neue Kirche oder Männerkirche, der S-Flügel die Alte Kirche oder Weiberkirche. – Die 1682–86 erbaute *Trinitatiskirche* ist ebenfalls barock. – In einem Fachwerkhaus aus dem 16.Jh. in der Oberen Lindenstr. 29 ist das *Heimatmuseum* untergebracht. Zu sehen ist neben Trachten eine Messerschmiede.

Treffurt (24 km nw): *Burgruine Normannstein.* Von der Anlage aus dem späten 12.Jh. sind noch Reste v. 2 viereckigen Wohntürmen, des Palas und des Bergfrieds erhalten. – Die *Pfarrkirche St. Bonifatius* besteht aus einem einschiffigen got. Langhaus (um 1340) und einem roman. Querschiff mit roman. Chor und roman. Apsiden (um 1260). – Das *Rathaus* ist ein Renaissancebau aus der Mitte des 16.Jh. mit Obergeschossen v. 1609.

Untersuhl (26 km w): *Dorfkirche.* Eine un-

V D M I Æ

Eisenberg, Schloß Christianenburg

Bad Klosterlausnitz (Eisenberg) >

gewöhnliche Kirche als ein Rundbau, der wahrscheinlich zunächst als Wartturm an der hessisch-thüring. Grenze gedient hat. Als der Turm durch eine Grenzverlegung E. 16. Jh. seine Bedeutung verlor, wurde er als Kirche umgebaut, im O eine Apside für den Altar geschaffen und 2 Emporen E. 17. Jh. eingebracht. Der eigenartige Kirchturm sitzt auf einem Fachwerkobergeschoß und wird von 4 kleinen Spitzhelmen begleitet.

Wilhelmsthal (8 km s): Bei dem *Schloß* handelt es sich um eine weitläufige Anlage aus schlichten barocken und klassizistischen Gebäuden, die um eine Parkstraße gruppiert sind. Mit dem Bau wurde 1712 unter Herzog Johann Wilhelm begonnen. Die ehem. barocke Gartenanlage wurde um 1800 in einen Landschaftspark umgewandelt. Johann Wolfgang v. Goethe hielt sich wiederholt in dem Schloß auf, das heute als Internat einer Oberschule dient. Hier arbeitete er an »Wilhelm Meister«. Man nimmt an, daß der Park, an dessen Gestaltung er beteiligt war, in seinem Roman »Die Wahlverwandtschaften« vorkommt.

< *Vorhergehende Doppelseite:*

Links: Eisenberg, Schloßkirche

Rechts: Eisenberg, Superintendentur, Erkerkonsole

07607 Eisenberg

Eisenberg

Einw.: 12 000 Höhe: 300 m S. 227 □ E 9

Eisenberg liegt im östlichen Thüringen zwischen Gera und Jena. Von der Autobahn Berlin–Hof aus ist es sehr gut zu sehen. Der Ort, der bereits 1171 eine Stadtmauer erhielt, wurde 1189 zerstört. Nach dem Wiederaufbau erhielt er 1219 die Stadtrechte. 1681–1707 war Eisenberg Residenz des kleinen Herzogtums Sachsen-Eisenberg, bis 1918 gehörte es zu Sachsen-Altenburg. 1796

Eisenberg, Rathaus (oben)

< Bad Klosterlausnitz, Roman. Kruzifix

wurde in Eisenberg eine Porzellanmanufaktur eingerichtet.

Schloß Christianenburg: Die dreistöckige barocke Anlage wurde 1677–92 nach Plänen v. Johann Wilhelm Gundermann und Johann Moritz Richter d. J. erbaut. Im O-Flügel des Gebäudes befindet sich die *Schloßkirche* aus den Jahren 1679–87, die 1692 geweiht wurde. Bemerkenswert sind die barocken *Stuckdekorationen,* die von 3 oberital. Meistern ausgeführt wurden (Bartolomeo Quadri, Giovanni Caroveri und Christian Tavilli), Fresken und die farbige Fassung des Innenraums schuf Johann Oswald Harms.
Im Mittelfeld des Spiegelgewölbes sieht man eine Darstellung aus der Offenbarung des Johannes, in der Chorkuppel die Himmelfahrt Christi. Die Fürstenempore liegt

Thalbürgel (Eisenberg), Klosterkirche, das Paradies im W >

Thalbürgel (Eisenberg), Klosterkirche

dem Chor mit Kanzelaltar und Orgel gegenüber.

Pfarrkirche St. Peter: Die Marktkirche ist ein einschiffiges spätgotisches Bauwerk aus dem späten 15. Jahrhundert; 1585 und 1880 wurde sie umgebaut. Sehenswert sind 4 *Gemälde* aus der Zeit um 1625, die die Geburt Christi, das Abendmahl, die Kreuzigung und die Ausgießung des Hl. Geistes darstellen.

Rathaus: Es besteht aus 2 dreigeschossigen Renaissancebauten (1579 und 1593) und wurde 1702 erweitert. Das Stadtwappen datiert v. 1587.

Der *Mohrenbrunnen* aus dem Jahre 1727 vor dem Rathaus erinnert an die Sage vom Eisenberger Mohren, der wegen eines Diebstahls hingerichtet werden sollte, jedoch noch rechtzeitig seine Unschuld beweisen konnte.

Die *Superintendentur* (Markt 11) ist ein dreistöckiger Renaissancebau aus dem späten 16. Jahrhundert. An der Nordseite des Gebäudes findet sich ein achteckiger Treppenturm.

Kreis-Heimatmuseum (Ortsteil Friedrichstanneck): Das Museum ist im ehem. Barockschloß Friedrichstanneck (1904 und 1910 stark verändert) untergebracht. Hier sind u. a. Altenburger Trachten zu sehen. Im Garten steht ein Teehäuschen aus dem Jahre 1750.

Umgebung

Bad Klosterlausnitz (8 km s): Der Kur- und Erholungsort entwickelte sich aus einer Siedlung bei einem 1132 gegr. Augustiner-Chorfrauenstift. Die *Klosterkirche* ist eine dreischiffige roman. Pfeilerbasilika, mit deren Bau man nach 1150 begann und die zwischen 1181 und 1185 geweiht wurde. Im 16. Jh. verfiel sie bis auf die Chorpartie. 1855–66 wurde das Bauwerk nach Plänen von Alexander Ferdinand von Quast ein-

Erfurt, Stadtkrone mit Dom und St. Severi

schließlich der Doppelturmfassade im W wieder aufgebaut. Von der urspr. Ausstattung ist nur ein überlebensgroßes roman. Kruzifix aus der Zeit um 1235 erhalten.

Bürgel (12 km sw): Im *Badertor* v. 1234 mit Fachwerk-Torhaus (nach 1754) an der Eisenberger Str. ist das *Keramische Museum* untergebracht. Das 1880 gegr. Museum dokumentiert die Entwicklung der bekannten Töpferstadt. – In der Töpfergasse 14 steht ein *Brennofen* aus dem 17. Jh., der bis 1935 in Betrieb war. – Von der urspr. spätgot. *Pfarrkirche* ist nur das spätgot. Hauptportal mit Spätrenaissance-Einfassung bemerkenswert.

Hartmannsdorf (7 km ö): Schloß. Von einem Wassergraben umgebene Vierseitanlage mit Herrenhaus von 1723, zweigeschoss. Bau mit Mansarddach und Mittelrisalit. Gutsgebäude, ehem. Brauhaus, Parkanlage. Zum Ensemble gehörig ein Fachwerkbau von Schultze-Naumburg (1926).

Krossen (8 km ö): Schloß. Ende 10. Jh. als castrum erwähnt, auf einem Bergsporn oberhalb der Weißen Elster erhebt sich das Renaissanceschloß, das 1700–1712 umgebaut wurde. Im S-Flügel der ausgedehnten Anlage der Festsaal. Wände und Decke mit illusionistischer Architekturmalerei von hoher Qualität, wahrscheinlich von italienischen Meistern.

Thalbürgel (über Bürgel; 14 km sw): Die *Klosterkirche* des 1133 eingerichteten Benediktinerklosters, eine roman. Flachdeckenbasilika aus dem 12. Jh., wurde, nachdem sie nach der Aufhebung des Klosters 1525 dem Verfall preisgegeben war, 1863–90 restauriert. Im Inneren befinden sich der Rest eines Lettners aus dem 12. Jh., ein spätgot. Viersitz sowie ein spätgot. Vesperbild (um 1500).

99084-99 Erfurt

Hauptstadt von Thüringen

Einw.: 204900 Höhe: 197 m S. 226 □ D 9

Die Stadt Erfurt liegt an der Gera im südlichen Thüringer Becken. Sie heißt auch die

Erfurt, Augustinerkirche, Fenster

Erfurt, Krämerbrücke

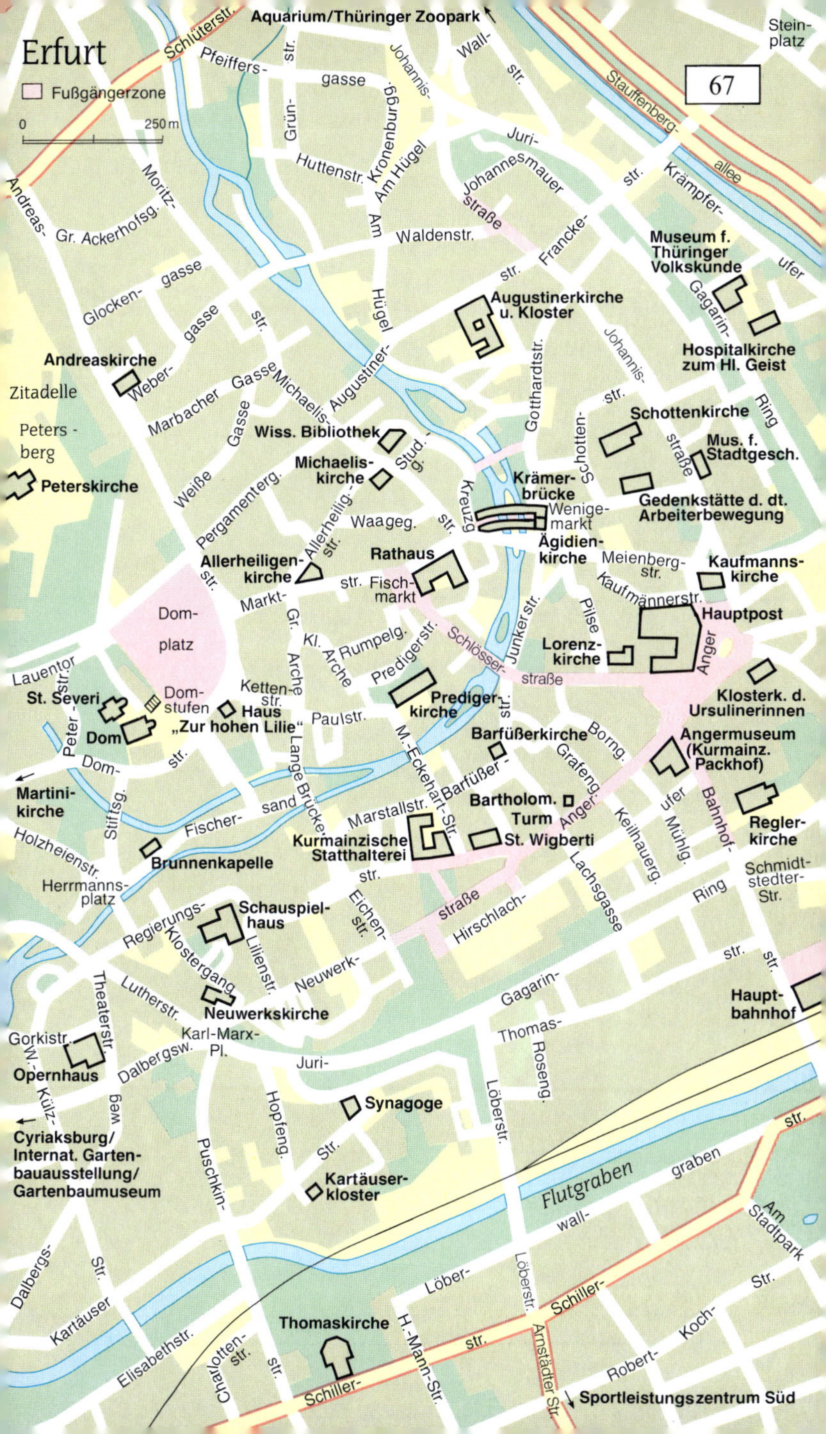
Erfurt
Fußgängerzone
0
250 m
67
Aquarium/Thüringer Zoopark
Stein-
platz
Schlüterstr.
Pfeiffers-
gasse
Grün-
str.
Johannis-
Wall-
str.
Stauffenberg-
allee
Huttenstr.
Kronenburgg.
Am Hügel
Juri-
Johannesmauer
Johannes-
straße
str.
Krämpfer-
ufer
Andreas-
Moritz-
Gr. Ackerhofsg.
Am
Hügel
Waldenstr.
Francke-
str.
Museum f.
Thüringer
Volkskunde
Gagarin-
Glocken-
gasse
gasse
str.
Augustinerkirche
u. Kloster
Hospitalkirche
zum Hl. Geist
Andreaskirche
Weber-
Zitadelle
Peters-
berg
Peterskirche
Marbacher
Gasse
Michaelis-
Augustiner-
Gotthardtstr.
Johannis-
str.
Schotten-
Schottenkirche
Ring
Weiße
Gasse
Wiss. Bibliothek
Stud.-
g.
Mus. f.
Stadtgesch.
straße
Michaelis-
kirche
Pergamenterg.
Allerheilig.-
str.
Kreuzg.
Krämer-
brücke
Wenige-
markt
Gedenkstätte d. dt.
Arbeiterbewegung
Waageg.
str.
Ägidien-
kirche
Meienberg-
str.
Kaufmanns-
kirche
Allerheiligen-
kirche
str.
Rathaus
Kaufmännerstr.
Markt-
str.
Fisch-
markt
Hauptpost
Dom-
platz
Gr.
Kl.
Rumpelg.
Predigerstr.
Schlösser-
Junkerstr.
Pilse
Lorenz-
kirche
Anger
Lauentor
Peter-
str.
Arche
Arche
straße
Klosterk. d.
Ursulinerinnen
St. Severi
Dom-
stufen
Ketten-
str.
Prediger-
kirche
str.
Dom
Haus
„Zur hohen Lilie“
Paulstr.
Lange Brücke
M.-Eckehart-Str.
Barfüßerkirche
Borng.
Angermuseum
(Kurmainz.
Packhof)
Dom-
str.
Martini-
kirche
Stiftsg.
Fischer-
sand
Barfüßer
Grafeng.
Bartholom.
Turm
Anger
Keilhauerg.
ufer
Mühlg.
Bahnhof-
Regler-
kirche
Marstallstr.
Holzheienstr.
Brunnenkapelle
Kurmainzische
Statthalterei
St. Wigberti
Lachsgasse
Herrmanns-
platz
str.
Eichen-
str.
straße
Hirschlach-
Ring
Schmidt-
stedter-
Str.
Regierungs-
Klostergang
Schauspiel-
haus
Lilienstr.
Neuwerk-
str.
str.
Theaterstr.
Lutherstr.
Neuwerkskirche
Gagarin-
Haupt-
bahnhof
Gorkistr.
Karl-Marx-
Pl.
Thomas-
Rosen g.
Opernhaus
Dalbergsw.
Juri-
W.-Külz-
weg
Hopfeng.
Synagoge
Löberstr.
Cyriaksburg/
Internat. Garten-
bauausstellung/
Gartenbaumuseum
Puschkin-
Str.
Kartäuser-
kloster
Flutgraben
graben
wall-
str.
Am
Stadtpark
Dalbergs-
Str.
Kartäuser
Löber-
Löberstr.
Schiller-
Str.
Elisabethstr.
Charlotten-
str.
str.
Thomaskirche
H.-Mann-Str.
str.
Koch-
Robert-
Schiller-
Arnstädter Str.
Sportleistungszentrum Süd

2m

Erfurt, Augustinerkirche, Lutherzelle

»Turmreiche«, da sie im Mittelalter 80 Kirchen und 36 Klöster besaß, von denen heute noch viele erhalten sind. Spuren erster Besiedelung an der Furt durch die Gera (ursprünglich Erpha) findet man bereits aus vorgeschichtlicher Zeit. 729 wird Erfurt erstmals urkundlich erwähnt. 742 machte es Bonifatius zu einem Bistum, das bereits 755 mit dem Erzbistum Mainz vereinigt wurde. Zur Zeit Karls d. Gr. im frühen 9. Jh. wurde E. zu einem Zentrum des Handels mit den Slawen. Um das Jahr 1167 legte man eine erste Stadtmauer an (sämtliche Festungsanlagen und Wälle wurden im Jahre 1873 geschleift).

Im Mittelalter war Erfurt eine der wichtigsten und größten Städte Deutschlands. Die Gründe dafür waren seine Lage am »Königsweg«, einer wichtigen Handelsstraße vom Rhein nach Rußland, und sein umfangreicher Handel besonders mit Waid, des wichtigsten blauen Farbstoffes bis zum 17. Jh., als man damit begann, Indigo einzuführen, was dann auch mit zum Niedergang Erfurts führte. In die Zeit der Blüte fällt die Gründung der Universität 1392 (1816 geschlossen), an der Martin Luther 1501–05 lehrte. Sie war damals nach Prag die zweitgrößte deutsche Hochschule und gilt heute als die älteste Universitätsgründung auf dem Gebiet der ehem. DDR sowie die zweitälteste in Deutschland (nach Köln). Im 18. Jh. begann man in Erfurt mit dem gewerbsmäßigen Gartenbau unter Führung von Christian Reichart (1685 bis 1775). 1807–13 war die Stadt unter Napoleon I. »Domaine réservée à l'empereur«. Vom 27.9. bis 4.10.1808 fand hier der Erfurter Fürstentag, das Treffen zwischen Napoleon, Alexander I. von Rußland und der Mehrheit der Fürsten des Rheinbunds, statt. 1891 verabschiedete die SPD ebenfalls in Erfurt das Erfurter Programm, in dem u. a. das allgemeine freie Wahlrecht, die Gleichberechtigung der Frau, die Abschaffung der Kinderarbeit, die Einführung des Acht-Stunden-Tags und die Abschaffung des stehenden Heeres gefordert wurden.

Die Treffen zwischen Willy Brandt und Willi Stoph am 19.3.1970 in Erfurt und am 21.5. desselben Jahres in Kassel leiteten die neue Ostpolitik ein.

< Vorhergehende Seiten:

Links: Erfurt, Allerheiligenkirche
Rechts: Erfurt, Augustinerkirche

SAKRALBAUTEN

Ägidienkirche/Krämerbrücke (w des Wenigemarkts): Die Brücke liegt an der Furt durch die Gera im Verlauf der alten ostwestlichen Handelsstraße. Sie wird erstmals 1156 urkundlich erwähnt, der mit Häusern überbaute Brückensteg bestand damals jedoch nur als Holzbau. 1293 abgebrannt, wurde er 1325 aus Stein wieder aufgebaut. Die heutige Bebauung dieses n der Alpen einzigartigen Bauwerks stammt aus dem 17.–19. Jh. Heute sind in den 32 v. urspr. 62 Häusern Läden für Kunsthandwerk und Antiquitäten untergebracht. – Über dem O-Eingang zur Brücke liegt die Ägidienkirche, ein quadratischer Bau aus dem 14. Jh. Zwischen 1827 und 1959 diente sie als Wohnhaus.

Erfurt, Dom und St. Severi

Allerheiligenkirche (Allerheiligen-/Ecke Marktstr.): Zweischiffige got. Kirche, die im späten 13. und frühen 14. Jh. erbaut wurde. Ihr Grundriß ist trapezförmig, ihrer Lage an einer Straßengabelung angepaßt. Der W-Turm ist quadratisch. Die Ausstattung besteht u.a. aus einem spätgot. Vesperbild aus dem späten 14. Jh. und einem Hochaltar v. 1782. – Das *Haus zur Engelsburg* (Allerheiligenstr. 21) war der Treffpunkt des Erfurter Humanistenkreises im 16. Jh., zu dem u.a. Ulrich v. Hutten, Helius Eobanus Hessus und Crotus Rubeanus gehörten.

Andreaskirche (Andreasstr./Ecke Webergasse): Nach einem Brand 1416 hat man die einschiffige Kirche hochgot. wieder aufgebaut. Urspr. datiert sie aus dem 13. Jh. Über dem s Haupteingang finden sich ein Kreuzigungsrelief v. ca. 1370, ein weiteres Relief v. ca. 1450 zeigt die Beweinung Christi.

Augustinerkirche: (Augustinerstr. 10). Die dreischiffige got. Basilika gehörte zu einem 1277 gegr. Augustiner-Eremitenkloster. Sie wurde in den Jahren bis 1334 erbaut. Die Fenster in der O-Wand der Kirche zeigen die Legende des hl. Augustinus und stammen aus dem frühen 14. Jh. Besondere Beachtung verdienen im Inneren der Kirche 2 Grabplatten aus dem 14. und 15. Jh. Südlich liegen der Kreuzgang und die Klostergebäude, die u.a. den Kapitelsaal, die Katharinenkapelle und die Lutherzelle umfassen. – Martin Luther war 1505–11 Mönch im Erfurter Augustinerkloster. Er war auch später hier noch mehrere Male Gast, so auch im April 1521 auf seiner Reise zum Reichstag nach Worms. – Westlich der Augustinerkirche liegt der got. *Nikolaiturm* (ca. 1360), nö der spätgot. *Johannisturm,* der 1469–86 erbaut wurde.

Barfüßerkirche (Barfüßerstr.): Das Langhaus der dreischiffigen got. Basilika, der Klosterkirche der Franziskaner, brannte 1944 aus und ist nur als Ruine erhalten. Der einschiffige Chor, ebenfalls aus dem 14. Jh.,

Dom, Kluge Jungfrau am NW-Portal

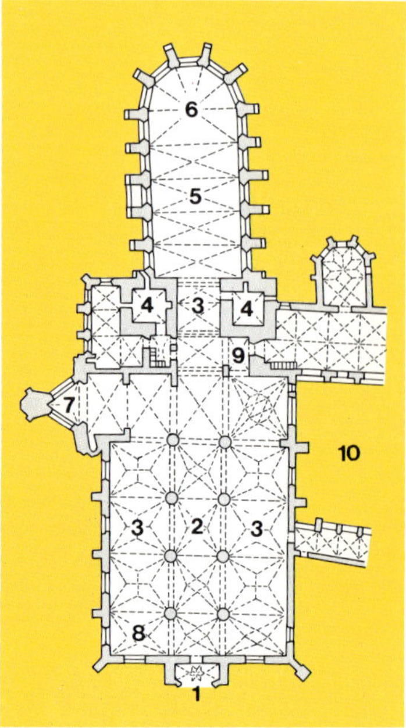

Erfurt, Dom (ehem. Stiftskirche Beatae Mariae Virginis) **1** W-Portal mit Portikus **2** Langhaus mit spätgot. Sterngewölben über Achteckpfeilern **3** Mittelturm über roman. Sanktuarium **4** N- und S-Türme mit roman. Untergeschossen und Pyramidenhelmen **5** hochgot. Chor (1349–72) mit Gestühl (um 1355) über Substruktionen und Unterkirche mit spätgot. Hl. Grab (um 1425) **6** polygonales Chorhaupt mit spätgot. Glasfenstern (um 1370–1420) und barockem Hochaltar (1697) **7** sog. Triangel, Vorhalle (um 1330) über dreieckigem Grundriß mit figürlich skulptierten Portalen **8** Renaissancetaufe mit eklektizistischem Überbau (1587) v. H. Fridemann d. Ä. **9** roman. Sitzfigur (thronende Muttergottes, um 1160) **10** ehem. Kapitelgebäude mit Kreuzgang und Kapellen

ist jedoch intakt und wegen seiner Fenster aus der 1. Hälfte des 13. Jh., seines spätgot. Hochaltars (1445–46), des sog. Färberaltars v. 1410 und der bedeutenden Grabplatte der Cinna v. Vargula (um 1370) unbedingt einen Besuch wert.

Brunnenkapelle (am Fischersand): Das einschiffige, in seiner Substanz got. Bauwerk (13. Jh.) wurde nach einem Brand 1472 wieder aufgebaut und 1701 und vor 1890 verändert. Im Inneren befinden sich spätgot. Holzskulpturen (15. Jh.) und Gemälde mit Szenen aus der Geschichte der Kapelle (nach 1700). Heute gehört sie zum kath. Seminar, dem einzigen der ehem. DDR.

Dom (Domhügel): Der Dom und die St.-Severi-Kirche bilden eine Baugruppe. Man erreicht sie über eine breite Freitreppe, die »Graden«, vom Domplatz aus. – Nachdem der erste Dom eingestürzt war, wurde er ab 1154 durch eine spätroman. Basilika ersetzt. Doch auch dieses Gebäude stürzte ein, so daß nur die Unteretagen der Türme romanisch sind. Das Langhaus, dreischiffig mit ungewöhnlich breiten Seitenschiffen, stammt aus der Zeit nach dem zweiten Einsturz (1452) und ist spätgot. Die Turm-

Dom, Roman. Lichterträger aus Bronze

helme erhielten, nachdem sie 1717 abgebrannt waren, 1849–54 ihre heutige Form. Der hochgot. Chor wurde 1349–72 errichtet. Er ruht teilweise auf einer künstlichen Erweiterung des Domhügels, Kavaten genannten Gewölbetonnen, die v. der »Graden« aus sehr gut zu sehen sind. Unter dem Chor liegt in den Domhügel eingebaut eine zweischiffige Unterkirche, die 1353 geweiht wurde. Gleichzeitig mit dem Chorneubau entstand am n Querschiff eine Portalvorhalle, die wegen ihres dreieckigen Grundrisses Triangel genannt wird. Die beiden *Portale* stammen aus dem 13. Jh. und sind reich verziert. Am NO-Portal sieht man Maria und die 12 Apostel, im Tympanon eine Kreuzigungsgruppe, am NW-Portal die klugen und törichten Jungfrauen mit Ecclesia und Synagoge, im Tympanon den Gnadenstuhl. Bei den plastischen Werken der *Innenausstattung* verdienen besondere Beachtung: der roman. Stuckaltaraufsatz (um 1160), ein Lichterträger aus Bronze, der sog. Wolfram (ebenfalls um 1160), der barocke Hochaltar v. 1697, der Taufstein v. 1587, das got. Chorgestühl (um 1350–60) und das spätgot. Hl. Grab in der Unterkirche (um 1420–30). Beachtung verdienen weiter der spätgot. Einhornaltar (das Einhorn als Zeichen der Jungfräulichkeit Mariens, um 1420), die riesigen Chorfenster (15 m hoch), die zwischen 1370 und 1420 entstanden und das gesamte ikonographische Programm der ma christl. Kunst enthalten, sowie die zahlreichen Grabdenkmäler, u. a. das v. Wilhelm und Amely v. Harstall (s Seitenschiff; um 1612 v. Hans Fridemann d. J.), das v. Henning Göde (n Seitenschiff; nach 1521 v. H. Vischer) und das des Grafen v. Gleichen mit 2 Frauen (s Seitenschiff um 1250). Die Sage berichtet, daß der Graf v. Gleichen bei einem Kreuzzug v. den Sarazenen gefangengenommen wurde. Eine Sultanstochter befreite ihn. Mit ihr kehrte er heim. Seine Frau hatte keine Einwände. Der Grabstein erinnert noch heute an ihre auch damals eher unkonventionelle Lebensgemeinschaft. Hans Fridemann d. Ä. ist der Schöpfer des turmartigen Sakramentshauses im W-Teil des n Seitenschiffs (um 1594).

An der S-Seite des Doms liegt das *Kapitelgebäude mit Kreuzgang,* dessen O-Teil spätroman. Arkaden aufweist. Hier findet man auch 2 Tympanonreliefs (um 1240), auf denen eine Kreuzigungsgruppe sowie die Rechtfertigung der hl. Kunigunde dargestellt sind. An die O-Seite schließt die 1455 vollendete Clemenskapelle an; der Kapitelsaal liegt auf der S-Seite.

Der *Domschatz* umfaßt eine bedeutende Sammlung sakraler Kunst, u. a. roman. und barocke Plastik, Reliquiare und Textilien (besondere Beachtung verdient der Tristanteppich, um 1380).

Hospitalkirche zum Hl. Geist →Museum für Thüringer Volkskunde.

Kartäuserkloster (Kartäuserstr.): An das 1371 gegr. Kloster erinnert nur noch die Barockfassade der ehem. Kirche (1728, möglicherweise v. M. v. Welsch).

Kaufmannskirche (Johannisstr.): Dreischiffige got. Basilika, die zwischen 1291 und

Erfurt, Predigerkirche

1368 erbaut und 1898–99 erneuert wurde. Der Chor (mit dreiseitigem Schluß) wird v. 2 Türmen flankiert. Die Ausstattung schuf die Bildhauerfamilie Fridemann: Der Renaissance-Hochaltar (1625, im Mittelfeld ist das Abendmahl zu sehen) stammt v. Hans Fridemann d.J. und Paul Fridemann, die Kanzel (1598) und der Taufstein (1608) v. Hans Fridemann d.Ä. Dieser fertigte auch die Grabdenkmäler für Hans Ziegler (†1584), Wolfgang v. Tettau (†1585) und Sigismund v.d. Sachsen (†1590). – Vor der Kirche steht ein *Lutherdenkmal* v. F. Schaper (1889).

Klosterkirche der Ursulinerinnen →Reglerkirche.

Lorenzkirche (Schlösserstr.): Die Kirche aus dem 13. und 14. Jahrhundert wurde in der 1. Hälfte des 15. Jahrhunderts erweitert. Die Ausstattung besteht u.a. aus einem spätgotischen Hochaltar (Mitte des 15. Jh.), der aus 2 Altären zusammengebaut ist, einem Altarschrein von ca. 1430, einem Gemälde mit dem Stammbaum Mariens v. 1521 (Meister Peter v. Mainz) und Grabdenkmälern aus dem 15. bis 17. Jh. – Gegenüber steht das *ehem. Jesuitenkolleg* v. 1737 mit dem Portal des ehem. Stotternheimschen Palais von 1612.

Martinikirche (Martinsgasse): Einschiffiges spätgot. Bauwerk, das 1755 barock umgebaut wurde. An die N-Seite des Chors ist der Turm (frühes 14. Jh.) angebaut. Das Tonnengewölbe im Inneren ist aus Holz, Hochaltar und Kanzel wurden zwischen 1755 und 1758 geschaffen.

Michaeliskirche (Allerheiligen-/Ecke Michaelisstr.): Das zweischiffige frühgot. Gotteshaus diente ab dem späten 14. Jh. als Universitätskirche. Über dem N-Portal findet sich ein schönes Kruzifix v. 1405. Die benachbarte Dreifaltigkeitskapelle (1500) verfügt im O über einen sehenswerten Chorerker. – Gegenüber liegt die Ruine der spätgot. *Alten Universität.* Geht man die Michaelisstr. hinunter, kommt man zum spät-

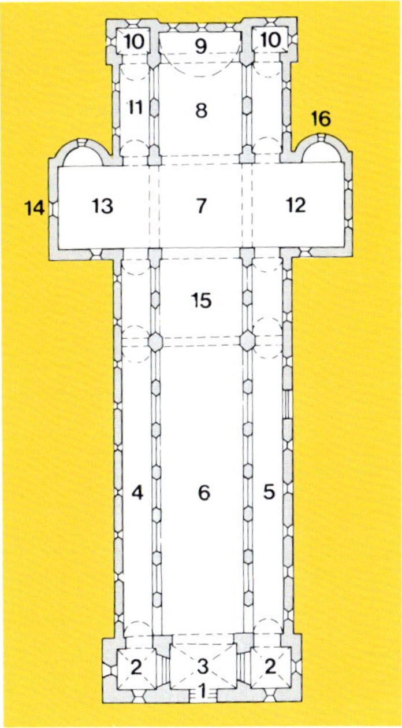

Erfurt, Peterskirche **1** W-Portal an der Doppelturmfront **2** W-Türme (nie ausgeführt) **3** Vorhalle mit frühem Kreuzrippengewölbe **4** n Seitenschiff **5** s Seitenschiff **6** Langhaus mit Rechteckpfeilern und Nischensäulen bzw. Halbsäulen mit roman. Würfelkapitellen **7** Vierung **8** Rechteckchor in Hirsauer Bauform, 1147 geweiht **9** Platter Chorschluß **10** Türmchen, nach 1127 **11** Chor-Seitenschiffe **12** n Querhausarm **13** s Querhausarm **14** N-Portal **15** Chorus minor **16** Halbrundapsiden mit roman. Baudekor

got. *Georgsturm* (nach 1380). – Das Haus Michaelisstr. 10, *»Zum güldenen Krönbakken«*, ist ein Renaissancebau aus dem 15. und 16. Jh.

Neuwerkskirche (Karl-Marx-Platz): Der einschiffige Barockbau wurde 1731–35 unter Verwendung der Umfassungsmauern eines got. Vorgängerbaus errichtet. Aus dieser Zeit stammt auch die Ausstattung mit Ausnahme eines spätgotischen Flügelaltars (im Hauptfeld Anna selbdritt) aus dem späten 15. Jahrhundert und einer Maria mit Kind von ca. 1380. Die sog. Neuwerkmadonna von ca. 1370 ist im Angermuseum ausgestellt.

Peterskirche (innerhalb der Zitadelle Petersberg): Die kreuzförmige roman. Basilika wurde 1813 durch Beschuß stark beschädigt und 1819–20 in ein Militärmagazin umgewandelt. Sie war urspr. Teil eines Benediktinerklosters. – Die *Festung* wurde in 3 Phasen errichtet, 1664–1707 unter Leitung v. A. Petrini, aus dieser Zeit die 7 vorspringenden Bastionen, das Kommandantenhaus mit dem Eingangstor und eine Kaserne s der Kirche, 1707–26 unter Leitung v. Maximilian v. Welsch und 1814–68 unter Leitung preuß. Baumeister (Defensionskaserne auf dem Zentrumsplateau).

Predigerkirche (Predigerstr.): Die zum 1229 gegr. Dominikanerkloster n der Gera gehörende got. Pfeilerbasilika wurde zwischen 1278 und 1380 errichtet. Die Seitenschiffe sind – wie eigtl. erst bei der späteren Hallenkirche üblich – etwa ebenso hoch wie das Mittelschiff. Die einzigartige *Ausstattung* besteht aus einem spätgot. Lettner (1410), der den Chor vom Langhaus trennt, einem geschnitzten doppelflügeligen Hochaltar v. 1492, einem Kreuzigungsgemälde, dem sog. Kalvarienberg in der W-Wand der Chorschranken (zwischen 1350 und 1360), einer etwa gleichzeitigen Plastik v. Maria mit Kind und einem Fresko »Marientod« von 1370. Beachtung verdienen auch die Epitaphe aus dem 14. bis 17. Jahrhundert. Von den Klostergebäuden ist nur das ehem. *Kapitelhaus* erhalten. – Westlich der Kirche liegt der spätgotische *Paulsturm* von 1465.

Reglerkirche (Bahnhofstr.): Die got. Basilika, Klosterkirche der regulierten Augustinerchorherren, wurde wahrscheinlich 1366 fertiggestellt. Der S-Turm und das W-Portal stammen v. einem roman. Vorgängerbau. Das Innere hat eine hölzerne Tonne. Hier findet sich ein spätgot. Altarschrein mit doppelten Flügeln (im Mittelfeld die Marienkrönung, auf der 2. Schauseite Gemälde der Dornenkrönung, der Geißelung, der Himmelfahrt und des Pfingstwunders, auf der 1. Schauseite 12 Heiligenfiguren in Dop-

Vorhergehende Doppelseite:

Links: St. Severi, Deckplatte des Sarkophags des hl. Severus

Rechts: Am Fischmarkt

pelreihen). – An der W-Seite des Bahnhofsplatzes steht der *alte Erfurter Bahnhof,* ein spätklassizistisches Bauwerk. – Im selben Viertel liegt auch die *Klosterkirche der Ursulinerinnen* (Anger/Ecke Trommsdorffstr.), ein einschiffiges frühgot. Bauwerk (um 1300). Das n Seitenschiff wurde um 1400 angebaut.

St. Severi, Stiftskirche (Domberg): Die Kirche der regulierten Augustinerchorherren findet sich 1121 erstmals urkundlich erwähnt. Das jetzige Bauwerk, eine breite fünfschiffige frühgot. Hallenkirche, wurde 1278 begonnen und Mitte des 14. Jh. (die Gewölbe erst Ende des 15. Jh.) fertiggestellt. Der einschiffige Chor mit dreiseitigem Abschluß liegt ebenso wie der Turm mit erhöhtem Mittelteil und 3 Spitzhelmen (1495) im O. Das Portal der Vorhalle ziert eine Marienfigur v. ca. 1360, das Portal der Blasiuskapelle (S-Seite) eine Severus-Figur v. ca. 1375. Im Inneren verdienen besondere Beachtung der Sarkophag des hl. Severus (um 1365), das Alabasterrelief des hl. Michael v. 1467, der Taufstein mit seinem 15 m hohen Überbau v. 1467, die Madonna v. J. Gehart v. ca. 1360, der spätgot. Flügelaltar v. ca. 1510 (im Mittelfeld Maria mit den hll. Katharina und Barbara), der gemalte Flügelaltar v. ca. 1520 v. Meister Peter v. Mainz (im Mittelfeld Maria mit Jesaja und Johannes d. T.) und der barocke Hochaltar v. ca. 1670, Kanzel v. 1576. Nordöstlich vom Chor liegt die *Bonifatiuskapelle,* die wahrscheinlich urspr. ein Befestigungsturm der ehem. Bischofsburg aus dem 12. Jh. war, die den Namen »Krummhaus« hatte.

St. Wigberti: Spätgotische Hallenkirche aus dem 15. Jh. Aus dieser Zeit stammen auch die beiden Statuen an der W-Fassade.

Synagoge (Juri-Gagarin-Ring, Nähe Karl-Marx-Platz): Die während des Progroms der Kristallnacht am 9. 11. 1938 zerstörte Synagoge wurde 1951–52 wieder aufgebaut.

Schottenkirche (Schottengasse): 1136 gründete man vom Schottenkloster St. Jakob in Regensburg aus das Schottenkloster in E. Es ist ein Zeugnis der Missionstätigkeit iri-

Erfurt, Blick auf den Fischmarkt

scher und schottischer Mönche. – Der urspr. Zustand der dreischiffigen roman. Pfeilerbasilika aus dem 13. Jh. wurde 1964–67 wiederhergestellt. Der W-Turm mit welscher Haube und Barockfassade v. 1724 ist got. (1512). Im Inneren finden sich eine spätgot. Marienfigur aus dem frühen 16. Jh. und ein Grabstein des Klosterstifters Walter v. Gleisberg und seiner Frau aus der 2. Hälfte des 13. Jh.

Thomaskirche (Schillerstr.): Das neugot. Bauwerk wurde 1899–1902 nach Plänen v. Eberhard Hillebrand erbaut. Es hat einen 70 m hohen Turm. Die Fenster stammen aus der Nachkriegszeit und wurden v. Karl Völker geschaffen.

PROFANBAUTEN

Bartholomäusturm →Angermuseum.

Cyriaksburg/Internationale Gartenbauausstellung (sw des Dombergs): Die Burg wurde 1480 an der Stelle des Cyriaknonnenklosters erbaut. Sie sollte E. gegen Angriffe aus SW schützen. Später wurde sie zu einer zweiten Zitadelle erweitert. Auf dem Gelände wurden 1961–69 nach Plänen eines Kollektivs unter Leitung v. R. Lingner Bauten (u. a. 13 Ausstellungshallen, Kinder- und Freilichttheater, eine Bibliothek, Gaststätten) für die Internationale Gartenbauausstellung (»iga«) errichtet. Zwischen den beiden Festungstürmen steht eine alte Waidmühle. Aus der Waidpflanze wurde im MA blauer Farbstoff gewonnen. Er war damals der Haupthandelsartikel der Stadt E. In der ehem. Kaserne ist das Gartenbaumuseum untergebracht. Dokumentiert werden u. a. die Entwicklung der Gartenbaukunst seit der Renaissance und die der Bienenhaltung. Östlich des Museums liegt ein 400 m langer Naturlehrpfad.

Dacherödensches Haus (Anger 37): In dem Renaissancebau mit reichem Portal v. 1557 und idyllischem Hinterhof verkehrten Goethe und Schiller. Der Sprachwissenschaftler, Dichter und Übersetzer Wilhelm v. Humboldt (1767–1835) heiratete 1791 Karoline v. Dacheröden, die Tochter eines Kammerpräsidenten.

Fischmarkt: An dem quadratischen kleinen Platz liegen das neugot. *Rathaus* v. 1869–75, das *Haus »Zum breiten Herd«* v. 1584 (Nr. 13), ein dreistöckiger Renaissancebau, und das *Haus »Zum roten Ochsen«* v. 1562, ebenfalls im Renaissancestil, in dem jetzt eine Galerie untergebracht ist. Auf dem Platz steht der *Roland,* ein Werk des Holländers I. v. der Milla (1591).

Haus »Zum Güldenen Rad« (Marktstraße 50): Das Gebäude ist eines der in Erfurt wenig verbreiteten Giebelhäuser. Es wurde 1556 unter Benutzung älterer Bauteile errichtet. Im Hof steht eine *Tabakmühle,* die für eine 1767 gegründete Tabakfabrik gebaut wurde. In einem kleinen Fachwerkhaus befindet sich der Kollergang mit zwei senkrecht stehenden Mahlsteinen. Die hier zerriebenen Tabakblätter wurden für die Fabrikation von Schnupf- und Kautabak benötigt.

Haus »Zur hohen Lilie« (Domplatz 31): Bedeutendster Renaissancebau der Stadt E. Er wurde 1538 unter teilweiser Einbeziehung eines gotischen Vorgängerbaus errichtet. Früher befand sich hier eine Herberge, in der u. a. 1631 der schwedische König Gustav II. Adolf wohnte. Heute befindet sich hier ein Weinrestaurant.

Krämerbrücke →Ägidienkirche.

Kurmainzischer Packhof →Angermuseum.

Kurmainzische Statthalterei Das zweieinhalbgeschossige Bauwerk (Barock) wurde unter Einbeziehung von 2 Renaissancehäusern 1712–20 nach Plänen v. M. v. Welsch errichtet. Den Fassadenschmuck schuf G. Gröninger aus Münster, die Stuckdekorationen im Festsaal J. P. Castelli. Vor der Statthalterei stehen 2 barocke Wachhäuser. Heute hat in den Räumen, in denen Goethe, Schiller und Humboldt verkehrten, der Rat des Kreises Erfurt seinen Sitz.

Opernhaus (Theaterstr.): Großes Haus der Städtischen Bühnen Erfurt.

Rathaus →Fischmarkt.

Schauspielhaus (Klostergang): Das Kleine Haus der Städtischen Bühnen Erfurt.

Zitadelle Petersberg →Peterskirche.

MUSEEN

Angermuseum (Anger 18): Das Museum ist im ehem. Kurmainzischen Packhof untergebracht. Der Barockbau mit 3 Etagen wurde 1706–12 errichtet. Im Giebeldreieck ist der hl. Martin mit dem Bettler zu sehen (geschaffen v. Gottfried Gröninger aus Münster). Im Erdgeschoß findet sich eine zweischiffige Halle mit barocken Kreuzgratgewölben. Im Museum ist neben Thüringer Kunsthandwerk eine bedeutende Sammlung ma und neuerer Kunst zu sehen. Zu den wichtigsten Exponaten der Kirchenkunst gehören ein Altar aus dem 14. Jh., ein Mystiker-Kruzifix ebenfalls aus dem 14. Jh., das Vesperbild aus der Ägidienkirche v. ca. 1365, eine Rebstock-Madonna v. ca. 1450 sowie Gemälde v. Hans Baldung, genannt Grien, und Lucas Cranach d. Ä. Die dt. Malerei des 19. Jh. umfaßt Werke folgender Maler: Caspar David Friedrich, Georg Friedrich Kersting, Karl Blechen, Carl Spitzweg, Wilhelm Trübner und Carl Schuch, die des 20. Jh. Werke der Maler Max Liebermann, Lovis Corinth, Max Slevogt, Karl Hofer, Christian Rohlfs und Lyonel Feininger. Ein gewölbter Raum aus dem MA wurde 1923–24 v. Erich Hekkel mit Fresken ausgemalt. Nach Zerstörung (1937) der Fresken v. Ernst Ludwig Kirchner in Königsstein sind dies die einzigen Wandgemälde aus der Zeit des Expressionismus. Am Anger, der Straße, die früher als Waidmarkt diente, steht auch der *Bartholomäusturm* aus dem 15. Jahrhundert. Er gehörte urspr. zu einer Kirche, die nicht mehr erhalten ist. Seit 1979 ist in ihm ein Glockenspiel aufgehängt, das aus 60 Glocken besteht und aus der Glockengießerei in Apolda stammt. Es ist jeden Sonntag um 14 Uhr zu hören.

Gartenbaumuseum →Cyriaksburg.

Gedenkstätte der dt. Arbeiterbewegung (Futterstr. 15–16): In den Kongreßsälen ist zur Erinnerung an den Erfurter Parteitag 1891, der hier stattfand, ein Museum untergebracht. Die klassizistische Fassade des Gebäudes entstand 1831.

Museum für Stadtgeschichte (Johannisstr. 169): Die Sammlungen, die die kulturelle und wissenschaftliche Entwicklung der Stadt E. dokumentieren, sind in einem der schönsten Bürgerhäuser des Ortes untergebracht, dem *Haus zum Stockfisch,* einem Spätrenaissancebau v. 1607.
Das Nachbarhaus ist das *Haus zum Mohrenkopf* aus dem 15. Jh., das 1607 umgebaut wurde.

Museum für Thüringer Volkskunde (Juri-Gagarin-Ring 140 a): Im ehem. Herrenhaus des *Großen Hospitals* (1547) werden Gegenstände aus Thüringer Dorfkirchen, Trachten, Erzeugnisse Thüringer Glashütten, Fayencen, Porzellan und Spielzeug gezeigt.
Teil des Gebäudekomplexes ist die *Hospitalkirche zum Hl. Geist.* Der einschiffige got. Bau mit dreiseitigem O-Abschluß wurde 1385–89 erbaut. Der niedrige Turm an der N-Seite hat eine Barockhaube.

Außerdem sehenswert: E. besitzt eine der wertvollsten Sammlungen v. Handschriften und Drucken aus dem 13. bis 15. Jh. Sie wird *Amploniana* genannt und ist in der *Wissenschaftlichen Allgemeinbibliothek,* Michaelisstr. 39, untergebracht. – Nördlich des Zentrums liegt der *Thüringer Zoopark* (zu erreichen über die Johannisstr.). Er findet sich teilweise auf den alten Weinbauterrassen des Roten Berges. Es gibt hier über 1100 Tiere, die 190 Arten zugehören, u. a. Känguruhs, Giraffen, Affen, Nashörner, Löwen, Tiger, Elefanten, Seelöwen, Eis- und Braunbären. – Das *Aquarium* befindet sich ebenfalls n der Stadt am Nettelbeckufer. In den Aquarien sind über 1000 tropische und heimische Zierfische zu sehen. – Südlich v. E., an der Arnstädter Str., liegt das *Sportleistungszentrum Süd.* Hier gibt es ein Stadion für 35 000 Zuschauer (Leichtathletik und Fußball), eine Schwimm- und Sporthalle, eine Kunsteisbahn (4000 Zuschauer) und eine Rollschuhbahn.

Veranstaltungen: Sonntags *Orgelkonzerte* im Angermuseum. – Im März/April *Thüringer Bachtage.*

Erfurt, Blick in die Waagegasse >

Umgebung

Elleben (17 km sö): Barocke *Dorfkirche* v. 1729. Sie wurde 1970 restauriert. Im Inneren findet sich ein spätgot. Flügelaltar, den V. Lendenstreich 1498 geschaffen hat.
Elxleben (10 km nw): *Gipsöfen,* in der 1. Hälfte des 19. Jh. errichtet, dienten bis zur Stillegung 1978 dem Mahlen und Brennen des am Ort abgebauten Gipses. Neben dem dreigeschoss. Rechteckbau aus Fachwerk mit Walmdach befindet sich die Ofenanlage mit 6 Schornsteinen, die eng aneinander zusammengefaßt sind und mit ihren obeliskartigen Formen eine monumentale Wirkung ausstrahlen.
Kerspleben (6 km nö): Die barocke *Dorfkirche* entstand 1720, ihr spätgot. Turm 1456. Der barocke Kanzelaltar im Inneren stammt aus der Entstehungszeit der Kirche, der spätgot. Flügelaltar datiert v. ca. 1500.
Molsdorf (10 km sw): Das *Schloß* geht auf ein Wasserschloß aus dem 16. Jh. zurück. 1744 bekam es unter Mitwirkung des Thüringer Baumeisters Gottfried Heinrich Krohne sein heutiges – barockes – Aussehen. Sehenswert ist der reiche plastische Fassadenschmuck. Dem Mittelrisalit sind ein Halbgeschoß und eine Attika aufgesetzt, den Seitenrisaliten Giebeldreiecke. Die Räume sind im Rokokostil ausgestattet und mit zahlreichen Gemälden, u. a. v. Antoine Pesne und Jan Kupezky geschmückt. Der 15 ha große Park war urspr. im Rokokostil angelegt und hatte den Beinamen »Thüringer Versailles«. 1826 wurde er in einen englischen Landschaftspark umgestaltet, in dem sich Teiche, Pavillons und seltene alte Bäume befinden. In dem Schloß findet man heute ein kulturelles Zentrum und eine Gaststätte. – Die *Dorfkirche* ist barock. Das dreischiffige Bauwerk hat einen kreuzförmigen Grundriß und wurde 1717 bis 1721 erbaut. Im Inneren Spiegelgewölbe und eine umlaufende Empore. – Die *Brücke* über die Apfelstedt entstand 1752.
Stedten (8 km sw): *Dorfkirche.* Der außen schlichte Saalbau von 1745 überrascht innen mit einer originellen Rokoko-Ausstattung, von der besonders der vierfache Treppenlauf zur Kanzel dem Raum eine für eine Dorfkirche seltene Eleganz gibt. Damit wird fast ein Zentralbau vorgetäuscht.
Stotternheim (10 km n): In der Nähe des Dorfes wäre Martin Luther 1505 bei einem schweren Gewitter fast vom Blitz getroffen worden (Gedenkstein). Nach dem sog. »Stotternheimer Gelübde« (»Heilige Anna, ich will ein Mönch werden«) trat Luther in das Augustinerkloster in E. ein. 1507 wurde er im Dom zum Priester geweiht.
Zimmernsupra (16 km w): Barocke *Dorfkirche* v. 1727. Im Inneren ein hölzernes Tonnengewölbe und eine Doppelempore. Die Brüstungen, die Wandverkleidungen und der große Kanzelaltar sind mit Ornamenten bemalt, die 1966 im Stil des 18. Jh. wiederhergestellt wurden.

G

36419 Geisa
Bad Salzungen

Einw.: 2300 Höhe: 280 m S. 226 □ A 9

Die Kleinstadt Geisa liegt im Tal der Ulster in der Vorderrhön. 744 wurde die Ansiedelung dem Kloster Fulda geschenkt, jedoch erst um 1265 wurde der Ort im Auftrag des Fuldaer Abts planmäßig angelegt. In die 1. Hälfte des 14. Jh. fällt die Verleihung von Stadtrechten. Der Fremdenverkehr kam nach 1945 weitgehend zum Erliegen.

Stadtkirche: Das spätgot. Bauwerk (um 1500) wurde in der 2. Hälfte des 19. Jh. umfassend restauriert. An der N-Seite der zweischiffigen Kirche findet sich ein Portal aus der Entstehungszeit. Die Ausstattung besteht u. a. aus einem Flügelaltar aus dem

Geisa, Gangolfsberg, Grabdenkmal an der Außenwand der Kapelle (l), Außenkanzel (r)

späten 15. Jh., einer Kanzel v. ca. 1700, einem Taufstein v. ca. 1530 und einem Opferstock v. 1517.

Gangolfsberg: Die Steinsetzung auf dem v. Linden umstandenen Platz ist die einzige ma Gerichtsstätte, die in Thüringen erhalten ist. Sie stammt wahrscheinlich aus karolingischer Zeit. In unmittelbarer Nähe findet man eine einschiffige *Kapelle,* die urspr. aus got. Zeit stammt, 1564 und 1624 jedoch umgebaut wurde. Aus der Zeit des 1. Umbaus datiert die Außenkanzel im Renaissancestil. Im Inneren sind einige spätgot. Schnitzfiguren (um 1520) und Grabsteine aus dem 16. und 18. Jh. sehenswert.

Außerdem sehenswert: Das ehem. *Zehnthaus,* ein dreigeschossiger Barockbau mit Treppenturm, der 1719 errichtet wurde. Hier ist heute das *Heimatmuseum* untergebracht, u.a. mit einem Gedenkraum für den Mathematiker Athanasius Kircher, der 1602 in G. geboren wurde (†1680). – An der W-Seite der Stadt sind Teile der *Stadtbefestigung* aus dem 15. und 16. Jh. erhalten. Es handelt sich um Partien der Mauer mit runden und halbrunden Türmen.

Umgebung

Bremen (2 km ö): Die einschiffige barocke *Pfarrkirche* (kath.) wurde um 1730 vom fürstäbtlichen Bauinspektor der Fürstabtei Fulda, Andrea Galasini, errichtet. Er baute auch die Kirchen in Dermbach, Schleid und Zella, da die Vorderrhön im 18. Jh. zur Fürstabtei Fulda gehörte. Die Fassade ist mit einem Wappenportal, 2 Statuen und einem Giebel geschmückt. Die Ausstattung der Kirche stammt ebenfalls aus dem 18. Jh.

Dermbach (13 km ö): Die *kath. Pfarrkirche,* ein einschiffiger Barockbau, wurde 1732 bis 1735 nach Plänen v. Andrea Galasini erbaut. An der O-Fassade findet man über dem Wappenportal 4 Statuen: Christus mit

Gera, Trinitatiskirche,
< Spätgotische Außenkanzel

Maria und Josef, darunter der hl. Franziskus. – Die *ev. Pfarrkirche* ist ebenfalls ein Barockbau. Er wurde 1714 unter Benutzung älterer Teile, u.a. eines spätgot. W-Turms errichtet. Die Ausstattung stammt aus dem 18. Jh. Eine Ausnahme bildet ein spätgot. Abendmahlsrelief v. 1475. – Das *Schloß,* das jetzt militärisch genutzt wird, ist ein schlichtes, zweigeschossiges Barockgebäude v. 1707. – Im *Heimatmuseum* sind u.a. die Werkstatt eines Pfeifenkopfdrehers und eine Rhöner Bauernstube zu besichtigen.

Schleid (1,5 km s): Der O-Turm der barokken *Dorfkirche,* die 1743–46 v. Andrea Galasini erbaut wurde, ist in seinem unteren Teil ma. Der Innenraum hat ein flaches Stichkappen-Tonnengewölbe, der Chor wird durch 2 vorspringende Wandpfeiler vom Schiff abgetrennt. Die Einrichtung ist barock.

Zella (19 km sö): Die barocke *Propsteikirche* ist einschiffig. Andrea Galasini erbaute sie 1715–32. Beachtung verdient die reiche Fassade über einem geschweiften Grundriß. Sie ist mit Statuen und Figurengruppen geschmückt. Zu sehen sind die Himmelfahrt Mariens und die hll. Bonifatius, Valentin, Benedikt und Sturmius (bis 779 Bischof v. Fulda). Die Einrichtung der Kirche ist barock. – Das *Propsteigebäude* wurde 1718 errichtet.

07545-52 Gera
Gera

Einw.: 126500 Höhe: 206 m S. 227 □ F 9

Gera liegt im Osten Thüringens in einem weiten Tal am Mittellauf der Weißen Elster. 995 wird der Ort als »terminus gera« erstmals urkundlich erwähnt, 999 kam er an das Stift Quedlinburg, und im 13. Jh. erhielt er die Stadtrechte. Im 13. Jh. ging er auch in den Besitz der Vögte von Weida über. 1450 wurde Gera von Sachsen und Böhmen erobert und niedergebrannt. Von 1547 bis 1806 stand es unter böhmischer Lehnsherrschaft. Bis 1918 war es Residenz der Für-

Gera, Pfarrkirche St. Marien >

Bäckerei

PSALMVS CXXVII
NISI·DOMINVS
CVSTODIERIT
CIVITATEM
FRVSTRA
VIGILAT
QVI CVS
TODIT·EAM
ANNO DOMINI M · D · LX XIII
TE SINE PAX NON EST TE SINE NVLLA SALVS

sten Reuß (jüngere Linie). Für die Wirtschaft der Stadt war und ist vor allem die Tuchmacherei wichtig. Geraische Tuche waren im 15. und 16. Jh. ein Begriff. Die Konkurrenzfähigkeit wurde noch dadurch erhöht, daß 1569 mit niederländischen Protestanten, die aus ihrer Heimat vertrieben worden waren, neue Techniken in die Stadt kamen.
1945 wurde bei einem Luftangriff ein Zehntel der Stadt zerstört.

Pfarrkirche St. Marien (Ortsteil Untermhaus): Das einschiffige spätgot. Bauwerk wurde im 15. Jh. unter Einbeziehung eines roman. Vorgängerbaus errichtet. Das Langhaus ist mit Emporen und einem hölzernen Tonnengewölbe ausgestattet, der Chor mit Kreuzrippengewölben. Der Turm an der N-Seite hat Blendmaßwerkgiebel. Zur Ausstattung gehört u. a. ein spätgot. Flügelaltar (um 1500). Im Schrein sind Maria mit dem Kind und 4 Szenen aus dem Marienleben zu sehen.

Salvatorkirche: Der dreischiffige Barockbau, der 1717–20 v. David Schatz errichtet worden war, mußte nach dem Stadtbrand 1780 erneuert werden. Bei dieser Gelegenheit wurde der W-Turm mit geschweifter Haube und Laterne eingebaut (1781–82). Bemerkenswert ist die Jugendstilausmalung und -ausstattung der Kirche aus dem Jahre 1903.

Trinitatiskirche: Das einschiffige, im Kern got. Bauwerk aus dem 14. Jh. wurde 1611 nach W erweitert und erhielt 1899 einen Turm. Bemerkenswert ist die reiche spätgot. Außenkanzel an der N-Seite des Chors. Die Ausstattung der Kirche stammt überwiegend aus dem 17. und 18. Jh.

Rathaus: Der dreigeschossige Renaissancebau mit reichem Portal und sechsgeschossigem Treppenturm, der eine Höhe v. 57 m hat, wurde 1573–76 errichtet und nach dem Stadtbrand 1780 in den Jahren 1783–84 wieder aufgebaut. – Am Markt sind weiterhin sehenswert der *Simsonbrunnen*, der 1685–86 v. Christof Junghans geschaffen wurde, und die *Stadtapotheke*, ein Renaissancebau, v. 1606 mit schönem Eckerker.

< Vorhergehende Doppelseite:

Links: Gera, Rathaus

Rechts: Gera, Rathausportal

Orangerie im ehem. Küchengarten/Kunstgalerie (Küchengartenallee, Ortsteil Untermhaus): Die halbkreisförmige barocke Anlage wurde 1729–32 errichtet. In der Galerie finden sich Werke v. Lucas Cranach d. Ä., Rembrandt, Jan van Goyen und Max Liebermann sowie Willi Sitte, Bernhard Heisig, Wolfgang Mattheuer, Gerhart Kurt Müller und Werner Tübke.
Bis zur Eröffnung eines Otto-Dix-Museums 1991 befindet sich hier auch das *Otto-Dix-Kabinett.* Der Künstler wurde 1891 in Gera geboren († 1969 in Singen am Hohentwiel).

Museum für Naturkunde (Nicolaiberg 3): Das Museum ist im Schreiberschen Haus neben der Salvatorkirche untergebracht, einem dreigeschossigen Barockbau mit sehenswertem Saal, der 1687–88 errichtet wurde. Im Museum wird über die ostthüringischen Ornithologen Brehm (Vater und Sohn), Liebe, Hennicke und Engelmann informiert. Angeschlossen ist der 1886 eingerichtete *Botanische Garten* in der Nicolaistraße.

Museum für Geschichte (Heinrichstraße 2): Das Museum befindet sich im ehem. Zucht- und Waisenhaus, einem barocken Gebäude v. 1732–38. Zu sehen sind u. a. Gläser, reußische Münzen, eine 4000 Blätter umfassende graphische Sammlung und Möbel v. Schloß Osterstein.

Museum für Kunsthandwerk (Greizer Str. 37–39): Kunsthandwerk, hauptsächlich aus Thüringen, wird im Ferberschen Haus aus dem späten 18. Jh. gezeigt. Es ist mit einem sehenswerten Figurenportal v. 1760 ausgestattet.

Außerdem sehenswert: Von der Stadtbefestigung sind nur Reste einer got. *Mauer* und ein *Wehrturm* am Stadtgraben erhalten. – *Ehem. Regierungsgebäude,* ein Barockbau v. 1720–22. – Weitere *Barockbauten* befinden sich im Steinweg 15 (1706), in der Großen Kirchenstr. 7 (1712), in der Großen Kirchenstr. 17 (1765). – Am Platz der Republik steht das 1967 erbaute *Interhotel Gera.* – Im Ortsteil Untermhaus steht das 1902 erbaute *Theater.* Das 1. feste Theater gab es in G. bereits 1787. Der Bau liegt am Küchengarten (Orangerie), in dem sich ein *Mahnmal* für die Opfer des Faschismus befindet. – In Untermhaus befindet sich auch die Ruine des *Schlosses Osterstein* aus dem 17. und 18. Jh. mit mittelalterlichem Bergfried aus dem 12. Jh., das 1945 zerstört wurde. – Unweit der Trinitatiskirche steht im Hof einer Schule die älteste *Dampfmaschine* des Gebietes der ehem. DDR, die 1833 für eine Kammgarnspinnerei gebaut wurde. Sie hatte eine Leistung von 8 PS und war bis 1885 in Betrieb. 1937 wurde sie als technisches Zeugnis gewürdigt und an diese Stelle gesetzt.

Umgebung

Bad Köstritz (9 km nw): Im *ehem. Gasthof Goldener Kranich* (H.-Schütz-Str. 1), einem Barockbau aus der 2. Hälfte des 18. Jh., befindet sich die *Heinrich-Schütz-Gedenkstätte.* Der berühmte Komponist war 1585 in Bad Köstritz geboren worden (†1672). – An das barocke *Schloß,* eine Vierflügelanlage (1689–1704; vor 20 Jahren abgerissen), erinnert nur noch der Landschaftspark. – Der Ort ist auch bekannt für das Köstritzer Schwarzbier, das seit 1543 hier gebraut wird.

Kraftsdorf (16 km w): In einem Tal langgestrecktes Straßendorf mit gut erhaltenen Fachwerkhöfen, meist Dreiseithöfe mit Giebel-Wohnhaus, Torfahrt, Stallgebäuden und

Gera, Orangerie im ehemaligen Küchengarten

Gera, Theater

Scheunen. *Dorfkirche* am Berghang, E. 18./A. 19. Jh.

Langenberg (4 km nw): Der Ort wurde 1950 in die Stadt G. eingemeindet. Die *Dorfkirche* besteht aus einem roman. Chorturm mit Helm v. 1502 und einem spätgot. Langhaus und Chor aus dem 15. Jh., die wiederholt umgebaut wurden. Zur Ausstattung zählen ein spätgot. Flügelaltar v. 1491 (im Schrein Maria mit den 14 Nothelfern), ein Taufstein v. 1618 und ein Kanzelaltar aus dem 17. Jh.

Münchenbernsdorf (15 km sw): Stadtkirche. In der gotischen Hallenkirche, die an Stelle eines roman. Vorgängerbaues 1499–1502 errichtet wurde, befindet sich ein Marienaltar von 1502, der vom Meister der Saalfelder Bildhauerwerkstatt Valentin Lendenstreich signiert wurde. Durch die stilistische Nähe zur Kunst Riemenschneiders wird nach neueren Forschungen der Altar Hans Gottwald von Lohr zugeschrieben, einem in der Werkstatt Lendenstreichs tätigen Riemenschneider-Schüler.

Neustadt an der Orla (35 km sw): Der Ort erhielt bereits 1287 Stadtrechte. Von der Stadtbefestigung, die 1325 erstmals urkundlich genannt wird, sind noch Teile der *Mauer* und einige *Wehrtürme* erhalten. – Bei der *Stadtkirche St. Johannis* handelt es sich um eine dreischiffige spätgot. Hallenkirche, mit deren Bau 1470 begonnen, die 1476 geweiht und 1538 fertiggestellt wurde. Die Ausstattung ist bemerkenswert: Der spätgot. Flügelaltar (im Schrein Johannes d. T. mit den Aposteln Simon und Judas Thaddäus) mit Flügeln aus der Cranach-Werkstatt datiert v. 1510–12, ein Altarschrein (Anna selbdritt mit den hll. Katharina und Dorothea) aus dem frühen 16. Jh., der Taufstein v. 1494. – Die spätgot. *Hospitalkirche* wurde nach einem Brand 1914 in der urspr. Form wieder aufgebaut. – Das spätgot. *Rathaus* wurde 1495 begonnen und im frühen 16. Jh. fertiggestellt. – Von den Bürgerhäusern ist das sog. *Lutherhaus,* ein dreigeschossiger Renaissancebau v. 1574, sehenswert. – In das *Schloß,* einen Barockbau aus dem späten 17. Jh., gingen Teile des spätgot. Augustinereremiten-Klosters

Gera, Schloß Osterstein

Gera, Dampfmaschine von 1833

ein. Vor dem Schloß steht die *Postsäule* v. 1728.

Triptis (27 km sw): Marktsiedlung 1212 erwähnt, rechteckiger Markt im Schutz der Burg des 11. Jh. – nur noch der Bergfried erhalten, Stadtkirche St. Marien 18. Jh. Im Ortsteil Döblitz eine kleine Wehrkirche 13.–15. Jh., an der inneren Südwand got. Wandmalereien. Im Ortsteil Oberpöllnitz Reste einer Burg auf seltenem rundem Grundriß.

Weida (13 km s): Von der Stadtbefestigung sind noch Teile der *Mauer* und einige *Wehrtürme* erhalten. – Das *Schloß Osterburg* geht auf eine in der 2. Hälfte des 12. Jh. gegr. Burg zurück. Es handelt sich um eine unregelmäßige Anlage um einen elliptischen und nach N zu offenen Hof. Sehenswert sind der Bergfried, dessen roman. Untergeschoß aus der 2. Hälfte des 12. Jh. stammt, Aufsatz, Zinnen und Helm jedoch aus der Zeit der Gotik (15. Jh.) datieren, das dreigeschossige Schloß aus dem 16. und 17. Jh., die ehem. Kapelle mit den Resten eines roman. Vorgängerbaus und die Schloßwache v. 1717–18 (heute Gaststätte). Auf Schloß Osterburg befinden sich heute eine Jugendherberge und das *Kreis-Heimatmuseum.* Hier wird die Geschichte der Stadt Weida und der Osterburg dokumentiert. Beachtung verdienen auch die Musterbücher der Weber und das alte Handwerkszeug der Gerber. – Das *Rathaus* ist ein dreigeschossiger Renaissancebau v. 1587–89 mit hohem Treppenturm mit geschweifter Haube und Laterne vor der Marktfront. – Die *Stadtkirche,* ein im Kern got. Bau, bestehend aus einschiffigem Chor mit dreiseitigem Schluß, Hauptschiff und s Seitenschiff, geht auf eine Franziskaner-Klosterkirche zurück. Die spätroman. Wandgemälde im Chor stammen aus der *Widenkirche,* die im Dreißigjährigen Krieg zerstört wurde und als Ruine erhalten ist. – Eine andere roman. Kirche ist ebenfalls nur als Ruine erhalten, die *Peterskirche* aus der 2. Hälfte des 12. Jh. – Die *Klosterkirche* des ehem. Augustiner-Nonnenklosters, ein roman. Bau aus dem 13. Jh., wurde ab 1527 als städtisches Kornhaus benutzt und im

Wünschendorf (Gera), Klosterkirche in Mildenfurth

19. Jh. zu einem Wohnhaus umgebaut. – Der *ehem. Friedhof* wurde 1564 angelegt. Sehenswert sind das Renaissanceportal v. 1580, die Pestkanzel v. 1608 und die Erbbegräbnisse aus dem 16. und 17. Jh. – *Eisenhammer.* Außerhalb der Stadt stehen die Gebäude des einzigen und ältesten Eisenhammers Thüringens. Technische Anlagen und Werkzeuge des 1770 gegründeten Werkes sind noch erhalten. Südlich der Stadt liegt die Weidatalsperre.

Wünschendorf (10 km s): Die *Veitskirche* im Ortsteil *Veitsberg* ist eines der ältesten Bauwerke Ostthüringens. Es handelt sich um eine frühroman. Wehrkirche aus dem 11. Jh., die wiederholt umgebaut wurde. Beachtung verdienen die Reste spätroman. Glasmalereien im S-Fenster des Chors, die got. Fresken (u. a. Weltgericht und Anbetung der Könige) im Chorgewölbe und am Triumphbogen, die got. Passionsreliefs an den Strebepfeilern des Chors, der spätgot. Flügelaltar v. ca. 1480, die Kanzel aus dem 17. Jh., der Taufstein aus dem frühen 16. Jh. und das überlebensgroße Kruzifix, das ca. 1515 v. Hans Witten geschaffen wurde. – Die *Klosterkirche* eines Prämonstratenserklosters im Ortsteil *Mildenfurth,* das 1193 gegr. worden war, wurde 1556 erst zum Wohnhaus, 1617 dann zum Jagdschloß umgebaut. Die spätroman. kreuzförmige Pfeilerbasilika ist trotzdem weitgehend erhalten.

< *Vorhergehende Doppelseite:*

Links: Münchenbernsdorf (Gera), Marienaltar von 1502

Rechts: Münchenbernsdorf (Gera), Marienaltar, Detail

99867 Gotha

Gotha

Einw.: 53 400 Höhe: 299 m S. 226 □ C 9

Die ehem. Residenzstadt Gotha liegt nördlich des Thüringer Walds am Fuß der See-

Gotha, Schloß Friedenstein

berge, die diesem Mittelgebirge vorgelagert sind. Sie befindet sich etwa auf halber Strekke zwischen Erfurt und Eisenach.

Geschichte: Gotha wird 775 als *villa Gotaha* erstmals erwähnt. Damals schenkte Kaiser Karl d. Gr. den Ort dem Kloster Hersfeld. Zwischen 1180 und 1190 wird er zum erstenmal als Stadt genannt. Im 15. und 16. Jahrhundert trieben die Bürger einen ausgedehnten Handel mit Getreide, Walderzeugnissen und Färberwaid. Ab 1572 gehörte G. zum Herzogtum Sachsen-Coburg, ab 1640 (bis 1918) war es Residenzstadt des Herzogtums Sachsen-Gotha. 1767 entstand eine Porzellanmanufaktur, 1785 wurde von Johann Georg Justus Perthes ein Verlag mit kartographischer Anstalt gegründet, in dem unter anderem die nützlichen Adelskalender herauskamen. 1875 vereinigten sich in Gotha die Sozialdemokratische Arbeiterpartei (Bebel/Liebknecht) und der Allgemeine Deutsche Arbeiterverein (Lassalle) zur Sozialdemokratischen Arbeiterpartei Deutschlands. 1917 wurde hier die Unabhängige Sozialdemokratische Partei Deutschlands (USPD) gegründet. Am 7.4. 1946 vereinigten sich in Gotha die Landesverbände von Thüringen der KPD und SPD zur SED. Wilhelm Pieck und Otto Grotewohl waren dabei.

Augustinerkirche (Klosterplatz): Die Kirche gehörte erst (ab 1216) zu einem Zisterzienser-Nonnenkloster, später (ab 1258) zu einem Kloster der Augustinereremiten. Der Innenraum des im Kern got. Bauwerks wurde 1676–80 barock umgebaut. Er hat eine Kassettendecke, die v. Holzpfeilern getragen wird, und ist v. viergeschossigen Emporen umgeben. Bemerkenswert sind die Kanzel aus dem 17. Jh. und die Fürstenloge. 1515 predigte Martin Luther als Distriktsvikar in der Kirche. Die ehem. Klostergebäude sind stark verändert.

Margarethenkirche (Neumarkt): Die dreischiffige spätgot. Hallenkirche wurde ab 1494 auf den Grundmauern einer roman. Basilika errichtet und im 17. Jh. barock umgebaut. Der W-Turm mit barockem Helm hat eine Höhe v. 60 m. Nach starker Beschädigung im 2. Weltkrieg wurde die Kirche 1952 mit flacher Holzdecke statt mit Gewölben wieder aufgebaut. Die Ausstattung besteht u.a. aus einem Taufstein v. 1687, einer Kanzel v. 1727, einem spätgot. Relief mit einer Darstellung des Abendmahls aus der Zeit um 1500 und dem Epitaph für Herzog Ernst den Frommen v. 1728.

Schloß Friedrichsthal (Friedrichstr.): Die aus 3 Gebäudeflügeln bestehende barocke Anlage wurde 1708–1711 von W.C. Zorn v. Plobsheim errichtet. In ihr ist heute die Ingenieurschule für Transportbetriebstechnik untergebracht. Westlich des Schlosses liegt eine Orangerieanlage, die aus 2 Orangeriegebäuden und einem Treibhaus (Stadtbücherei) besteht.

Schloß Friedenstein: Das 1. Barockschloß in Thüringen wurde 1643–55 errichtet. Es ersetzte die 1567 geschleifte Burg Grimmenstein. Der Haupttrakt ist viergeschossig, die Seitenflügel sind dreigeschossig. Sie weisen an ihren Enden viergeschossige quadratische Pavillons auf. Die Räume haben Ausstattungen im Stil des Barock, des Rokoko und des Klassizismus. Die reiche barocke Einrichtung des Festsaals entstand in den Jahren 1687–97. Die einschiffige Schloßkirche wurde 1646 geweiht und 1687–97 umgebaut. Sie hat eine bemalte Stuckdecke und doppelte Emporen. In der Gruft stehen die Prunksärge der gothaischen Herzöge. Im W-Turm des Schlosses befindet sich das *Schloßtheater* (erbaut 1683). Es wird auch Ekhof-Theater genannt nach dem Schauspieler Conrad Ekhof (1720–78), der hier 1774 das 1. dt. Theater gründete, an dem die Schauspieler fest angestellt waren. Die Bühnentechnik ist weitgehend im Originalzustand erhalten. Das Theater gehört zum *Museum für Regionalgeschichte und Volkskunde,* das die Theater- und Musikgeschichte v. G. dokumentiert, in dem aber auch Trachten und Waffen gezeigt werden. Das *Schloßmuseum* umfaßt mehrere Abteilungen, dt. und niederländische Malerei (Werke v. Barthel Bruyn d.Ä., Peter Paul Rubens, Anthonis van Dyck, Frans Hals und Jan van Goyen sowie das berühmte »Gothaer Liebespaar« des Hausbuchmeisters aus dem 15. Jh.), ein Kupferstichkabinett mit etwa 50000 Blättern (überwiegend aus der Zeit Dürers und des Barock), ein über 250 Jahre altes Münzkabinett mit etwa 100000 Stücken, eine Antikensammlung (griech. Vasen) und eine Chinasammlung. Im Schloß befinden sich außerdem das *Hi-*

Gotha, Schloß Friedenstein, Gartenansicht

storische Staatsarchiv, das *Karthographische Museum* und eine 500000 Bände umfassende *Forschungsbibliothek* (die ehem. Landesbibliothek). Sie besitzt auch eine bedeutende Handschriftensammlung und über 1000 Wiegendrucke.

Rathaus (Hauptmarkt): Der Renaissancebau wurde in den Jahren 1567–77 errichtet. Er war urspr. ein Kaufhaus, vor dem Bau von Schloß Friedenstein die Residenz des Herzogs Ernst I. und erst ab 1665 Rathaus. An der S-Seite befindet sich ein Turm mit Kuppel und Laterne, an der N-Seite ein schönes Portal. – Am Hauptmarkt stehen auch einige schöne *Bürgerhäuser:* das *Alte Waidhaus,* ein Renaissancebau v. 1577 (Nr. 45), und das sog. *Lucas-Cranach-Haus* aus dem 18. Jahrhundert (Nr. 17). An der N-Seite des Rathauses steht der *Schellenbrunnen.*

Gedenkstätte der dt. Arbeiterbewegung (Cosmarstr. 10): Hier im Tivoli fand 1875 der Vereinigungskongreß der dt. Arbeiterparteien statt. Der Tagungsraum ist rekonstruiert.

Museum für Naturkunde (Parkallee 15): Das Museum ist in einem Gebäude im Stil der Neurenaissance untergebracht. Zu sehen sind unter anderem 34 Großdioramen und 1000 Vogelpräparate.

Außerdem sehenswert: *Wohn- und Sterbehaus v. Conrad Ekhof* (Schloßgasse 12). Sein *Grabmal* ist seit 1969 im Gedächtnishain des Hauptfriedhofs (Langensalzaer Straße) aufgestellt. Hier steht auch in der Urnenhalle die Urne v. Bertha v. Suttner, die u. a. mit dem Roman »Die Waffen nieder!« (1899) bekannt wurde und die man 1905 mit dem Friedensnobelpreis auszeichnete. Das *Krematorium* des Hauptfriedhofs v. 1878 gilt als ältestes in Europa. – Im Brühl steht das 1223 gegr. *Hospital Maria Magdalena,* ein Barockbau v. 1716–19, in dem heute ein Feierabendheim untergebracht ist. – Die *Pferderennbahn Boxberg* war, als sie 1878 eingeweiht wurde, die längste und technisch beste in Deutschland. – Oberhalb des Oberen Hauptmarkts befindet sich die *Wasserkunst* und in unmittelbarer Nähe davon ein *Denkmal* für Herzog Ernst I., den Frommen.

Umgebung

Altenbergen (19 km sw): Der in Thüringen tätige Missionar Bonifatius ließ in der Nä-

Gotha, Hauptmarkt mit Rathaus

MARKTKIRCHE

Friedrichroda (Gotha), Schloß Reinhardsbrunn

he des von ihm gegründeten Klosters Ohrdruf der Überlieferung nach eine Johanniskirche als Taufkirche errichten, die noch Mitte des 18.Jh., wenn auch in veränderter Form bestand. Nach dem Verfall wurde zur Erinnerung an den historischen Ort 1811 ein steinerner *Kandelaber* errichtet, ein Werk des Gothaer Bildhauers F.W. Döll.

Bad Langensalza (18 km nw): Die Entdekkung einer schwefelhaltigen Quelle 1811 führte dazu, daß sich die bereits 1000 Jahre alte Stadt zum Heilbad entwickelte. Der *Mauerring,* der sie umgibt (13. und 14.Jh.), ist fast vollständig erhalten. Er wird v. 10 (v. urspr. 24) Wehrtürmen und dem Klagetor unterbrochen. – Das *Rathaus* ist ein dreistöckiger Barockbau v. 1742–51. Vor dem Rathaus steht der *Marktbrunnen* v. 1582. – Die *Marktkirche St. Bonifatius* ist eine dreischiffige spätgot. Hallenkirche, mit deren Bau 1395 begonnen wurde. Ihre Stern- und Netzgewölbe waren 1521 fertiggestellt. Der Chor hat eine flache Holzdecke. Der Renaissanceaufsatz des Turms wurde 1592 vollendet. Das N-Portal ist mit einer Darstellung der Kreuzigung geschmückt, das W-Portal mit einer Darstellung des Jüngsten Gerichts. Die Ausstattung besteht u.a. aus 4 Tafelgemälden aus dem 15.Jh. und einer Kanzel v. 1732. – Mit dem Bau der Bergkirche *St. Stephan,* ebenfalls einer dreischiffigen spätgot. Hallenkirche, wurde ein Jahr früher (1394) begonnen. Sie hat einen Turm mit einem neugot. Aufsatz v. 1860. Im Inneren finden sich ein Altar v. 1684 und eine Kanzel v. 1590. – Im ehem. Augustinerkloster ist das *Heimatmuseum* untergebracht. Neben volkskundlichen Sammlungen gibt es solche zur Vor- und Frühgeschichte sowie zur Stadtgeschichte. Erinnert wird auch an den Schrift-

< Vorhergehende Doppelseite:

Links: Bad Langensalza (Gotha); St. Bonifatius

Rechts: Bad Langensalza (Gotha); St. Bonifatius, Westportal mit Jüngstem Gericht steller Friedrich Gottlieb Klopstock, der v. 1748 bis 1750 Hauslehrer in Bad Langensalza war und in der Salzstr. 3 (Gedenktafel) wohnte, und an den Arzt Christoph Wilhelm Hufeland, der im Jahre 1762 am Kornmarkt 8 geboren wurde. Goethe und Schiller gehörten zu seinen Patienten. – Sehenswert ist auch das *Haus zum Herkules,* ein Renaissancebau v. 1688 (Vor dem Schlosse 20), der mit einer hölzernen Herkulesstatue geschmückt ist.

Friedrichroda (17 km sw): *Schloß Reinhardsbrunn.* Von dem zwischen 1069 und 1084 durch Ludwig den Springer gegründeten Benediktinerkloster ist kaum etwas (Teile des Kirchengrundrisses freigelegt) erhalten. Reinhardsbrunn wurde das Hauskloster der Thüringer Landgrafen und war die erste Niederlassung der Hirsauer Mönche in Mitteldeutschland. Die Kenntnis des Grundrisses wäre für die Ausbreitung der Reformarchitektur (Peterskloster in Erfurt – Paulinzella) von Bedeutung gewesen. Im Bauernkrieg zerstört, im 16./17. Jh. Bau eines Amtshauses. Die jetzige Anlage 1827 bis 1835 durch K. A. Heideloff und G. v. Eberhard für den Herzog von Sachsen-Coburg-Gotha errichtet. Das *Hauptgebäude* viergeschossig mit stumpfen Ecktürmen. Im Innern Ahnensaal mit Grisaillemalereien, weitere Räume mit neugotischen Dekorationen. Die 1857–74 angebaute Schloßkapelle in phantasievoller, prächtiger Neuromanik. Großer Landschaftspark aus der Bauzeit des Schlosses. – Heute Hotel.

Friedrichswerth (17 km nw): *Schloß.* Der Ort ist eine frühe Gründung, erwähnt bereits im 9. Jh. 1677 kaufte Herzog Friedr. I. von Gotha-Altenburg das Terrain und ließ anstelle der ma Wasserburg 1679–89 das jetzige Schloß errichten von Jeremias Tütleb; in der Schloßkapelle bemerkenswerte Stuckdecke.

Georgenthal (17 km s): Von dem um 1140 gegr. Zisterzienserkloster, das 1525 zerstört wurde, sind nur noch spärliche Reste vorhanden. Erhalten ist das got. *Kornhaus,* in dem heute ein *Heimatmuseum* untergebracht ist. – Das *Schloß* im Nordwesten der Klosteranlage stammt im Kern aus dem 16. Jh.

Bei der *Dorfkirche* handelt es sich um einen einschiffigen spätroman. Bau aus dem frühen 13. Jh., der wiederholt umgebaut wurde.

Bad Langensalza (Gotha), St. Stephan

Zur Ausstattung gehören ein Kanzelaltar und ein Orgelprospekt aus dem 18. Jahrhundert.

Gräfentonna (19 km n): Im 9. Jh. Besitz des Klosters Fulda, Stammsitz der Grafen von Tonna, die sich später nach der Burg Gleichen die Grafen von Gleichen nannten. Die *Burg* verschiedenfach verändert, seit 1860 Strafanstalt. *Dorfkirche* mit Ostturm, im Untergeschoß die Gruft der Grafen mit Grabsteinen. Langhaus mit Emporen. Der Raum wird durch ein mächtiges Altarwerk beherrscht, das 1646 von der Wallfahrtskirche Grimmenthal bei Meiningen zunächst in die Schloßkapelle Gotha, dann nach Gräfentonna gebracht wurde. Barocker mehrgeschossiger Aufbau bis zur flachen Tonne, in diesen Aufbau spätgot. Reliefs eingefügt, zum Teil nach Holzschnitten H. L. Schäufeleins v. 1507, Hans Nußbaum zugeschrieben.

Hörselgau (14 km sw): *Dorfkirche.* Schlichter Bau des 18. Jh. mit dem Mittelteil eines Altars vom Anfang des 16. Jh. von außerordentlicher Qualität.

Friedrichroda (Gotha), Schloßkapelle von Reinhardsbrunn

Mühlberg (10 km sö): *Ölschlagmühle,* 1734 gegründet, 1751 mit aus Holz gefertigtem Preß- und Stampfwerk ausgestattet, das bis heute erhalten ist.

Ohrdruf (14 km s): Das *Schloß Ehrenstein* am Ufer der Ohra ist eine unregelmäßige Vierflügelanlage der Renaissancezeit (ca. 1550–90). Es war zeitweilig die Residenz der Grafen v. Gleichen. Heute befindet sich hier ein *Heimatmuseum,* in dem u.a. an Johann Sebastian Bach erinnert wird, der 1695–1700 in Ohrdruf die Schule besuchte. – Die *Trinitatiskirche* ist ein einschiffiger Barockbau v. 1709–14. – *Tobiashammer.* An der Paßstraße über den Thüringer Wald stehen die Reste eines seit Mitte 16. Jh. betriebenen Kupferhammers, der eigene Erzvorkommen verarbeitete. Heute Schauanlage und Gaststätte.

Pferdingsleben (10 km nö): *Waidmühle.* Dieses technische Denkmal ist eines der wenig erhaltenen Zeugnisse für einen Produktionszweig, der seit dem MA bis zum 19. Jh. wenn auch mit großen Schwankungen die wirtschaftliche Entwicklung im Zentrum Thüringens mitbestimmte: Der Anbau von Waid, die Verarbeitung und der Handel. Erste Nachrichten führen bis ins 13. Jh., seitdem wurde aus dieser Pflanze ein blauer Farbstoff durch komplizierte Vorgänge gewonnen, der erst seit der Einfuhr von Indigo Konkurrenz erhielt. Die Anlage zeigt den Mahlstein, der zur Zerkleinerung der Pflanzen diente.

Siebleben (2 km ö): Der Schriftsteller Gustav Freytag kaufte 1850 das *Landhaus* in der Weimarer Str. 145. In den folgenden Jahren verbrachte er hier meist den Sommer. Nach seinem Tod in Wiesbaden 1895 wurde er auf dem alten Sieblebener Friedhof begraben. Freytags Arbeitszimmer im 1. Stock des Hauses ist im Originalzustand erhalten.

Waltershausen (10 km sw): Die *Gotteshilfkirche,* eine barocke Zentralkirche, wurde 1719–23 errichtet. Das Deckengemälde v. J. H. Richter (1723) ist sehenswert. – Im *Schloß Tenneberg,* einer Renaissanceanlage aus dem 16. Jh., ist heute das *Heimatmuseum* untergebracht. – Sehenswert sind auch

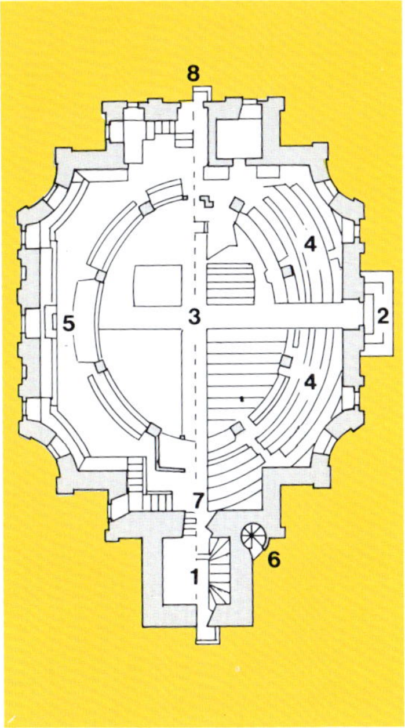

Wandersleben (Gotha), Burg Gleichen

Waltershausen, Stadtkirche/Gotteshilfkirche 1 W-Turm des spätgot. Vorgängerhauses **2** Giebelfassade mit S-Portal und Vortreppe **3** Elliptischer Betraum mit Dekkenfresken (Hl. Dreifaltigkeit und Allegorien, 1723) von J. H. Ritter **4** Emporenränge **5** N-Altar **6** Wendeltreppe **7** W-Risalit am Außenbau **8** O-Risalit am Außenbau

das *Nikolaustor* (16. und 18. Jh.) und der *Töpferturm* (teilweise aus dem 15. Jahrhundert).

Im Ortsteil *Schnepfenthal* liegt die *ehem. Erziehungsanstalt* von C. G. Salzmann, ein Barockbau v. 1784–93. Sie beherbergt die Salzmann-Oberschule und die GutsMuths-Gedenkstätte, die an den Pädagogen J. C. F. GutsMuths erinnert.

In der Nähe des Ortes Sportplatz mit der Rekonstruktion von *»Urformen« von Turngeräten.*

Wandersleben (10 km sö): Die s v. Wandersleben gelegene *Burg Gleichen* entstand im 11. Jh. Sie verfiel, nachdem das Geschlecht derer v. Gleichen 1631 ausstarb. Im Bergfried ist eine Ausstellung zur Burggeschichte untergebracht.

07973 Greiz

Greiz

Einw.: 31 600	Höhe: 262 m	S. 227 □ F 9

Greiz, die »Perle des Vogtlands«, liegt an der Weißen Elster in einer waldreichen Gegend. Vom 13. Jh. bis 1918 war hier die Residenz der Reuß von Plauen. Vor 1918 war Greiz sogar Hauptstadt des Fürstentums Reuß ältere Linie. Der Ort, der bereits in slawischer Zeit besiedelt war, wird 1359 erstmals als Stadt genannt. 1802 wurde er von einem Feuer zerstört.

Stadtkirche: Das dreischiffige Bauwerk mit Turm über dem Chor wurde weitgehend nach dem Brand 1802 errichtet. Das Mittelschiff hat eine gewölbte Holzdecke. Die Ausstattung ist klassizistisch.

Greiz, Oberes Schloß, Hauptturm

Oberes Schloß: Das auf einem steilen Bergkegel oberhalb der Stadt gelegene Schloß geht auf eine ma Anlage zurück. Nach einem Brand 1540 wurde es wiedererrichtet und um 1700 und im 18. Jh. ausgebaut. Der rechteckige Hauptturm des Baus, der einen polygonalen Grundriß hat, stammt aus der Zeit nach 1625. Einige der Säle des Schlosses, in dem jetzt das Staatsarchiv eingerichtet ist, haben Barock- und Rokokodekorationen.

Unteres Schloß: Das im Stadtzentrum gelegene Schloß wurde nach dem Brand 1802 bis 1809 in schlichten klassizistischen Formen wieder aufgebaut.
Hier und in der gegenüberliegenden klassizistischen Hauptwache (1817–19) ist das *Kreis-Heimatmuseum* untergebracht. Zu sehen sind Sammlungen zur Heimat- und Kulturgeschichte sowie zur Textilindustrie, außerdem eine vogtländische Bauernstube.

Sommerpalais (im Greizer Park): Der zweieinhalbgeschossige frühklassizistische Bau wurde 1779–89 errichtet. Er beherbergt heute die Staatliche Bücher- und Kupferstichsammlung, die aus der ehemaligen fürstlichen Bibliothek hervorgegangen ist (24 000 Bände). Es handelt sich überwiegend um Werke der französischen Aufklärung und der Goethezeit. Zu den Schätzen gehören die erste Gesamtausgabe der Lutherbibel v. 1534 sowie Holzschnitte und Kupferstiche v. Albrecht Dürer. – Der 40 ha große *Greizer Park* ist einer der schönsten Landschaftsparks. Erste Anfänge waren ein um 1650 angelegter barocker Lustgarten. Dieser wurde 1827–29 in einen englischen Landschaftspark umgewandelt und 1871–85 nach Angaben des Muskauer Parkdirektors Carl Eduard Petzold planvoll gestaltet. In der 1787 errichteten Rotunde oberhalb des Parks steht die überlebensgroße Plastik eines sterbenden Kriegers v. K. Albiker (1926).

Umgebung

Auma (25 km nw): *Stadtkirche St. Maria.* Unweit des rechteckigen Marktplatzes steht die weiträumige Hallenkirche aus dem frühen 16. Jh., 1793–94 umgebaut und mit klassizistischer Ausstattung versehen, in den Kanzelaltar Reste einer spätgot. Grablegung eingefügt. Bemerkenswerte Plastik der hl. Katharina (um 1510) aus der Saalfelder Schule.

Hohenleuben (14 km nw): Die *Pfarrkirche* ist ein einschiffiger klassizistischer Bau, der 1796 begonnen wurde. – Die *Burg Reichenfels* wird 1356 erstmals urkundlich erwähnt. Sie verfiel im 18. und 19. Jh. zur Ruine. Im Wirtschaftshof der Ruine ist ein *Heimatmuseum* eingerichtet. Zu sehen ist u. a. eine ma Waffensammlung. Außerdem wird die ehemals betriebene Zigarrenherstellung in Hohenleuben dokumentiert.

Nitschareuth (8 km nw): *Dorfanlage.* Breiter Dorfanger mit zwei Teichen, der sich hangaufwärts bis zur barocken Dorfkirche erstreckt. Beidseitig stehen 16 große Vierseithöfe in Fachwerkbauweise, Mitte des 18. bis ins 19. Jh. errichtet. Ein Hof mit Backhaus und Stallungen ist als Museum

Auma (Greiz), Stadtkirche St. Maria, Plastik der hl. Katharina >

Greiz, Oberes Schloß

Greiz, Sommerpalais

eingerichtet, Bemühungen existieren, um das gesamte Dorf beispielhaft zu erhalten und als »lebendiges Museum« zu erschließen.

Weckersdorf (22 km sw): Gehöft Nr. 9, 1780–90 erbaut, mit ungewöhnlich reichem Schaugiebel, der sich der Straße zuwendet. Über zwei Geschosse erhebt sich der in 5 Bändern gegliederte Giebel in teppichartigem Fachwerkschmuck, der sich durch die geschwungenen Hölzer auszeichnet.

Zeulenroda (17 km w): Der Marktplatz hat eine fast einheitliche klassizistische Bebauung. Hier steht auch das 1825–28 v. Christian Heinrich Schopper geschaffene klassizistische *Rathaus.* Die beiden oberen Stockwerke des dreistöckigen Gebäudes werden durch Kolossalordnungen v. Säulen und Halbsäulen gegliedert, die angedeuteten Eckrisalite haben turmartige Aufbauten, der Mittelturm wird v. einer vergoldeten Statue der Themis, der Göttin der Ordnung und Gerechtigkeit, gekrönt.

Die *Pfarrkirche zur Hl. Dreieinigkeit* wurde 1819–20 v. Christian Heinrich Schopper und dem Bauinspektor Taubert aus Schleiz errichtet. Es handelt sich um ein einschiffiges klassizistisches Bauwerk. Das bemerkenswerte Altarbild von 1820 zeigt die Grablegung Christi. Das *Kunstgewerbe- und Heimatmuseum* befindet sich in der Aumaischen Str. 30. Hier sind Sammlungen zur Stadtgeschichte sowie Keramik- und Kunstschmiedearbeiten zu sehen.

H

37308 Heiligenstadt

Heiligenstadt

Einw.: 16900 Höhe: 262 m S. 226 □ B 8

Der Kneippkurort Heiligenstadt liegt im Obereichsfeld am Oberlauf der Leine. Er

Weckersdorf (Greiz), Gehöft Nr. 9

< *Heiligenstadt, Pfarrkirche St. Ägidien*

erhielt im 11. Jh. Markt- und 1227 Stadtrechte. Im 9. Jh. gab es bereits einen fränkischen Königshof, dessen Kirche 847 in den Besitz von römischen Märtyrerreliquien kam. Nachdem die Bevölkerung während der Reformation zum lutherisch reformierten Glauben übergetreten war, wurde Heiligenstadt 1550 nach dem Augsburger Religionsfrieden wieder eine Hochburg des Katholizismus. Dazu trugen der ansässige Jesuitenorden bei sowie der verstärkte Mysterien- und Heiligenkult (»Heiligenstädter Leidensprozession«). Mit dem »Wort aus Heiligenstadt« bekräftigten die Katholiken des Eichfelds 1975 anläßlich des 31. Jahrestags der Befreiung vom Faschismus ihr Engagement für die sozialistische Entwicklung in der damaligen DDR. Der berühmte Bildschnitzer Tilman Riemenschneider wurde 1460 in Heiligenstadt geboren, Heinrich Heine 1825 im Alter von 28 Jahren hier getauft. Den Taufschein nannte er sein »Entreebillett« in die europäische Gesellschaft. Theodor Storm war 1856–64 Kreisrichter in Heiligenstadt. Hier schrieb er die Erzählungen »Auf dem Staatshof« (1857), »Drüben am Markt« (1860), »Auf der Universität« (1862), »Abseits« (1863) und »Bulemanns Haus« (1864). Heiligenstadt ist einer der Schauplätze seiner Erzählung »Pole Poppenspäler«, die er im Jahre 1870 geschrieben hat.

Pfarrkirche St. Ägidien: Die dreischiffige got. Hallenkirche, die kath. Pfarrkirche der Neustadt, wurde vermutlich nach 1333 begonnen. Der Westbau mit reichem Figurenportal wurde nie ganz fertiggestellt. Es gibt nur einen achteckigen S-Turm. Die Ausstattung besteht u. a. aus einem Hochaltar v. 1638, einem spätgot. Flügelaltar (im Schrein Anna selbdritt) aus dem späten 15. Jh., einem spätgot. bronzenen Taufkessel v. 1507, Chorgestühl aus dem späten 17. Jh. und dem Doppelgrabstein der Märtyrer Aureus und Justinus aus der 1. Hälfte des 14. Jh.

Friedhofskapelle St. Annen: Das frühgot. Bauwerk aus der Zeit nach 1300 hat einen

Heiligenstadt, St. Marien mit Friedhofskapelle St. Annen >

Heiligenstadt, St. Marien, Wandmalerei »Marienkrönung«, um 1500

achteckigen Grundriß. Es liegt gegenüber dem N-Portal der Marienkirche. Im Inneren findet sich ein achteckiges Rippengewölbe.

Pfarrkirche St. Marien Das Langhaus der dreischiffigen got. Hallenkirche, der kath. Pfarrkirche der Altstadt, wurde in der 2. Hälfte des 14. Jh. errichtet. Es ist mit Kreuzrippengewölben ausgestattet, die auf Bündelpfeilern ruhen. Die Gewölbe des um 1400 begonnenen und erst 1716 fertiggestellten Chors liegen wesentlich höher. Das Westwerk mit 2 achteckigen Türmen ist roman. und datiert aus der Zeit um 1300. Die Innenausstattung besteht u. a. aus einer »Schönen Madonna« v. 1414, einem bronzenen Taufkessel v. 1492 sowie einem Altar und Wandmalereien (Marienkrönung) aus der Zeit um 1500.

Stiftskirche St. Martin: Bei dem ältesten Bauwerk der Stadt handelt es sich um eine dreischiffige got. Hallenkirche, die zwischen 1304 und 1487 unter Einbeziehung eines älteren Vorgängerbaus errichtet wurde. Von diesem stammt die zweischiffige roman. Krypta (Mitte des 13. Jh.) am O-Ende des n Seitenschiffs. Der Chor wird v. Türmen flankiert, v. denen nur der s fertiggestellt wurde. Das Tympanonrelief (um 1350) über dem N-Portal zeigt den hl. Martin. Im Inneren verdienen bes. die *Kapitelle* mit figürlichem (Geschichte v. Adam und Eva) und ornamentalem (Blattwerk) Schmuck Beachtung. Von der ma Ausstattung sind nur ein got. bronzener Taufkessel, ein got. Pulthalter in Form eines Chorknaben sowie das got. Grabmal (Tumba) des Erzbischofs Adolf v. Mainz (†1390) erhalten.

Nikolaikirche: Die spätgot. Wehrkirche v. 1461 war urspr. Teil der Stadtmauer. Bei der Belagerung 1632 wurde sie zerstört und unter Benutzung eines Teils der Umfassungsmauern als Kapelle wieder aufgebaut.

Altes Rathaus (Ratsgasse 9): Das im Kern got. Gebäude, das vermutlich im 13. Jh. errichtet wurde, hat man nach dem Stadtbrand 1739 im Jahre 1789 wieder aufgebaut.

Neues Rathaus (Markt): Der zweigeschossige Barockbau mit Freitreppe wurde 1739 errichtet und im 19. Jh. umgebaut. – Auf dem Markt steht der *Neptunsbrunnen* v. 1738.

Schloß (Friedensplatz 8): Der dreigeschossige Barockbau entstand 1736–38 nach einem Plan v. Christoph Heinemann aus Dingelstädt. An der SO-Seite befindet sich ein Anbau aus Fachwerk. Die Innenräume des Gebäudes, das jetzt den Rat des Kreises beherbergt, sind mit reichen Stukkaturen verziert.

Eichsfelder Heimatmuseum (Kollegiengasse 10): Das Museum ist im ehem. Jesuitenkolleg untergebracht, einem dreigeschossigen Barockbau mit prachtvollem Portal, der 1739–40 v. Christoph Heinemann errichtet wurde. Zu sehen sind u. a. Erzeugnisse der Eichsfelder Töpferei, urgeschichtliche Funde, sakrale Plastik und Trachten. Im Jahre 1977 wurde eine Gedenkausstellung für Theodor Storm eingerichtet. Sie

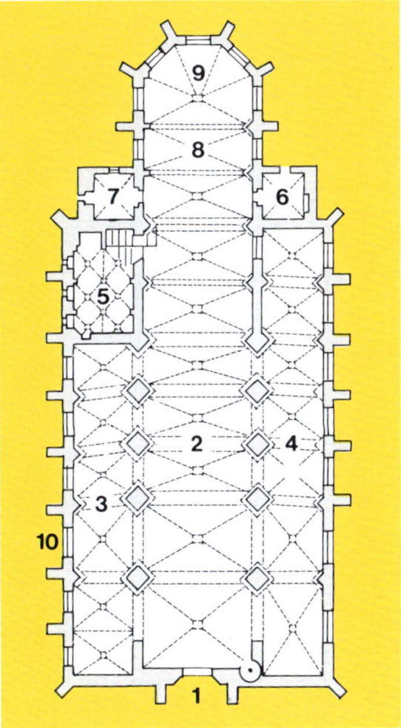

Heiligenstadt, St. Martin **1** W-Front mit got. Fensterrose (15./19. Jh.) **2** Langhaus-Mittelschiff (1487) **3** n Seitenschiff **4** s Seitenschiff **5** Krypta mit frühgot. Kapitellen (um 1270) **6** N-Turm (nicht ausgeführt) **7** S-Turm **8** zweijochiger Chor **9** $^5/_8$-Schluß mit reichem got. Maßwerk **10** N-Portal mit Tympanonrelief (um 1340)

Stiftskirche St. Martin, got. Pulthalter

umfaßt unter anderem 2 Handschriften des Dichters.

Außerdem sehenswert: Ehem. *Waisenhaus* (heute Krankenhaus), ein Barockbau v. 1740. – Die neubarocke *Gerharduskirche* v. 1928 außerhalb der Stadt (Rinne Nr. 17) gehört zu einem Redemptoristenkloster. – Folgende *Bürgerhäuser* stammen aus der Zeit vor dem Stadtbrand 1739: das *Mainzer Haus* v. 1443 (Am Berge 2), das *Haus Windische Gasse 48* v. 1539, das sog. *Witzelsche Wohnhaus* in der Steinstr. 5, ein Fachwerkhaus aus dem 17. Jh. Die *Häuser Wilhelmstraße 41* und *43* datieren v. 1740, aus der Zeit nach dem Stadtbrand, ebenso das klassizistische *Haus v. Westernhagen* (ca. 1802) neben dem ehem. Jesuitenkolleg. – Teile der ma *Stadtmauer,* an ihrem Fuße im Leinetal der Heinrich-Heine-Park mit Kneippbad, in dem sich ein *Völkerschlachtdenkmal* v. 1815 befindet, das älteste in Deutschland. – Vom *Iberg* und von der *Elisabethhöhe* hat man einen hervorragenden Blick auf die Stadt.

Umgebung

Bornhagen (16 km sw): *Burg Hanstein.* Bedeutende Burganlage oberhalb des Werratales, die mit ihrer markanten Silhouette weithin sichtbar ist.

Wahrscheinlich auf einer älteren Anlage im 11. Jh. errichtet, Neubau von 1308 unter mainzischer Herrschaft, Erweiterungen von 1414 und 1519, Verfall im 17. Jh., die versuchte Wiederherstellung aufgegeben. Restaurierungen in der ersten Hälfte 19. Jh.

und nach 1900. Bemühungen zur Erhaltung der bisher im Grenzgebiet unzugängigen Anlage sind im Gange.

06577 Heldrungen
Artern

Einw.: 2700 Höhe: 140 m S. 226 □ D 8

Der 874 erstmals bezeugte Ort liegt zwischen den Höhenzügen der Schmücke und Hohen Schrecke im Tal der Unstrut. An der alten Straße Nürnberg–Erfurt–Magdeburg gelegen, hatte er eine strategisch wichtige Bedeutung. 1530 erhielt Heldrungen Stadtrechte von Kaiser Karl V.

Pfarrkirche St. Wigberti: Der einschiffige, einfache Barockbau mit O-Turm wurde 1682–96 erbaut anstelle einer im Dreißigjährigen Krieg zerstörten Kirche. Er besitzt eine Holztonne und eine zweigeschossige Empore. Die Ausstattung besteht aus einem Altar aus der 1. Hälfte des 18. Jahrhunderts, einer Kanzel aus rotem Sandstein von 1685 und einem Taufstein von 1696. Der Orgelprospekt stammt aus der Zeit des Klassizismus. Im roman. W-Turm ist eine Gedenkstätte für Th. Müntzer untergebracht.

Wasserburg: Die im Kern aus dem 13. Jh. stammende Anlage wurde Anfang des 16. Jh. zur Festung und zum Stützpunkt der Grafen v. Mansfeld ausgebaut. Im Dreißigjährigen Krieg wurde sie viermal belagert und schließlich, nachdem sie 1645 eingenommen worden war, v. den Schweden geschleift. 1664–68 unter Herzog August v. Sachsen-Weißenfels wurde die Anlage nach Vorbild italienisch-französischer Festungsbauweise wieder aufgebaut. Sie umfaßt über 22 ha und ist mit sternförmigen Bastionen und einem Erdwall befestigt. 1974–77 wurde die alte Befestigungsanlage freigelegt. Durch ihren guten Erhaltungszustand bietet sie eine in Mitteleuropa einmalige Gelegenheit, sich eine barocke Festungsarchitektur vor Augen zu führen. Einen besonderen Eindruck vermittelt der (gefüllte) Wassergraben. In der Kernburg befindet sich die *Thomas-Müntzer-Gedenkstätte:* Müntzer wurde 1525 nach der Schlacht bei Frankenhausen hier gefangengehalten und unter Folter verhört.

Umgebung

Gorsleben (5 km sw): Die große spätgot. *Dorfkirche* weist im Chor (um 1448) Kreuz-

Heldrungen, Wasserburg mit Marstall

rippengewölbe auf, Schiff und w Turm (Ende 15. Jh.) wurden ohne Strebepfeiler und flachgedeckt erbaut. Ein großer barocker, verglaster Logenprospekt grenzt ö an die Empore an. Der spätgot. Flügelaltar mit Kreuzabnahme wurde im 15. Jh. geschaffen, die vielfältig geschnitzte Kanzel Ende des 17. Jh. Besonders auffällig ist die über dem Friedhofseingang angebrachte Inschrift »Tod von Gorsleben« (1568) mit Relieffigur des Todes.

Sehenswert sind in Gorsleben auch ein einfaches *Gutshaus* (1. Hälfte 18. Jh.) mit Walmdach und der sogenannte *Schieferhof,* ein mächtiger Gutshof im Renaissance-Fachwerkstil (Erdgeschoß und untere Etage des Treppenturms in Werkstein) von 1620.

Kannawurf (9 km sw): *Schloß,* Renaissancebau von 1564, aus einer ma Wasserburg entstanden, 3 dreigeschossige Flügel von seltener Regelmäßigkeit umgrenzen den Hof, der an der vierten Seite von Schildmauer und Rundturm geschlossen wird, w Hauptflügel durch quadratische Ecktürme gefaßt. Dachzonen mit Zwerchgiebeln versehen, Türme mit welschen Hauben.

Oldisleben (4 km w): Hier befindet sich eine *Dorfkirche,* die um 1910 als Jugendstilbau errichtet wurde. Die harmonische Innenausstattung ist ebenfalls vom Jugendstil geprägt; der geschnitzte Altar ist eine ältere Arbeit aus der Zeit um 1500.

Sachsenburg (5 km sw): Von der mächtigen *Burganlage,* die 1249 erstmals genannt wird, sind nur noch umfangreiche Ruinen, Reste v. Türmen, Gebäuden und Wehrmauern vorhanden.

98646 Hildburghausen

Hildburghausen

Einw.: 11 200 Höhe: 381 m S. 226 □ C 10

Der Ort am rechten Ufer der oberen Werra im Süden des Thüringer Walds wird 1234 als *Hilteburghusin* erstmals genannt. Damals schenkte der Graf von Henneberg den Ort dem Bistum Würzburg. Im 14. Jh. wurde Hildburghausen planmäßig angelegt. 1324 erhielt es die Stadtrechte. Nach einem Brand 1779 wurde die Stadt einheitlich wiederaufgebaut. Von 1826 bis 1918 gehörte sie zum Herzogtum Sachsen-Meiningen. Der spätere Opernkomponist Carl Maria von Weber (1786–1826) erhielt hier als Zehnjähriger seinen ersten Klavierunterricht.

Kath. Kirche: Der einschiffige Barockbau wurde 1722 errichtet. Er hat im Inneren ein Spiegelgewölbe. Der Altaraufsatz datiert aus der 2. Hälfte des 18. Jh.

Neustädter- oder Waisenkirche: Bei der reformierten Kirche, die 1755–75 für französische Emigranten im Auftrag v. Herzog Ernst Friedrich I. erbaut wurde, handelt es sich ebenfalls um einen einschiffigen Barockbau. Der Turmaufbau entstand im Jahre 1835. Das schlichte Inventar stammt aus der Entstehungszeit.

Stadtkirche: Sie wurde als letzte Kirche 1781–85 v. A. F. v. Keßlau in H. errichtet. Das Langhaus des barocken Bauwerks ist achteckig, der Chor, über dem sich der Turm erhebt, rechteckig. Das Hauptportal im N ist mit Säulen und einem Segmentgiebel geschmückt.

Das Langhaus hat doppelte Emporen (im W Fürstenloge) und eine hölzerne Kuppel. Die Ausstattung besteht u. a. aus einem Taufstein aus der Mitte des 17. Jh. Im In-

Hildburghausen, Neustädter- oder Waisenkirche

nenraum herrschen Formen des Frühklassizismus vor.

Rathaus: Der in seinem Kern spätgot. Bau geht auf eine Wasserburg des Grafen v. Henneberg zurück. 1395 wurde sie zum Rathaus und dieses 1572 im Renaissancestil umgebaut. Das dreistöckige Bauwerk hat einen Volutengiebel, einen Dachreiter und einen halb aus dem Baukörper heraustretenden runden Treppenturm. Im Rathaus ist das *Heimatmuseum* untergebracht. Hier ist u. a. eine Ausstellung »C. J. Meyer und das Bibliographische Institut« zu sehen. Carl Joseph Meyer (1796–1856) verlegte seinen 1826 in Gotha gegr. Verlag 1828 nach H. Hier erschienen seine populären Klassikerausgaben und 1840 der 1. Band seines »Großen Konversationslexikons für die gebildeten Stände« (bis 1855 insgesamt 55 Bände). Das Unternehmen wurde 1874 nach Leipzig verlegt und heißt heute Bibliographisches Institut. In dem Museum sind alle zwischen 1828 und 1874 erschienenen Werke zu sehen. – Am Markt steht auch das ehem. *Regierungsgebäude,* ein dreistöckiger Barockbau aus dem 18. Jh. Treppenhaus und einige andere Innenräume haben reiche Rokoko-Stuckdekorationen. – Am *Gasthaus zum braunen Roß* findet man eine Gedenktafel für Johann Wolfgang v. Goethe, der sich im Mai 1782 dort aufhielt.

Außerdem sehenswert: *Meyersches Familiengrab* auf dem Friedhof. – *Gedenktafel* für den Dichter *Friedrich Rückert* am ehem. Zucht- und Arbeitshaus, Schleusinger Str. 17 (heute Krankenhaus). Rückert wohnte hier 1810 für einige Monate bei Verwandten. – Vor der ma Stadtmauer liegt der im Stil englischer Gärten angelegte Schloßpark (Friedenspark).

Umgebung

Bedheim (7 km sw): *Dorfkirche.* Chorturm von 1290 in den Umbau von 1696–99 einbezogen, Rippengewölbe im Chor, Reste got. Malerei. Saalkirche mit Flachdecke und zwei Emporen, eindrucksvolle barocke Farbgebung. Eine Besonderheit ist die Orgel auf der W-Empore, räumlich getrennt davon das zweifüßige Positiv in Schwalbennestform über dem Triumphbogen auf der O-Seite, beide über den Kirchboden über eine Länge von 20 m mechanisch verbunden. Die Werke und die in bester handwerklicher Schnitzerei gefertigten Prospekte sind 1711–21 entstanden.

Hildburghausen, Marktplatz mit Rathaus

Eicha (18 km sw): Eine der noch relativ geschlossen erhaltenen Dorfanlagen, die sich um den langgestreckten Straßenanger gruppieren, die Häuser meist in thüringisch-fränkischem Fachwerk giebelseitig zum Anger weisend (17.–19. Jh.). Ein ähnlich geschlossenes Ensemble in dem benachbarten Dorf *Linden.*

Eisfeld (15 km ö): Die dreischiffige spätgot. *Stadtkirche* brannte 1601 und 1632 aus. Beim 2. Wiederaufbau erhielt sie 1651 im Langhaus eine Kassettendecke, die auf Renaissance-Rundpfeilern ruht. Im Chor finden sich noch spätgot. Netzgewölbe. Beachtung verdienen auch die 3 spätgot. Portale. Die Ausstattung besteht u. a. aus einem Taufstein v. 1634 und einer Kanzel v. ca. 1661. – Das *Pfarrhaus* ist ein prächtiger Fachwerkbau v. 1528 und 1632. – Das *Schulhaus* ist ebenfalls ein Fachwerkbau aus dem 16. und 17. Jh.

Das in seinem Kern mittelalterliche *Schloß* brannte 1632 ab und wurde bis 1650 in einfacheren Formen wiedererrichtet. Hier ist heute das *Otto-Ludwig-Heimatmuseum* untergebracht. Zu sehen sind u. a. südthüringisch-fränkische Trachten, Kunsthandwerk der Gegenwart und ein Otto-Ludwig-Gedenkzimmer.

Der Schriftsteller Otto Ludwig wurde 1813 in Eisfeld geboren und starb 1865 in Dresden. – Eine *Otto-Ludwig-Gedenkstätte* befindet sich in dem 1814 erbauten Gartenhaus Unterm Heinig. Ludwig verbrachte hier 1834–39 und 1840–42 die Sommermonate. Vor dem Gartenhaus steht ein *Bronzedenkmal* des Dichters, geschaffen v. K. Röhrig (1934). Ein weiteres Denkmal (v. O. Lang) befindet sich vor dem Schloß. Ludwig schrieb u. a. die Dorfgeschichte »Die Heiterethei« (1854), die tragische Erzählung »Zwischen Himmel und Erde« (1856) und die Tragödie »Der Erbförster« (1853). 1871 erschienen seine Shakespeare-Studien, die einen wichtigen Beitrag zur Theorie des Dramas darstellen.

Gleichamberg (14 km sw): *Dorfkirche.* Der Ort liegt im Grabfeld unterhalb des Großen Gleichberges (679 m), besitzt eine der sehenswertesten Dorfkirchen Thüringens. Zwar nur ein einfacher Saalbau mit Chorturm, doch durch die kräftige Farbigkeit der Malereien an den Emporenbrüstungen und der übrigen Ausstattung – Orgel, Kanzel, Gestühl – ist Gleichamberg ein geschlossenes Kunstwerk des bäuerlichen Barock.

Heldburg (20 km s): Der Ort wird im 9. Jh. erstmals erwähnt, seine Geschichte aber von der auf einem hohen Bergkegel gelegenen Veste Heldburg geprägt und unterliegt den gleichen wechselnden Herrschaften wie die Burg. Nach den Henneberger Grafen geht Heldburg an die Burggrafen von Nürnberg, 1374 an die Wettiner über, 1826 an das Haus Sachsen-Meiningen.

Die z. T. noch erhaltene Stadtmauer mit Toren und Türmen des 15.–16. Jh. umgrenzt auch noch heute den Ort, der seinen Charakter als Ackerbürger- und Handwerkerstadt bewahrt hat. Das Bild wird durch zwei- bis dreigeschossige Fachwerkbauten bestimmt, mit reichen Dekorationen im henneberg.-fränk. Stil.

Stadtkirche. Die dreischiffige Hallenkirche mit zweijochigem Chor und 5/8-Schluß wurde 1502 begonnen, die Emporen 1554 und der Innenausbau 1587/88 fertiggestellt. Eigenartig ist das Netz der eng aneinanderliegenden Rippen, sie sind 1819–26 bei einer Restaurierung eingebracht worden. Die Kanzelreliefs (1536) sind Nachbildungen Cranachscher Gemälde und Graphiken von dem fränkischen Bildhauer Bernhard Friedrich.

Veste Heldburg. Seit dem 14. Jahrhundert

Hildburghausen. Turm der Stadtmauer

Eisfeld (Hildburghausen), Portal der spätgotischen Stadtkirche

bereits wird die oberhalb der Stadt gelegene Burg »Fränkische Leuchte« genannt, sie blickt wahrlich über das hügelige Land weit nach Franken hinein. Das heutige Bild erhielt sie erst nach der Restaurierung des 19. Jh.

Die 1323 als castrum erwähnte Anlage gruppiert sich um einen ehem. geschlossenen Innenhof, den man durch den im NO liegenden Heidenbau betritt (1509, im 17. Jh. Schloßkirche, die im 19. Jh. verfiel), nach N schloß sich der Küchenbau an (heute Terrasse), weiter der Kommandanten- und der Jungfernbau, die spitzwinkelig aufeinanderstoßen, im Winkel der große Treppenturm, an der SW-Ecke des Kommandantenhauses tritt nach außen der sog. Hexenturm hervor, er enthielt die Verliese. Das bedeutendste Gebäude jedoch ist der im SO liegende *Französische Bau,* der 1982 völlig ausbrannte (Rekonstruktion des überlieferten Zustandes in Vorbereitung), er war 1560–64 von dem weimarischen Baumeister Nicol Gromann unter Herzog Johann Friedrich dem Mittleren errichtet worden als repräsentativer Wohn- und Festbau. Die Fassaden des langgestreckten Gebäudes mit einem quadratischen Flügel nach S sind vor allem durch reich profilierte Fenstergewände mit Ädikula gegliedert. Die künstlerisch hervorragenden Teile sind die zwei nach dem Burghof gerichteten Erker. Dreigeschossig mit einem Giebel bis über das Hauptgesims reichend, sind sie von reicher Ornamentik überzogen, von französischen und italienischen Stichen des frühen 16. Jh. beeinflußt, bemerkenswert die Brüstungsfelder, die dem Heldburger Bildhauer Lorentz Scharff zugeschrieben sind, von außerordentlicher subtiler Qualität.

Henfstädt (17 km nw): *Dorfanlage.* Der Ort wird im 10. Jh. erwähnt, ehem. prägten die Rittergüter das Ortsbild, erhalten der sog. Herrschaftshof, auf massivem Erdgeschoß zwei Fachwerkgeschosse des 17. Jh. mit älterem Treppenturm. – *Osterburg.* Ehem. Burgwarte der Henneberger unweit des Dorfes auf einem Bergsporn, hoher rechteckiger Turm des 13. Jh., Reste einer ma Burganlage mit Wall, Gräben, Brunnen.

Schleusingen (12 km n): *Schloß Bertholdsburg,* eine unregelmäßige Vierflügelanlage im Renaissancestil, entstand überwiegend im 16. Jh. Im Inneren finden sich ein zweischiffiger gewölbter Raum mit Bildern aus der Herkulessage (1. Hälfte des 17. Jh.) und eine alte Küche mit Kreuzgewölben. Im Schloß ist das *Heimatmuseum* untergebracht, u. a. mit einer Bibliothek mit ca. 16000 Bänden (Handschriften, Inkunabeln und Notenhandschriften) und Ausstellungen zur Glasbläserei und Papierherstellung. – Die *Stadtkirche* besteht aus einem barokken Langhaus v. 1723, einem got. Chor aus dem späten 15. Jh., einem 1608 umgebauten Turm und der got. Ägidienkapelle an der S-Seite, die seit 1566 als Erbbegräbnis der Grafen v. Henneberg diente. Zur Ausstattung der Kirche gehören ein Altar und eine Kanzel v. 1629, eine spätgot. Kreuzigungsgruppe sowie Schnitzfiguren Christi und der Apostel aus der Zeit um 1500. – Das *Rathaus* stammt aus der Zeit nach 1586. – Auf dem Markt steht ein *Brunnen* mit einem

Kloster Veßra (Hildburghausen), Fresken in der Grabkapelle der Grafen von Henneberg >

Veßra (Hildburghausen), Agrarhistorisches Museum, Bauernhaus aus Witzelroda, 17. Jh.

Standbild der Gräfin Elisabeth v. Henneberg (um 1600).

Themar (14 km nw): Der Ort, schon vor 800 erwähnt, wird 1319 Stadt genannt, Mitte des 15. Jh. von einer Stadtmauer umschlossen mit 7 Türmen, von denen noch 3 erhalten sind. Von den Fachwerkbauten ist das Amtshaus von 1665 hervorzuheben, ein stattlicher, zweigeschossiger Bau mit Giebel und Dachgaupen, in den Brüstungsfeldern des Obergeschosses kunstvolle Reihung von Vierpässen. – *Bartholomäuskirche.* 1488 Baubeginn, Chor einbezogen und polygonal geschlossen mit Netzgewölbe und floraler Gewölbemalerei, Turm im W, das Langhaus als Saal mit Holztonnengewölbe, doppelgeschossige Emporen mit geschnitzten Köpfen und Figuren, 1541, Kanzel und Ausmalung 17. Jh. Vier spätgotische Altäre, der bedeutendste der Marienaltar, um 1495 in einer Bamberger Werkstatt entstanden. Am Chorbogen spätgot. Mondsichelmadonna.

Ummerstadt (27 km sw): Kleiner Ort, der wie viele andere im Grabfeldgau im 9. Jh. dem Kloster Fulda zugehörig, seit 13. Jh. im Besitz der Henneberger, nach dem 14. Jh. öfter Eigentümer wechselte und seit 1826 zu Sachsen-Meiningen gehörte.

Planmäßige Gründung der Siedlung Ende des 13. Jh. mit rechteckigem Grundriß, Straßennetz in Rippenform. Im Zentrum der Stadt der quadratische Markt mit bescheidenem Rathaus (1558) in Fachwerk wie die meisten der Häuser des Städtchens, die trauf- oder giebelseitig zur Straße stehen, meist nach dem verheerenden Brand von 1632 erbaut. Brunnen auf dem Markt v. 1743.

Veßra, Kloster (11 km nw): Von der 1138 geweihten Kirche eines 1131 gegr. Prämonstratenserklosters stehen nur noch die W-Türme aus dem 13. Jh. und die Umfassungsmauern. Sie war 1939 ausgebrannt. Das N-Ende des Querschiffs, die ehem. Grabkapelle der Grafen v. Henneberg, dient heute als Dorfkirche. Hier findet man wertvolle got. *Fresken* v. 1485. Das ehem. Klostergelände wird heute als Agrarhistorisches Museum des Bezirks Suhl genutzt.

I

98693 Ilmenau
Ilmenau

Einw.: 27 600 Höhe: 468 m S. 226 □ C 9

Ilmenau im Nordosten des Thüringer Walds an der Ilm wird 1273 erstmals erwähnt. 1341 als Stadt genannt, wird der Ort in der 2. Hälfte des 15. Jh. befestigt. Damals lag er an dem wichtigen Handelsweg von Magdeburg über Erfurt nach Nürnberg. Das Gedeihen der Stadt war seit um 1440 abhängig von dem in der Nähe vor allem auf der *Sturmheide* und dem Nachbardorf *Roda* entstandenen Silber- und Kupferbergbau. Um 1715 setzte ein Niedergang ein, 1739 mußte die Förderung wegen eines Wassereinbruchs ganz eingestellt werden. 1752 wurde ein Drittel der Stadt durch einen Brand zerstört. Berühmtheit erlangte der Ort, weil sein Name eng mit Goethes Wirken als Minister des Herzogs Carl August verbunden ist. Der Versuch jedoch, zwischen 1777–96 zur Linderung der Not der Stadt unter Goethes Leitung den Bergbau wiederzubeleben, mußte wegen der Unergiebigkeit der Grube schließlich aufgegeben werden. Den häufigen Besuchen des Dichters, der die Ilmenauer Gegend liebte, verdankt die Nachwelt zahlreiche Gedenkstätten und einige seiner schönsten Gedichte. Ab 1838 Aufstieg Ilmenaus zum Luftkurort.

Stadtkirche: Das in seinem Kern spätgotische Bauwerk erhielt sein heutiges Aussehen nach einem Brand 1752. Der Baumeister war Gottfried Heinrich Krohne. Im Inneren finden sich ein hölzernes Spiegelgewölbe sowie doppelte Emporen. Der prächtige Kanzelaltar und der Taufstein stammen aus der Zeit um 1760.

Kloster Veßra (Hildburghausen)

Amtshaus/Goethe-Gedenkstätte (Am Markt 7): Das schlichte zweigeschossige Bauwerk wurde 1786 errichtet. Der Weimarer Minister und Dichter Johann Wolfgang von Goethe wohnte bei seinen Besuchen in I. gelegentlich in diesem ehemals herzoglichen Amtshaus. Er besuchte die Stadt, um sich der Förderung des Bergbaus und mineralogischen Studien zu widmen. Das Museum umfaßt 5 Räume, in denen auch Goethes Interesse an der Porzellanmanufaktur und Glaserzeugung in I. dokumentiert wird.
Goethe widmete dem Städtchen auch ein Gedicht:
»Anmutig Tal! Du immergrüner Hain! / Mein Herz begrüßt euch wieder auf das beste! / Entfaltet mir die schwer behangnen Äste! / Nehmt freundlich mich in eure Schatten ein, / erquickt von euren Höhn, am

Ilmenau, Amtshaus

Tag der Lieb und Lust, / mit frischer Luft und Balsam meine Brust!«

Jagdhaus Gabelbach/Goethe-Gedenkstätte: Der spätbarocke Holzbau (einige km s im Wald gelegen) mit 2 Etagen wurde 1783 für den Weimarer Herzog Karl August anläßlich eines Besuchs des Herzogs v. Kurland errichtet. Zu sehen sind hier u. a. das Wohnzimmer sowie die Schlaf- und Schreibkammer Goethes, überwiegend mit originalen Möbeln. – In der 1 km entfernten *Jagdaufseherhütte* auf dem Kickelhahn (Goethe-Häuschen) schrieb der Dichter am 6. 9. 1780 »Wanderers Nachtlied« (»Über allen Gipfeln ist Ruh ...«). Die Hütte wurde, nachdem sie 1784 abgebrannt war, originalgetreu wiedererrichtet. – Im August 1831 feierte Goethe seinen 82. Geburtstag im *Gasthof zum Löwen* (Lindenstr. 1). Er wohnte damals im Zimmer Nr. 1, das seither kaum verändert ist. Gewohnt hat Goethe auch in der Lindenstr. 12 (Gedenktafel). Hier stehen auch einige Linden, die der Dichter und Naturforscher 1782 pflanzte. Vom Amtshaus führt ein mit »G« markierter ca. 18 km langer Wanderweg auf Goethes Spuren am Großen Hermannstein vorbei auf den Kikkelhahn bis zum Goethehaus in Stützerbach (siehe unten). Auf dem Weg dorthin passiert man das *Jagdhaus Schwalbenstein,* wo Goethe am 19. 3. 1779 den 4. Akt der Prosafassung der »Iphigenie« schrieb, das Kantorhaus in Manebach und das Jagdhaus Gabelbach.

Rathaus: Der zweigeschossige Spätrenaissancebau wurde 1625 errichtet und nach dem Brand v. 1752 wiederhergestellt. Bemerkenswert sind der Turm mit geschweifter Haube, der Eckerker und das Mittelportal mit Wappenaufsatz.

Außerdem sehenswert: *Hennebrunnen* (ca. 1752) auf dem Marktplatz. – *Grabmal der Schauspielerin Corona Schröter* und weitere Grabdenkmäler aus der Goethezeit auf dem *Friedhof.*
Zechenhaus an der Sturmheide, 1691 erbaut. *Glashütte,* 1910 errichtet, 1976 ge-

Stützerbach (Ilmenau), Goethehaus

schlossen. Ein interessantes Monument frühindustrieller Architektur.

Umgebung

Gehren (8 km sö): Schloßanlage der Grafen von Schwarzburg-Sondershausen, seit dem Ende des 15. Jh. Ausbau zu einer Vierflügelanlage, im 16. Jh. werden hierzu Quader der seit der Reformation verlassenen und im Abbruch befindlichen Klosterkirche Paulinzella verwendet. 1606 wurde eine Schloßkapelle eingebaut, 1933 Brand des Schlosses, Reste des Torhauses, zweier Flügel und der Bastionen zum Teil erhalten.

Gräfinau-Angstedt (13 km ö): *Dorfkirche.* 1827–31 Neubau anstelle einer alten Kirche des 11. Jh. Saalbau mit hohen Türmen im W mit klassizistischen Giebeln bekrönt, das Langhaus durch steile Fenster gegliedert. Eindrucksvolles Portal in Nachfolge der französischen Revolutionsarchitektur. Im Innern die Emporen von dorischen Säulen getragen, spätgot. Altarschrein, klassizistisch gerahmt.

Großbreitenbach (16 km sö): Der langgestreckte Ort entstand an einer wichtigen Paßstraße über den Thüringer Wald, noch heute ablesbar als Straßendorf, das vom Anfang bis zum Ende über 100 m Höhendifferenz aufweist, die meist zweigeschossigen Schieferhäuser zur Straße gewendet. Am s Ortsausgang die *Trinitatiskirche,* 1680–90 als großer Fachwerkbau entstanden, der neben Oberweißbach zu den größten Kirchenbauten im Gebirge (1600 Sitzplätze) zählt. Saalbau mit Holztonne und Emporen, Reste von spätgot. Altären zu einem Retabel zusammengefügt. Der Turm der gegenüberliegenden, 1753 eingestürzten Johanniskirche trägt noch heute das Geläut.

Stützerbach (10 km sw): Die *Dorfkirche* ist ein einschiffiger Barockbau aus dem 18. Jh. – In der Sebastian-Kneipp-Str. 18 liegt das *Goethehaus und Glasmuseum,* das ehemalige Haus des Glashüttenbesitzers Gundelach.

J

07743-49 Jena

Jena

Einw.: 101 000 Höhe: 144 m S. 226 □ E 9

Jena, eine bedeutende Universitäts- und Industriestadt, liegt in einem Talkessel an der mittleren Saale. Weltbekannt sind die Carl-Zeiss-Werke (optische Geräte), die Jenaer Glaswerke Schott (optisches und technisches Glas) sowie das Kombinat Jenapharm (pharmazeutische Produkte).

Geschichte: Im 9. Jh. wird Jena als *Jani* erstmals erwähnt. Seit dem 12. Jh. war es im Besitz der Herren von Lobdeburg, von denen es 1230 auch die Stadtrechte erhielt. Damals wurde die Saalestadt auch planmäßig angelegt und befestigt. Im Mittelalter war Jena ein Weinbauernstädtchen. Das änderte sich, als 1558 die Universität gegründet wurde. Diese wurde durch den steigenden Bedarf der Akademikerschaft und das Ansehen, das sie der Stadt verschaffte, zu einer guten Einnahmequelle für die Stadt, und in der 2. H. d. 17. Jh. erlebte die Universität eine erste Blüte. Mit über 2000 Studenten war sie die größte Hochschule Deutschlands. Die berühmtesten Protagonisten der für ihre Liberalität bekannten Anstalt waren der Mathematiker E. Weigel mit seinem Schüler, dem späteren Philosophen und Mathematiker Leibniz, und der Theologe Musäus. Ab 1720 setzte u. a. in der Folge von städtischer Mißwirtschaft und der an den Fürstenhöfen eingerissenen Schuldenwirtschaft ein Niedergang von Stadt und Universität ein.

1741 kam Jena an Sachsen-Weimar, aber erst mit Amtsantritt des Herzogs Carl-August 1775 gelangte die Stadt und Universität zu ihrer eigentlichen Glanzzeit. Mit Goethe, dem die Aufsicht über die Institute für Wissenschaft und Kunst übertragen

< Vorhergehende Doppelseite:

Links: Jena, Abendliche Vedoute an der Saale

Rechts: St. Michael, Mittelschiff

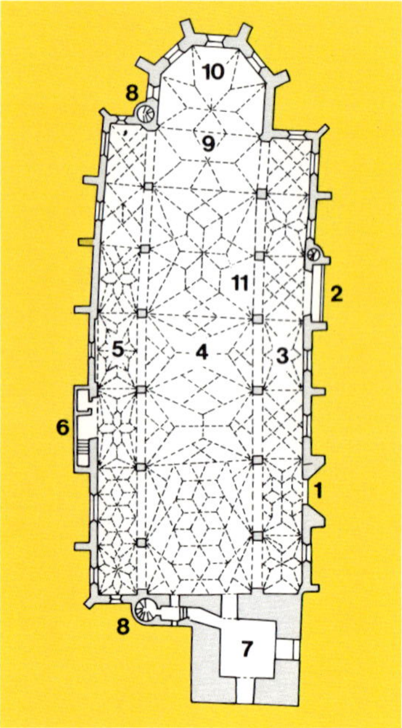

Jena, St. Michael 1 S-Portal der prachtvoll dekorierten S-Fassade **2** Brautportal **3** s Seitenschiff **4** Mittelschiff mit Netz- und Sterngewölben (um 1440) **5** n Seitenschiff mit Bronzeepitaph (1549) v. A. Ziegler d. J. für Martin Luther **6** Beichthaus **7** SW-Turm **8** Wendeltreppe **9** Chor mit Strahlgewölbe **10** 5/8-Schluß **11** Spätgot. Steinkanzel (um 1505) mit sächs.-kurfürstl. Wappen und Rankenwerk

Jena, Kirchplatz mit Stadtkirche St. Michael

war, und Schiller, der an der Universität lehrte, war Jena am Ende des 18. Jh. nicht nur ein Zentrum der klassischen Literatur, sondern durch Fichte, Schelling und ab 1801 Hegel entfaltete sich ein wichtiger Abschnitt der deutschen klassischen Philosophie. Die berühmtesten Repräsentanten der deutschen Frühromantik, wie die Gebrüder Schlegel, L. Tieck, C. v. Brentano und Novalis, versammelten sich hier. A. Feuerbach wirkte an der juristischen Fakultät. Angezogen von der geistigen Ausstrahlungskraft, hielten sich auch Hölderlin, W. v. Humboldt und andere bedeutende Köpfe der Zeit besuchsweise oder länger in der Stadt auf. Auch die Naturwissenschaften erzielten in dieser produktiven Zeit mit Professoren wie J. C. Loderer, C. W. Hufeland oder W. Oken bedeutende Fortschritte. – Am 14. 10. 1806 erlitt die preußisch-sächsische Armee in der Doppelschlacht von Jena und Auerstedt die entscheidende Niederlage gegen Napoleon. Die der Stadt und Universität zugefügten bedeutenden Schäden konnten u. a. durch eine Spende Napoleons behoben werden. Die Schließung der Universität wurde durch den Einsatz Goethes und Voigts verhindert. – Am 12. 6. 1815 wurde von der Mehrheit der Jenaer Studenten die »Jenaer Burschenschaft« gegründet. 1819 war es der Jenaer Student Sand, der in Mannheim den Schriftsteller August von Kotzebue ermordete. Es war eines der Ereignisse, die zu den Karlsbader Beschlüssen und der Verfolgung von Demokraten und Republikanern führten. – Im 19. Jh. entwickelte sich Jena zu einer der führenden Industriestädte: 1846 gründete Carl Zeiss seine »Mechanische Werkstatt«, 1882 der Chemiker und Glastechniker Otto Schott mit Carl Zeiss und Ernst Abbe das »Jenaer Glaswerk Schott & Genossen«. E. Abbe rief nach dem Tode von Carl Zeiss 1889 die »Carl-Zeiss-Stiftung« ins Leben, die als spätere Besitzerin von Glaswerk und Zeisswerk nach von Abbe entworfenen Statuten die sozialen Verhältnisse der Arbeiterschaft in fortschrittlicher Weise regelte (z. B. 8-Stunden-Arbeitstag um 1900). Beispielhaft war

ANNOS AMPLIVS TRIGINTA PIE ET FELICITER
VERO EIVS HIC SEPVLTVM EST

< *Jena, St. Michael, Luthers Grabplatte*

aber auch, wie durch die Initiative Abbes die wissenschaftliche Forschung der Universität und ihre Umsetzung in die Praxis einander dienstbar gemacht wurden. – 1945 wurde Jena bei Luftangriffen schwer zerstört.

SAKRALBAUTEN

Friedenskirche (Goetheallee): Die dreischiffige barocke Kirche wurde 1686–93 errichtet. Der Turm befindet sich über dem Chor. Das Langhaus hat umlaufende Emporen und Spiegelgewölbe, der Chor ein Tonnengewölbe mit Stichkappen. Auf dem *Friedhof* finden sich das Grab v. Carl Zeiss (1816–88) sowie die Gräber des Barockdichters Johann Christian Günter (1695 bis 1723, gußeiserne Tafel mit Porträtbüste an der Friedhofsmauer w der Kirche), des Goethe-Freundes Karl Ludwig v. Knebel, der Schwägerin Schillers, Karoline v. Wolzogen, und der Schriftstellerin Johanna Schopenhauer (1766 bis 1838).

Pfarrkirche St. Johannis (Johannisplatz): Von der roman. Kirche mit spätgot. Chor ist seit einem radikalen Umbau 1903 nicht mehr viel zu sehen.

Das *Johannistor* ist ein Teil der ma Stadtbefestigung; es wird 1304 erstmals urkundlich erwähnt.

Stadtkirche St. Michael (Kirchplatz): Die Kirche gehörte urspr. einem Zisterzienser-Nonnenkloster, das Mitte des 13. Jh. gegr. worden war. Mit dem Bau der dreischiffigen spätgot. Hallenkirche wurde um 1390 begonnen, 1506 war er fertiggestellt (der Turm 1556). Am Turm befindet sich ein spätgot. Kreuzigungsrelief, an der S-Seite ein reiches Doppelportal. Der Innenraum (Achteckpfeiler und Sterngewölbe) wurde in den Jahren bis 1956 nach der Kriegszerstörung rekonstruiert. Von der *Ausstattung* bemerkenswert: die Kanzel v. 1507, das hölzerne Standbild des hl. Michael, »Angelus Jenensis«, das aus der roman. Vorgängerkirche stammt (1. Drittel des 13. Jh. aus einer Bamberger Werkstatt), ein hl. Wolfgang aus dem frühen 16. Jh. und eine Bronzeplatte (1551) des Erfurter Glockengießers H. Ziegler, die urspr. für das Grab v. Martin Luther in Wittenberg bestimmt war und sich seit 1571 in der Michaelskirche befindet. Luther kam 1524 nach J., um Streitigkeiten in der reformatorischen Bewegung zu schlichten.

Jena, St. Michael, Doppelportal, Baldachin

Jena, Universitätshochhaus

Hier predigte er »wider die Schwarmgeister«. Gewohnt hat er damals im heutigen Hotel »Schwarzer Bär«, Lutherplatz 2.

Schillerkirche (Schlippenstr. in Wenigenjena auf der rechten Seite der Saale): In dieser kleinen Kirche, deren Langhaus auf ein got. Bauwerk zurückgeht und deren Chor, ebenfalls got., aus dem 14. Jh. datiert, wurde Schiller am 22.2. 1790 mit Charlotte v. Lengefeld getraut. An dieses Ereignis erinnert eine Gedenktafel mit einem Reliefbild des Ehepaars hinter dem Altar.

PROFANBAUTEN

Hauptgebäude der Universität (Goetheallee 1): Das Gebäude wurde 1905–08 nach einem Entwurf des Münchner Architekten Theodor Fischer errichtet. In der Aula hängt seit 1954 ein Gemälde des Schweizer Malers Ferdinand Hodler (1908–09), »Auszug der Jenenser Studenten in den Freiheitskrieg 1813«. Das Gemälde war zum 350. Jubiläum der Universität bestellt worden, zu dem auch das neue Hauptgebäude errichtet worden war. Im Vorgarten steht das *Burschenschaftsdenkmal* von Adolf v. Donndorf (1883). – Die *Monumentalbüste Schillers* (seit 1934 trägt die Universität den Namen des Dichters) wurde 1973 aufgestellt (J. H. Dannecker). – Bis 1908 war der Barockbau Goetheallee 21 Hauptgebäude.

Rathaus (Markt): Der im Kern spätgot. Bau wurde zwischen 1377 und 1380 errichtet. Er bestand urspr. aus 2 nebeneinanderliegenden zweischiffigen Hallen und hat daher auch 2 parallele Walmdächer. Um 1755 wurde das Gebäude barock umgebaut; aus dieser Zeit stammt der Turm an der Vorderfront. Er ist mit einer Kunstuhr und einem Figurenspiel aus dem späten 15. Jh. ausgestattet. Der Eingang zum ehem. Studentenlokal *Die Zeise* in den Kellergewölben hat ein reiches Oberlichtgitter. – Auf dem Marktplatz steht das Denkmal des Kurfürsten Johann Friedrich des Großmütigen (1503–55, Gründer der Universität), der sog. *Hanfried,* das Friedrich Drake 1857 geschaffen hat. – Am Markt liegt außerdem der Gebäudekomplex eines im späten 13. Jh. gegr. Dominikanerklosters, der als »Collegium Jenense« das 1. Universitätshauptgebäude war und der älteste erhaltene Universitätsbau auf dem Gebiet der ehem. DDR ist.

Volkshaus (Carl-Zeiss-Platz 15): Das Gebäude wurde 1901–03 auf Anregung des Physikers Ernst Abbe nach einem Entwurf v. A. Roßbach errichtet. Es erinnert mit seinen Erkern und Giebeln an eines der Renaissanceschlösser im Thüringer Raum. Im großen Saal haben 1500 Menschen Platz.

Universitätshochhaus (Kollegienstr.): Das 120 m hohe zylinderförmige Gebäude wurde 1970–73 nach einem Entwurf eines Kollektivs unter Leitung v. Hermann Henselmann errichtet. In der 26. Etage befindet sich ein Café, v. dem aus man einen schönen Rundblick über die Stadt hat. Bestimmte früher die Michaelskirche die Silhouette der Stadt, so sind es jetzt das Hochhaus der

Jena, Zeiss-Grab >

Dr. CARL ZEISS
Hof. u. Universitätsmechanicus
geb: 11. Sept. 1816.
gest: 3. Decbr 1888.
OTTILIE ZEISS
geb. Trinkler
Nachkommin Martin Luthers
* 28.12.1819 ⚭ 17.3.1833 † 22.8.1897.
Und zum Gedächtnis
der ersten Frau von Carl Zeiss
Berta geb. Schatter † 1830

Jena, Ältestes Goethedenkmal der Welt

Carl-Zeiss-Werke (1962–63) und das Universitätshochhaus.

MUSEEN UND DENKMÄLER

Archäologisches Institut (Kahlaische Str. 1): Die nur nach Voranmeldung zu besichtigende Sammlung umfaßt griech. und röm. Keramik, Gläser, Terrakotten, Kleinbronzen und Münzen.

Ernst-Abbe-Denkmal (Carl-Zeiss-Platz): Das Denkmal für den 1905 verstorbenen Wissenschaftler (*1840 in Eisenach) wurde 1909–11 errichtet. Henry van de Velde entwarf den achteckigen Tempelbau. Die 4 Arbeiterreliefs im Innenraum stammen v. Constantin Meunier, die Büste Abbes schuf Max Klinger.

Ernst-Haeckel-Haus (Berggasse 7): Das Verdienst des Professors der Zoologie (1862–1909) ist es, daß er die biologische Entwicklungslehre popularisierte. In diesem Haus wohnte Haeckel bis zu seinem Tod 1919. Hier ist eine Sammlung zu seinem Leben und Werk untergebracht, die u. a. seine Bibliothek, etwa 30000 Briefe bedeutender Gelehrter, Aquarelle, Gemälde und Zeichnungen umfaßt.

Gedenkstätte der dt. Frühromantik (Unterm Markt 12a): Das Museum befindet sich im ehem. Wohnhaus des Philosophen Johann Gottlieb Fichte. Es wurde 1981 eingerichtet. Hier kann man sich über den Romantikerkreis um die Brüder Schlegel informieren, zu dem u. a. Novalis, Ludwig Tieck und Clemens Brentano gehörten. – In unmittelbarer Nähe steht der *Rote Turm*, ein Teil der ma Stadtbefestigung mit einem Untergeschoß v. 1430 und einem Obergeschoß aus dem 19. Jh.

Karl-Liebknecht-Haus (Zwätzengasse 16): Hier, im ehem. Vegetarischen Speisehaus, trafen sich Ostern 1916 etwa 50 Jugendliche mit Karl Liebknecht, um darüber zu bera-

Dornburg (Jena), Drei Schlösser über der Saale

ten, wie der 1. Weltkrieg beendet werden könnte.

Goethe-Gedenkstätte (Botanischer Garten, Goetheallee 26): Das Museum ist im ehem. Inspektorhaus des früheren fürstlichen Lustgartens eingerichtet. Goethe hielt sich zwischen 1775 und 1830 ungezählte Male in J. auf, 1817 bis 1830 wohnte er vorzugsweise hier. Das Museum dokumentiert Goethes naturwissenschaftliche Arbeiten, sein dichterisches Schaffen während seiner Aufenthalte in J. (hier entstanden u. a. das Epos »Hermann und Dorothea«, 1798, und Teile des »Westöstlichen Diwans«), sein Wirken als Oberaufsicht über die Wissenschaftlichen Institute der Universität sowie seinen Freundeskreis.

Optisches Museum (Carl-Zeiss-Platz 12): Die Sammlungen sind Teil der Carl-Zeiss-Stiftung. Zu sehen sind u. a. eine der bedeutendsten Brillensammlungen der Welt, Fernrohre aus den bekanntesten Werkstätten Europas aus dem 17. bis 20. Jahrhundert und eine beachtenswerte Mikroskopsammlung.

Phyletisches Museum (Vor dem Neutor 1): Die 1907 v. Ernst Haeckel eingerichtete Sammlung ist das einzige Museum für Abstammungslehre der Welt.

Stadtmuseum (Am Markt 7): Die Sammlungen sind in einem im Kern spätgot. Gebäude aus dem frühen 16. Jh. untergebracht, das nach dem Weinhändler Hans Göhre benannt ist. Hier kann man sich über die Entwicklung der Stadt informieren.

Schiller-Gedenkstätte (Schillergäßchen 2): Schiller (1759–1805) lebte von 1789 bis 1799 in Jena. Das Museum ist in einem ehem. Gartenhaus »vor der Stadt an der Leutra« untergebracht, wo Schiller in den Jahren 1797 bis 1802 den Sommer verbrachte und wo er die Mehrzahl seiner Balladen, große Teile des »Wallenstein« und die »Jungfrau v. Orleans« schrieb. – Der Garten ist nach alten Plänen rekonstruiert.

250
188
197
250
197

Vorhergehende Doppelseite:

Links: Dornburg (Jena), Renaissanceschloß

Rechts: Dorndorf (Jena), Barocker Kanzelaltar in der Dorfkirche

Hier stehen das kleine Küchengebäude sowie die sog. »Gartenzinne« (1979 rekonstruiert), in der Ernst Abbe 1878–86 lebte. Abbe ließ auch 1859 den Schiller-Gedenkstein mit Bronzebüste, geschaffen v. J.H.Dannecker, aufstellen.
Eine weitere Stätte neben der Schillerkirche, die mit dem Leben des Dichters in Verbindung steht, ist das *Griesbachsche Haus* in der Schloßstr. 17, in dem er am 26.5. 1789 seine Antrittsvorlesung hielt (»Was heißt und zu welchem Ende studiert man Universalgeschichte«). Das Haus Unterm Markt 1, in dem er 1794–95 wohnte und in dem am 20.7. 1794 das berühmte 1.Treffen mit Goethe stattfand, wurde 1945 zerstört.

Zeiss-Planetarium (auf dem Gelände des Botanischen Gartens): Das 1925–26 v. H.Schlag errichtete Planetarium mit Platz für 500 Besucher ist Vorbild für zahlreiche ähnliche Einrichtungen in aller Welt.

Außerdem sehenswert: Das *Frommannsche Haus,* ein Gebäude aus dem späten 18.Jh. in der Goetheallee 18, war ein geistiges Zentrum zur Goethezeit. In dem Haus des Buchhändlers Frommann begegnete Goethe 1803 Minchen Herzlieb, die ihm als Vorbild der Ottilie in den »Wahlverwandtschaften« diente. – Im *Anatomieturm* aus dem 13.Jh., einem der 3 ma Befestigungstürme v. J., entdeckte Goethe bei anatomischen Studien zusammen mit Professor Loder am 27.3. 1784 den Zwischenkieferknochen des Menschen. – Der 4.ma Turm ist der *Pulverturm* an der Ecke Schillerstr. und Goetheallee (*Johannistor* →Pfarrkirche St.Johannis, *Roter Turm* →Gedenkstätte der dt. Frühromantik). – Zu den wenigen erhaltenen *Bürgerhäusern* der Stadt gehören der *Gasthof zur Rosen,* Johannisstr. 12, ein Renaissancebau aus der 2.Hälfte des 16.Jh., das *Haus Oberlauengasse 16,* ein Renaissancebau v. 1596 und das *Haus Saalstr. 5* (ca. 1730) mit einer Barockfassade. Das *Griesbachsche Haus* mit dem ältesten Goethedenkmal der Welt beim Zeiss-Planetarium entstand 1784.
Die *Kunstsammlung* der städtischen Museen befindet sich im Jenaer Romantikerhaus (Unterm Markt 12a). Zu sehen sind u.a. Werke v. Ferdinand Hodler und Erich Heckel.

Kahla (Jena), Leuchtenburg (unten); Hummelshain (Jena), Jagdanlage Rieseneck (rechts)

Umgebung

Cospeda (4 km nw): Die Doppelschlacht v. J. und Auerstedt 1806 begann in diesem Ort. Im Saal der historischen *Gaststätte Grüner Baum zur Nachtigall* ist eine *Gedenkstätte* eingerichtet. Zu sehen sind u. a. ein Zinnfigurendiorama der Schlacht, Waffen, Uniformen und die preußische Kriegskasse.

Dornburg/Saale (15 km nö): Auf einem Felsen, 90 m über der Saale, liegen 3 Schlösser, die u. a. dadurch bekannt wurden, daß sich Goethe zwischen 1776 und 1828 über zwanzigmal dort aufhielt. Die Anlage geht auf eine 937 erstmals urkundlich erwähnte Reichsburg und Königspfalz zurück. Das n der 3 Schlösser, das *Alte Schloß,* ist eine unregelmäßige Dreiflügelanlage mit roman. und got. Bauteilen. Es dient heute als Altersheim. Das mittlere, das *Rokokoschloß,* wurde 1736–47 v. dem Weimarer Baumeister Gottfried Heinrich Krohne für Herzog Ernst August errichtet. Die Speise-, Fest- und Wohnräume haben Rokoko-Stuckdekorationen. Hier ist Porzellan aus China, Holland, Frankreich und Deutschland ausgestellt. Beim *s Schloß* handelt es sich um einen zweistöckigen Renaissancebau v. 1539 mit einem Treppenturm mit Portal v. 1608. Hier hielt sich Goethe nach dem Tod v. Herzog Carl August vom 7.7. bis 11.9. 1828 auf (»Dornburger Gedichte«). Das Goethe-Gedenkzimmer erinnert an den Dichter. Die 3 Schlösser sind v. einer alten Parkanlage umgeben. – Bei der *Pfarrkirche* v. Dornburg handelt es sich um einen einschiffigen Barockbau, der 1717 unter Einbeziehung eines spätgot. Vorgängerbaus errichtet wurde. Der Innenraum hat dreigeschossige Emporen und ein hölzernes Spiegelgewölbe.

Dorndorf (15 km nö): Die barocke *Dorfkirche* wurde 1724–27 errichtet. Von dem ma Vorgängerbau ist nur der Chorturm erhalten. Der reich ausgemalte Innenraum mit großem Kanzelaltar (barock) ist sehenswert.

Frauenprießnitz (18 km nö): *Amtshaus.* Anstelle eines 1525 zerstörten Zisterzienser-Nonnenklosters wurde 1605 ein Schloß errichtet, von dem sich das sog. Amtshaus erhalten hat. Schmuckloser hoher Baukörper mit Rustikaquaderung und dominierendem schlankem Treppenturm. – *Dorfkirche.* Die ursprüngl. dreischiffige Kirche wurde im 16. Jh. verändert, das n Seitenschiff und der eingezogene Chor sind vorhanden, im 17. Jh. Einbau einer Grabkapelle für die Schenken von Tautenburg. Nach Befund rekonstruierte sehr eigenwillige Ausmalung des Innenraumes zum Teil in Ziegelimitation.

Gumperda (19 km sw): *Dorfkirche,* eine Gründung des 12. Jh., 1500 und 1709 verändert, Chorturmkirche mit Renaissancekanzel und Altartriptychon aus der zweiten Hälfte des 15. Jh. Das Tympanon des Südportals vom roman. Bau. Dargestellt sind Adam und Eva, dazwischen die Schlange am Baum, der über einen Hasen herauswächst. Die Archivolte mit Weinranken. Das nördl. Portal aus gleicher Zeit mit gedrehten, strickartigen Wülsten.

Hummelshain (über Kahla, 23 km sö): *Jagdanlage Rieseneck.* Unweit des Ortes in den ausgedehnten Wäldern liegt dieses einstmals bevorzugte Jagdgebiet der Herzöge von Sachsen-Altenburg. Anfang des 17. Jh. wurde mit dem Bau der Anlage begonnen, 1660 erweitert und 1715–27 für die Jagd von Großwild eingerichtet, erhalten sind Teile der unterirdischen Pirschgänge, das Blasehaus, das Grüne Haus und der sog. Herzogsstuhl s des Riesenecks von 1914–17. – *Jagdschloß.* 1880–85 Neubau eines repräsentativen Gebäudes am Rande des Dorfes. Die Architekten E. v. Ihne und P. Stegmüller errichteten im Stile der Renaissance, vermischt mit barocken Details, einen aufwendigen Bau von hohem Anspruch, jedoch trotz der Anlage eines Parkes landschaftsfremd. Heute Jugendwerkhof.

Kahla (16 km s): Der Ort wurde bekannt durch seine in den 40er Jahren des vorigen Jh. gegr. Porzellanfabrik. – Von der *Stadtbefestigung* sind große Teile der Ringmauer aus dem 14. und 15. Jh. sowie im SW ein doppelter Mauerzug mit 2 Wehrtürmen erhalten. – Die *Pfarrkirche St. Margareten* hat einen spätgot. Chor mit dreiseitigem Schluß aus der Zeit nach 1413, unter dem eine dreischiffige Krypta liegt. Das got. Langhaus wurde im 17. und 18. Jh. umgebaut. Im Innenraum finden sich ein Taufstein aus dem 12. Jh. sowie eine steinerne (1554) und eine

Lobeda (Jena), Lobdeburg >

hölzerne (1615) Kanzel. – Die *Gottesackerkirche* ist ein einschiffiger spätgot. Bau v. 1486. – Oberhalb v. Kahla liegt die *Leuchtenburg,* die in ihrem Kern aus dem 13. Jh. stammt, im 19. Jh. jedoch stark verändert wurde. Hier befinden sich heute eine Gaststätte, eine Jugendherberge und in dem Herrenhaus, einem Fachwerkbau v. 1744 am Fuße des spätroman. Bergfrieds, ein *Heimatmuseum.* Zu sehen sind u. a. eine Ausstellung zur Geschichte der Jagd um Kahla und zur Geschichte der Porzellanindustrie. – Auf dem Friedhof v. Kahla befindet sich eine *Gedenkstätte* für die etwa 650 während des 2. Weltkriegs in Kahla ermordeten Zwangsarbeiter.

Lobeda (7 km sö): Neu-Lobeda ist eine der in industrieller Bauweise entstandenen modernen Städte in der ehem. DDR. Zwischen 1968 und 1975 wurden hier ca. 5600 Wohnungen für 22 000 Einw. errichtet. – Die *Pfarrkirche* v. Lobeda besteht aus einem einschiffigen Renaissance-Langhaus mit einem hölzernen Tonnengewölbe und Emporen aus der Zeit um 1622 sowie einem got. Turm und got. Chor. Hier und im Erdgeschoß des Turms hat man spätgot. Wandmalereien freigelegt. Die Ausstattung besteht aus einer Kanzel v. 1556, einem Lesepult v. 1622 und einer spätgot. Maria mit Kind. – Das *Schloß,* die sog. *Untere Lobdeburg,* ist ein schlichter dreigeschossiger Bau mit Treppenturm aus dem frühen 16. Jh. – Die *Lobdeburg* oberhalb v. Lobeda wurde Ende des 12. Jh. v. den Herren v. Lobdeburg errichtet, die auch die Leuchtenburg anlegen ließen. Erhalten sind nur noch Ruinen u. a. des Wohnturms mit Palas und der Kapelle. Hervorragende Aussicht in das Saaletal.

Nerkewitz (10 km n): *Dorfkirche.* Saalbau mit mächtigem O-Turm, 1044 erwähnt, Hauptbauzeit um 1400, Umbau 18. Jh. Im Chor hinter dem Kanzelaltar von 1721 in jüngster Zeit freigelegte Wandmalereien um 1400, im Mittelpunkt der hl. Georg.

Reinstädt (22 km sw): *Dorfkirche,* spätgot. Bau zwischen 1445 und 1473 entstanden, im S quadratischer Turm mit spitzer Haube und vier Ecktürmchen, Reste eines Wehrganges mit Gußerker. Der Chor eingewölbt, das Langhaus mit Flachdecke, die aus verleimten Holztafeln besteht und mit einer stark farbigen Schablonenmalerei versehen ist. In der Geschlossenheit und Originalität eines der wenigen Beispiele der in Deutschland seltenen Technik. Aller Wahrscheinlichkeit nach mit dem Kirchenbau entstanden und eingebaut, also Ende des 15. Jh. – *Kemenate.* Massiver Wohnturm des späten MA, mehrgeschossig mit Walmdach, Typus der in dieser Gegend verbreiteten Kemenaten (Orlamünde, Großkochberg, Ziegenrück).

Vierzehnheiligen (8 km nw): Die *Dorfkirche,* ein spätgot. Bauwerk, wurde 1464–67 errichtet, der Innenraum im 19. Jh. umgebaut. Ein Denkmal erinnert daran, daß Napoleon hier das preußische Heer 1806 vernichtend schlug.

Ziegenhain (2 km ö): Bei der *Dorfkirche* handelt es sich um eine ehem. Wallfahrtskirche. Mit dem Bau wurde um 1424 begonnen. Er wurde, noch bevor das Langhaus ganz fertiggestellt war, abgebrochen. Im Inneren finden sich Reste spätgot. Wandmalereien sowie ein Kanzelaltar v. 1694.

L

07356 Lobenstein

Lobenstein

Einw.: 6500 Höhe: 505 m S. 227 □ E 10

Die Kreisstadt liegt auf einem Bergrücken am Nordrand des Frankenwalds. Die Ansiedelung entstand bei einer Burg der Herren von Lobdeburg. 1278 kam sie an die Vögte von Gera, diese vererbten sie an die Fürsten

Friesau (Lobenstein), Dorfkirche, Altargemälde, Detail >

Lobenstein, Blick auf die Stadt mit Burg

von Reuß, in deren Besitz der Ort bis 1918 war. 1369 erhielt Lobenstein die Stadtrechte. 1861 wurde in dem von 7 Hügeln umgebenen Ort eine Eisenquelle entdeckt, 1864 das Eisenmoorbad gegründet.
Der Lyriker und Liederkomponist Heinrich Albert wurde am 8.7. 1604 in Lobenstein geboren. Er gehörte zum Königsberger Dichterkreis um Simon Dach.

Burg Lobenstein: Die Burg war bis zur Errichtung des »Neuen Schlosses« 1601 die Residenz der Herren von Reuß. Bereits Anfang des 17. Jh. begann der Verfall. Heute sind nur noch der 35 m hohe Bergfried, der als Aussichtsturm genutzt wird, und ein Wallturm erhalten. In diesem Gemäuer befindet sich ein kleines *Heimatmuseum*. Hier sind u.a. einige Gobelins aus der Zeit des Rokoko, Ofenplatten und eine Ausstellung über das Leben und Wirken des Kartographen Christian Gottlieb Reichardt, der Ende des 18. Jh. in Lobenstein tätig war, zu sehen.

< Friesau (Lobenstein), Dorfkirche, Kelch

Schloß: Das schlichte barocke Bauwerk wurde 1714–18 errichtet. Gegenüber liegt die klassizistische ehem. Wache, im Park mit altem Baumbestand ein barocker Pavillon aus den Jahren 1746–48.

Außerdem sehenswert: Im Ortsteil *Saaldorf* liegt das *Jagdschlößchen Weidmannsheil*, ein neugot. Bauwerk v. 1837.

Umgebung

Ebersdorf (4 km n): Das barocke *Schloß* wurde 1690–93 anstelle einer Wasserburg erbaut. Die klassizistische Gartenfassade datiert v. 1788. Das Schloß diente einer zweiten Linie der Reuß-Lobensteiner als Residenz. Heute wird es als Pflegeheim genutzt. Der Park wurde Anfang des 18. Jh. barock angelegt und Anfang des 19. Jh. zu

Gräfenwarth (Lobenstein), Dorfkirche

Kulm (Lobenstein), Dorfkirche, Kirchentür

einem Landschaftspark umgestaltet. In der Orangerie v. 1790 befindet sich ein Kulturzentrum. Die Grabanlage für die Familie v. Reuß wurde 1931 nach einem Entwurf v. Ernst Barlach errichtet.

Friesau (5 km n): *Dorfkirche.* Von der frühroman. Anlage sind Langhaus und Chorturm erhalten, dieser rückt infolge eines Erweiterungsbaues aus der ersten Hälfte des 15. Jh. in die Mitte der gedrungenen Kirche, die auch durch die hohe Umfassungsmauer einen wehrhaften Charakter zeigt. Bemerkenswert sind drei Altäre, der Hauptaltar von 1337 und zwei weitere Werke vom Ende des 15. Jh., vor allem aber ein Kelch, den 1509 der Schleizer Bürgermeister Johann Ferber stiftete.

Gräfenwarth (über Saalburg, 16 km nö): Die barocke *Dorfkirche* wurde 1702 unter Einbeziehung eines älteren Vorgängerbaus errichtet. 1968 hat man sie restauriert. Die Ausstattung besteht u. a. aus einer *Friderici-Orgel* aus Gera v. ca. 1776.

Kulm (bei Saalburg, 13 km nö): In der roman. *Dorfkirche* mit ma Holztür findet sich ein bemerkenswerter spätgot. Flügelaltar aus der Zeit um 1480.

Lehesten (10 km w): Der im Frankenwald liegende Ort entwickelte sich von einem an einer Paßstraße gelegenen Straßendorf erst im 17. Jh. zu einem bescheidenen Städtchen, dessen wirtschaftliche Grundlage die 1499 erstmals genannten Schieferbrüche waren, die zu den bedeutendsten Europas gehören. Einige Gebäude des Werkes, bes. die Schieferspalthütte, hat man zum technischen Denkmal erklärt. – *Stadtkirche* v. 1830.

Saalburg (12 km nö): Der Ort, der im frühen MA am Übergang der Nürnberg–Leipziger Handelsstraße über die Saale entstand, liegt heute am Ostufer der *Bleilochtalsperre,* mit 28 km Länge und bis zu 2 km Breite der größten Talsperre der ehem. DDR. Er wurde v. der Talsperre teilweise überflutet. Sehenswert sind die Reste der *Stadtmauer* mit mehreren *Wehrtürmen* und dem *Steintor* aus dem 16. Jh., Reste des *Bergfrieds* der ehem. Burg sowie die *Stadtkirche*, ein einschiffiges spätgot. Bauwerk mit einem Altar v. 1665 und einer Kanzel und einem Taufstein, die ebenfalls im 17. Jh. geschaffen wurden. – Vom Zisterzienser Nonnenkloster *Heiligkreuz* sind nur noch Ruinen erhalten. Hier befand sich einmal die Grablege der Vögte v. Gera.

Von Saalburg aus kann man mit dem Motorboot zum 15 km entfernten *Saaldorf* (Jagdschlößchen) und zur Staumauer fahren (Ausflugsgaststätte). Die Staumauer ist 205 m lang und 65 m hoch.

Wurzbach (9 km w): *Eisengießerei Heinrichshütte.* Die technische Ausstattung der 1729 gegründeten Hütte stammt aus der zweiten Hälfte des 19. Jh., besonders eindrucksvoll der große hölzerne Gießkran. Nach der Stillegung 1981 als technisches Denkmal Schauanlage mit Schaugießen.

98617 Meiningen

Meiningen

Einw.: 25000 Höhe: 286 m S. 226 □ B 9

Die aus einem Königsgut (982 genannt) hervorgegangene Siedlung entwickelte sich im 12. Jh. im Schutz einer *Werra-Wasserburg* der Würzburger Bischöfe zur Stadt (seit 1152) mit schachbrettartig angelegten Straßenzügen. Ab 1680 war sie die *Residenzstadt* der Herzöge von Sachsen-Meiningen, die sich durch Kunstsinn und eine fortschrittlich-liberale Einstellung einen Namen machten. Unter ihrem Regime konnte sich sogar eine »Bruderschaft zwischen Thron und Hütte« etablieren. Die Hoftheatergruppe Herzogs Georg II. (»Die Meininger«) entwickelte sich zwischen 1875–90 zu einem bedeutenden Ensemble, das durch sein Bemühen um historische Genauigkeit von Kostüm, Bühnenbild und Text Wegbereiter für das Theater des europäischen Realismus wurde und auf zahlreichen Gastspielen mithalf, die Bühnen der Zeit von erstarrten Formen zu befreien. Dokumente zur »Meininger Theaterreform«, die auch Stanislawski beeinflußte, befinden sich im *Theatermuseum* der Stadt (siehe unten). Auch das Meininger-Hoforchester erreichte unter Georg II. mit Dirigenten wie H. von Bülow, R. Strauss, F. Steinbach und Max Reger einen bedeutenden Rang, der internationalem Vergleich standhielt. Diese Periode ist in der *musikgeschichtlichen Abteilung* der *staatlichen Museen* (siehe unten) gut dokumentiert.

Schloß Elisabethenburg: Unter Einbeziehung einer bischöflichen Vorgängerburg (1511; heute N-Flügel) erbaute S. Rust 1682–92 für die Herzöge v. Sachsen-M. eine dreistöckige *Dreiflügelanlage* mit großzügigem *Treppenhaus* vor dem Mittelbau. Die *Schloßkirche* im S-Flügel ist mit kunstvollen Stuckfeldern der Brüder S. und P. Rust geschmückt. Sehenswerte Stuckdekorationen, u. a. v. den Brüdern Lucchese, besitzen auch mehrere *Repräsentationssäle* v. den 48 Räumen, in denen heute 3 staatliche Museen untergebracht sind. Die *Kunstsammlung* enthält bemerkenswerte Werke u. a. vor allem der niederländischen und italienischen Malerei (15.–19. Jahrhundert). Die *musikgeschichtliche Abteilung* umfaßt u. a. eine feste Ausstellung zur Geschichte der Meininger Hofkapelle, mit Briefen von J. Brahms, H. v. Bülow und R. Wagner, zusätzlich eines Max-Reger-Archivs. Außer dem schon erwähnten *Theatermuseum,* das interessante Exponate zur »Meininger Theaterreform« ausstellt, wurden auch noch eine *kulturgeschichtliche* und *naturwissenschaftliche* Sektion aufgenommen. Der Schloßpark am Ufer der Werra 1782 nach Entwürfen von C. L. Buttmann wurde Mitte des 19. Jh. nach Plänen von P. J. Lenné umgestaltet. Bogenbrücke und Werraregulierung stammen von 1880.

Goethe-Park: Der heute etwas beziehungs-

Meiningen, Stadtkirche (l), Bibra (Meiningen), Wasserburg der Herren von Bibra (r)

los den Namen Goethes tragende *Landschaftspark* wurde ab 1782 von Herzog Georg I. durch seinen Hofgärtner Ch. Zocher als englischer Garten angelegt. Mit seinen verschlungenen Wegen, künstlichen Seen und Inseln trägt er alle Merkmale empfindsamer Architektur. Von den vielen Kleinbauten erhalten sind heute nur noch das neugotische Ruinentor am Parkeingang, die herzogliche Grabkapelle, einige künstliche Ruinen mit Inschriften von J. Paul und Klopstock am Ufer des Sees, und auf einer der Inseln ein *klassizistisches Grabmal* für Herzog Karl, das nach dem Vorbild der Gedenkstätte für J. J. Rousseau auf der Petersinsel im Neuenburger See ausgestaltet wurde.
Weiterhin erinnern im Park zahlreiche Denkmale an berühmte Dichter und Künstler, z. B. an J. Paul, J. Brahms, M. Reger, und der *Bechstein-Brunnen* an den Märchensammler.

Baumbachhaus (Burggasse 22): Das Wohnhaus des durch seine Volks- und Studentenlieder (z. B. »Hoch auf dem gelben Wagen«, »Die Lindenwirtin«) bekannten Dichters Rudolf Baumbach (1840–1905) ist heute *Literaturmuseum*. Außer umfangreichen Dokumenten zu Baumbach und seinem Werk (u. a. Texte für über 500 Lieder) sind auch Exponate zum Leben und Wirken v. L. Bechstein, C. G. Cramer, Jean Paul und F. Schiller sowie südthüringische Trachten zu sehen.

Außerdem sehenswert: Von der mittelalterlichen Befestigung sind nur noch Reste der Stadtmauer erhalten. Der Markt, nach dem Stadtbrand 1874 erbaut, erhält seine dekorative Kulisse durch eine geschlossene historische Quartierbebauung. Die dort gelegene *Stadtkirche* wurde 1884–89 von O. Hoppe unter Einbeziehung des roman. Nordturms und des got. Chors mit Sterngewölbe im neugot. Stil umgebaut. Im Inneren befindet sich die sogenannte Steinerne Madonna um 1430. Das Dach der Kirche mit buntfarbig glasierter Deckung und die beiden Türme prägen das Bild der Altstadt.

Alte *Fachwerk-* und *Werksteinhäuser* im hennebergisch-fränkischen Stil geben dem Stadtkern sein historisches Gepräge. Interessante Beispiele sind das *Büchnersche Haus* im Hof Georgstr. 20, das *Hennerbergerhaus* Georgenstr. 2 mit Turmerker und reichem Holzschmuck. Das *Pfaffenrathsche Haus* im 19. Jh., die *Posthalterei* Ernestinerstr. 14 und das *Schlundhaus* mit reichem Holzdekor, die Brüstungspfosten mit Gesichtsmasken, in der Schlundgasse. Außerhalb der ma Befestigung in der Nähe des Goethe-Parkes das *Große* und *Kleine Palais*, beide klassizistische Bauten, und das teilrekonstruierte Meininger Theater, die Straßenfront mit offener korinthischer Säulenhalle.

Umgebung

Bauerbach (8 km s): Schiller fand 1782–83 im ehem. *Wolzogenschen Haus* Unterschlupf, nachdem er sich aus der Württemberger Karlsschule abgesetzt hatte. In den heute mit historischem Mobiliar eingerichteten Räumen vollendete er sein Werk »Kabale und Liebe«, das auch vom hiesigen Laien-Dorftheater aufgeführt wird.

Bibra (13 km s): Ein spätgot. Juwel ist die ab 1492 erbaute *Dorfkirche,* deren außergewöhnlich vollkommene Ausstattung neben der Taufe, Kanzel und Sakramentshaus (die letzteren auf gedrehten Säulchen fußend) kostbare Schnitzwerke (alle um 1500) aus der Würzburger Werkstatt v. Tilman Riemenschneider umfaßt, so eine Kiliansstatue, den oben gerade geschlossenen Kirchenväteraltar im Chor, den Verkündigungsaltar mit kurvigem Gesprenge s des Chorbogens, den Apostelaltar und ein Epitaph für Hans v. Bibra. Teilweise erhalten ist auch noch die spätgotische Wasserburg der Herren von Bibra (Fürstbischöfe von Würzburg zur Riemenschneiderzeit).

Einhausen (8 km sö): Der an der Haselmündung in die Werra gelegene Ort (mit einer steinernen Brücke über die Hasel) hat eine bemerkenswerte Kirchenburg. Die mit Ringmauern und hohem Torturm befestigte Anlage (12./14. Jh.) war urspr. eine Burg, die zur Kirche umgebaut wurde (Gaden und 3 Befestigungsmauern des Kirchhofs).

Henneberg (12 km sw): Stammsitz des ein-

Einhausen (Meiningen), Kirchenburg

flußreichen Grafengeschlechts der Henneberger, die Jahrhunderte das Gebiet Südthüringens, besonders den Grabfeldgau, beherrschten. Die strategische Stelle an der Straße Meiningen–Würzburg war schon früh besiedelt, doch erst im 11. Jh. nennt sich das Grafengeschlecht nach der Burg. Im Bauernkrieg wurde die große Anlage zerstört, erhalten haben sich Teile der Befestigung und der Gebäude. Die urspr. Funktion der Reste ist nicht eindeutig festzulegen, am besten erhalten sind der Bergfried, ein zweiter Rundturm und die Apsis der Kapelle. Neben der Brandenburg bei Lauchröden und der Burg Greifenstein bei Bad Blankenburg eine der größten Anlagen Thüringens (ca. 120 × 60 m).

Dorfkirche. Das Obergeschoß des Turmes ist wie so oft in Südthüringen eine Fachwerkkonstruktion.

Herpf (6 km w): Das befestigte Dorf veranschaulicht beispielhaft den Aufbau einer ma *Wehrsiedlung* mit roman. Fluchtturm, der 1497 in eine Wehrkirche (15.–17. Jh.) umgewandelt wurde.

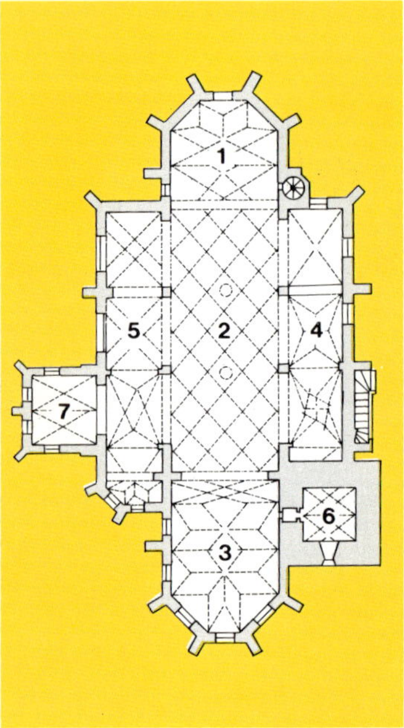

Römhild, Stadtkirche 1 Spätgot. W-Chor (um 1460/70) **2** Mittelschiff mit spätgot. Netzrippengewölbe **3** Spätgot. O-Chor (um 1450/60) **4** n Seitenschiff mit spätgot. Rippengewölben **6** NO-Turm **7** Hennebergische Gruftkapelle (1588) mit dem Grabmal Ottos v. Henneberg (1488), wohl von Peter Vischer d. Ä.

Kaltensundheim (23 km w): Kirchenburg auf einer Anhöhe des schon 785 genannten und ehemals vollständig umwehrten Ortes. Saalkirche mit eingezogenem Chorturm, Flachdecke und umlaufende Emporen um 1600, Altar von 1478, Taufstein 1490/1605.

Milz (28 km sö): Die *Dorfkirche* (15./19. Jh.) des für seine vielen Fachwerkbauten bekannten Ortes ist noch von einer Wehrmauer und einem Wassergraben umgeben.

Nordheim (17 km s): Von den sehenswerten Fachwerkbauten des Dorfes ist das *Rat- und Backhaus* hervorzuheben, nach dem Anger ein zweigeschossiger Vorbau mit Giebel, der eine doppelläufige Treppe trägt. Gegenüber die Dorfkirche von 1710/11, die tonnengewölbte Sakristei 1679 vom Vorgängerbau, hervorragende Grabsteine des 16. Jh.

Römhild (25 km sö): In der doppelchörigen spätgot. *Stadtkirche* befinden sich außer einer beachtlichen Barockausstattung 2 figürlich gestaltete Bronzeepitaphe (um 1490 bis 1510) aus der Nürnberger Werkstatt v. Peter Vischer d. Ä.

Jungsteinzeitliche und bronzezeitliche Grabungsfunde (Glockenbecher, Beigaben aus Hügelgräbern u. a.) vom Kleinen Gleichberg sowie frühgeschichtliche Exponate aus der Steinsburg, einer 70 ha großen Keltenfestung, werden im *Steinsburgmuseum* gezeigt.

Vachdorf (14 km sö): *Dorfkirche*, 1631/38 als Mittelpunkt der Wehranlage, die in ähnlicher Weise einer Kette von Dörfern mit Kirchenburgen im Werratal entspricht. Die Befestigungen sind einschließlich der sog. Gaden z. T. erhalten, der Zwinger mit Hutturm (ein Eckturm der Anlage erhielt 1830 ein »hutartiges« Fachwerkobergeschoß).

Walldorf (6 km n): Die einschiffige *Renaissance-Dorfkirche* bewahrt v. ihrer spätgot. Vorgängerin (Kirchenburg) den W-Turm und die eckturmbewehrte Friedhofsmauer sowie im flachgedeckten Inneren eine »Dornenkrönung« und einen »Judaskuß«, beides Gemälde aus der Zeit um 1500. – Neben dem *jüdischen Friedhof* (17. Jh.) und alten *Fachwerkhäusern* (16.–18. Jh.) verdient auch das s des Ortes gelegene romantisch-neugot. *Schloß Landsberg* (1836–40) Beachtung.

Wasungen (12 km n): Reste der mittelalterlichen *Stadtmauer*, der *Pfaffenturm* (1387), das *Fachwerkrathaus* (1533) und das barock ausgestattete Amtshaus (1607), die im Kern frühmittelalterliche *Friedhofskirche* (15./16. Jh.) und die *Renaissance-Dorfkirche* (15./16. Jh.) sowie *Adelshöfe* und *Bürgerhäuser* aus dem 16. und 17. Jh. vereinen sich zum malerischen Ortsbild.

Wolfmannshausen (18 km s): Die kath. *Dorfkirche* wurde 1615–18 als rechteckiger Saal erbaut und ein ma Chorturm einbezogen, der Außenbau wirkt noch spätgot., das

Walldorf (Meiningen), Renaissance-Dorfkirche mit Westturm der Kirchenburg >

Römhild (Meiningen), Stadtkirche, Detail einer Grabtumba von Peter Vischer d.Ä.

Innere wird durch die barocke Flachdecke mit schweren Profilen und durch die Ausstattung geprägt. Reste von Bemalungen am Chorbogen und Fenstergewänden als illusionistische Architekturmalerei und Grotesken.
Auf dem Friedhof steinerner Kreuzweg um 1775.

99974 Mühlhausen, Thomas-Müntzer-Stadt Mühlhausen		
Einw.: 39700	Höhe: 230 m	S. 226 □ B 8

Das 755 urkundlich genannte Dorf *Molinhuso* an der oberen Unstrut gedieh im Schutz einer Frankenburg zum Kammergut (10. Jh.) der Sachsenkönige. Ab 1180 Reichsstadt mit gitterförmigem Straßenraster, erlebte Mühlhausen im 14./15. Jh. eine Blüte, die im Beitritt (1418) zur Hanse gipfelte. 1524 floh der Volksreformator und Führer im deutschen Bauernkrieg, Thomas Müntzer, in die Stadt. Dort initiierte der bedeutende Prediger einen Volksaufstand, der am 17. März 1525 den patrizialischen Stadtrat stürzte und kurz vor Ausbruch des Bauernkrieges einen sogenannten »Ewigen Rat« einsetzte. Die Bauernkriege endeten am 15. Mai 1525 in der Schlacht bei Frankenhausen mit der vernichtenden Niederlage der Bauern. Müntzer wurde gefangengenommen und hingerichtet. Mühlhausen blieb zunächst katholisch, und erst 1542 durch Justus Menius, Beauftragter des Schmalkaldischen Bundes, wurde sie fast gewaltsam der Reformation zugeführt. Seit 1975 trägt sie den Beinamen *Thomas-Müntzer-Stadt.*

Blasiuskirche: Die 1227 dem Deutschritterorden unterstellte Hauptpfarrkirche erhielt um 1235–60 den frühgot. *Westbau* mit 2 aufwendig dekorierten *Achtecktürmen* und wurde im 13./14. Jh. zur dreischiffigen got. Hallenkirche mit Kreuzrippengewölben über Bündelpfeilern umgestaltet. An den einschiffigen Chor, dessen 5/8-Schluß v.

Mühlhausen, Marienkirche, Portal

Mühlhausen, Marienkirche, Portal, Detail

Maßwerkfenstern mit Glasmalereien (um 1350/60) erhellt wird, grenzen s die *Sakristei* und n die *Taufkapelle* mit Taufe v. 1596. In der N-Mauer des Querhauses hochgot. *Fensterrose.* Der spätgot. *Marienaltar* und die *Kanzel* stammen aus dem späten 15. Jh.
Neben 2 hochgot. *Bischofsgrabmälern* verdient auch das frühbarocke schmiedeeiserne *Chorgitter* eine Erwähnung. Johann Sebastian Bach war 1707/08 als Organist der Blasiuskirche tätig.

Marienkirche: An der Stelle einer romanischen Basilika (um 1190), von der der N-Turm und das S-Turm-Untergeschoß erhalten sind, wurde nach ihrer Übertragung an die Deutschritter 1317–80 die zweitgrößte Thüringer Kirche mit reichem Maßwerk-, Fialen- und Figurenschmuck am *Außenbau* errichtet. Vom sogenannten Kaiseraltan über dem tief abgetreppten *Stufenportal* der s Querhausfassade »neigen« sich die Skulpturen (um 1370/80, restauriert) Kaiser Karls IV. und seines Gefolges zum Betrachter. Der hohe westliche *Mittelturm* (in den beiden Turmstuben Dokumentationen zur Bau- und Restaurierungsgeschichte) ist eine neugotische Zutat. Im geräumigen Inneren der fünfschiffigen Hallenkirche mit dreischiffigen Querhausarmen und 3 Chorhäuptern verdienen neben den spätgotischen *Flügelaltären* und *Skulpturen* (in den Jahren 1480–1520) auch das *Stifterbild* mit Mühlhausener Stadtansicht (1566) eines Cranach-Schülers und ein *Ratsstuhl* (1608) Beachtung. In der *Sakristei* wird eine Dokumentation zur Bauarchäologie gezeigt.

Weitere Sakralbauten: Am alten Kornmarkt steht die schlanktürmige Barfüßerklosterkirche, auch Kornmarktkirche genannt, der Bau von 1280, seitdem mehrfach verändert, 1722–29 erneuert, deren Turm eine barocke Haube trägt, hat die *Bauernkriegsgedenkstätte* aufgenommen. S unweit St. Blasius die *Annenkapelle,* ein einschiffiges hochgotisches Gebäude (2. H. 13. Jh.). Die sw Pfarrkirche *St. Jacobi* (14.–16. Jh.)

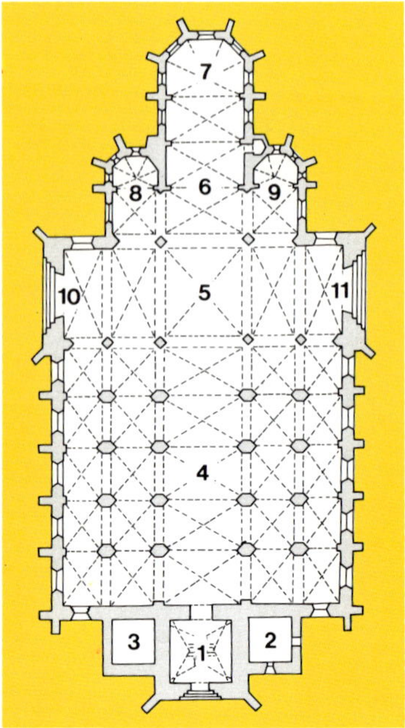

Mühlhausen, Marienkirche 1 Mittelturm (16./19. Jh.) **2** S-Turm mit roman. Untergeschoß **3** N-Turm (12. Jh.) **4** Von 4 Pfeilerreihen gegliederte Halle (um 1320) **5** Querhaus (um 1360/70) **6** O-Chor (1327) mit hochgot. Bauzier **7** 5/8-Schluß mit 3 Glasgemälden (14./15. Jh.) **8** n Nebenkapelle **9** s Nebenkapelle **10** N-Portal **11** S-Portal und S-Fassade mit hochgot. Plastiken (Kaiser Karl IV. mit Gefolge, um 1370)

hat einen querrechteckigen W-Bau mit zwei Türmen, über dem figurengeschmückten N-Portal Fenster mit reichem Maßwerk. Im NO dann die *Antoniuskapelle* vermutlich 14. Jh. mit barockem Dachreiter. Weiter nördlich die *Allerheiligenkirche* (14./15. Jh.) mit hohem W-Turm mit achteckigen Obergeschossen, bekrönt mit geschweifter Haube.

Die ö *Kilianikirche* (14. Jh.) besitzt eine harmonische Barockausstattung mit Wandfresken v. 1775. Ihr Turm an der NO-Seite wird durch eine barocke Haube abgeschlossen.

Rathaus: Im Gegensatz zu vielen anderen deutschen Städten liegt das Amtsgebäude nicht am Hauptplatz, sondern versteckt in den Gassen an der Grenze zwischen Alt- und Neustadt (Ratsstr.). Es ist ein Stein- und Fachwerkbau aus verschiedenen Bauperioden. Das spätgotische Hauptgebäude ist im T-förmigen Grundriß, im Erdgeschoß mit Straßendurchfahrt und offenen Kaufhallen gebaut, im Obergeschoß befinden sich der Ratssaal (Jagdfries um 1400) und in der Ratsstube ganzfigurige Darstellungen der Reichsstände um 1450. Das durch Anbauten im 16. Jh. mehrfach veränderte Hauptgebäude ist durch einen Schwibbogengang mit dem Nebengebäude (17./18. Jh.) verbunden. Im S-Trakt befindet sich das *Stadtarchiv* mit wertvollen Archivalien, u. a. das Mühlhäuser Rechtsbuch von ca. 1220.

Stadtbefestigung: Die alten Stadtmauern sind fast vollständig erhalten und vermitteln mit ihren Toren, Türmen und Wehrgängen eine Vorstellung von dem mittelalterlichen Stadtbild. Nördlich des 1654 umgebauten Inneren Frauentors der Raben-, Hospital- und Sackgassenturm sowie zu Gartenhäuschen umgebaute Wiekhäuser (hausartige Ausluge aus der Stadtmauer), im Abschnitt an der Straße hinter der Mauer Reste der Kaiserpfalz, drei Wehrtürme und ein fünfeckiger Turm an der Strecke längs der Lindenbühl. Ein Spaziergang außen längs der Befestigung führt an den vier äußeren got. Pfarrkirchen vorbei (alle 14.–18. Jh.), die einst zu den Vorstädten gehörten. Beginnend mit *St. Nicolai* im SW (Ecke Bastmarkt u. Wanfriederstr.), eine dreischiffige gotische Hallenkirche mit w Stufengiebel und einer Nischenfigur des Kirchenpatrons über dem S-Portal, folgt nw *St. Petri* (Petristeinweg), an ihrer S-Seite Turm mit Fachwerkaufsatz, innen spätgot. Taufstein.

Dann nördöstlich *St. Georg* (Nähe Görmator) gotischer Bau mit Tonnengewölbe, an der Südseite sechseckige spätgotische Friedhofskapelle (14. Jh.), und schließlich sö *St. Martini* (Ecke Langsalzaer und August-Bebel-Str.) mit got. Wandmalereien im Erdgeschoß ihres barock bekrönten NW-Turms.

Mühlhausen, Rabenturm

Seebach (Mühlhausen), Wasserburg

Außerdem sehenswert: Die vielen *Handwerker-* und *Patrizierhäuser* bieten in ihrem Formenreichtum und ihrer meisterhaften Ausführung Anlaß für eigene Entdeckungen.

Bemerkenswert in der Umgebung der Marienkirche: Herrenstr. 1, das *Wohnhaus Thomas Müntzers,* in der Herrenstr. 6, Haus mit wertvoller Barocktür von 1650, Holzstr. 1 das *alte Posthaus von Thurn und Taxis* v. 1660.

In der Nähe von St. Blasii steht am Untermarkt 7 der schmuckvolle *Bürenhof* aus dem 14. Jh. (1607 umgebaut). Das *alte Backhaus* auf Nr. 15 ist ein prächtiges Barockhaus v. 1631. Beachtenswert die *Brotlaube* am Obermarkt. Der dreigeschossige Bau wurde 1722 an Stelle eines mittelalterlichen Kaufhauses errichtet. – Ebenfalls einen Besuch lohnt das *Heimatmuseum* (Lindenbühl) mit u. a. reichhaltigen vor- und frühgeschichtlichen Sammlungen zur Geschichte des Kreisgebietes und über das Wirken Thomas Müntzers sowie Mühlhauser Kunsthandwerk.

Umgebung

Anrode-Bickenriede (10 km nw): Vom ehem. *Zisterzienserkloster* sind die 1670–90 v. A. Petrini barockisierte, urspr. frühgot. Klosterkirche sowie Wohn- und Wirtschaftsgebäude aus der Renaissance erhalten.

Hülfensberg (23 km w): *Wallfahrtskirche* des Franziskaner-Ordens. Spätgot. (1359) als dreischiffige Hallenkirche von vier Jochen errichtet. Roman. Reste am Chor, 1890 entscheidender Umbau. Kruzifix des 11./12. Jh., von hervorragender Qualität, das sog. Hülfenskreuz. – Kreuzwegstationen 18. Jh.

Körner, Ortsteil Volkenroda (12 km nö): Das 1131 gestiftete *Zisterzienserkloster* wurde 1540 aufgehoben und in ein Amt umgewandelt. Die *Kirche* war eine dreischiffige Basilika mit mächtigem Querhaus, Chorhaus und drei Apsiden, Vierungsturm und 2 Westtürmen.

Die Kirche verfiel seit dem 16. Jh., heute

< *Nordhausen, Dom*

nur noch die zum Teil reduzierte Ostpartie erhalten, Teile der Klosteranlagen umgebaut und mit Fachwerkobergeschossen versehen.

Lengenfeld unterm Stein (18 km w): *Viadukt,* für die Strecke Leinefelde–Dingelstädt zwischen 1875 und 1880 erbaut, der in 38 m Höhe und mit einer Länge von 240 m das Tal überspannt. Diese ingenieurtechnische Leistung ist zugleich ästhetisch gelungen, als technisches Denkmal anerkannt.

Schlotheim (18 km ö): Spätgotische Plastiken und Reliefs gereichen dem barocken Altarretabel (um 1670) in der *Pfarrkirche* (16. Jahrhundert) zum Schmuck.

Das schlichte *Barockschloß* der Truchsessen v. Schlotheim wurde 1773 anstelle einer ma Burg (974 genannt) erbaut, in der Thomas Müntzer auf seinem Weg zur Hinrichtung 1525 in Gewahrsam gehalten wurde.

Seebach (8 km südöstlich): Die im 19. Jahrhundert in Fachwerkbauweise aufgestockte *Wasserburg* (11.–13. Jahrhundert) ist heute Sitz der Landwirtschaftsakademie und einer Vogelwarte.

Zella, Kloster (14 km w): Das wohl im 12. Jahrhundert als erstes Kloster im landschaftlich reizvollen Eichsfeld gegründete *Benediktinerinnenkloster* bewahrt die mehrfach umgebaute Klosterkirche und Zweckbauten des 17./18. Jahrhunderts.

N

99734 Nordhausen

Nordhausen

Einw.: 45 800 Höhe: 180 m S. 226 □ C 7

Die am oberen Ende der *Goldenen Aue* zwischen *Unterharz* und *Hainleite* gelegene Industriestadt blickt auf eine über 1000jährige Geschichte zurück. Bei einer 911 von

Nordhausen, Dom, Krypta

Nordhausen, Blasiuskirche

Großlohra (Nordhausen), Zisterzienserinnen-Klosterkirche

Heinrich I. gegründeten Burg stiftete seine Gemahlin Mathilde 961/62 ein mit Zoll-, Markt- und Münzrechten ausgestattetes Damenstift. Im Schutz von Burg und Stift entwickelte sich die *freie Reichsstadt* (1220 bis 1802) zur wohlhabenden *Hansestadt* (seit 1430). Traurige Berühmtheit erlangte der Ort während des zweiten Weltkrieges durch das *Lager Dora* (siehe unten), in dem über 18000 Häftlinge umkamen und das als unterirdische Waffenanlage diente. So wurde Nordhausen als wichtiges militärisches Objekt zu ca. 80 Prozent durch Luftangriffe zerstört.

Dom: An der Stelle des Mathildischen Damenstifts (das Kaiser Friedrich II. 1220 zum weltlichen Chorherrenstift umbestimmte) entstand nach einem Brand (1180) die erst im 14. Jh. vollendete dreischiffige Hallenkirche, deren v. Bündelpfeilern getragene Flachdecke im 16. Jh. durch Sternrippengewölbe ersetzt wurde. Vom Ende des 12. Jh. stammen die beiden v. rundbogigen Biforenfenstern mit eingestellten Säulchen durchbrochenen schmalen *Türme* seitlich und die v. roman. Säulen mit Würfelkapitellen in 3 Schiffe unterteilte *Krypta* unterhalb des gerade geschlossenen frühgot. *Chors* (1267), dessen *Gestühl* an den Wangen kunstvolle Schnitzereien (Stifter, alt- und neutestamentliche Szenen; alle um 1400) besitzt. Neben dem barocken *Hochaltar* (1726) verdienen auch das *Sakramentshaus* (1455) und mehrere *Epitaphe* (14. bis 16. Jh.) Beachtung.

Blasiuskirche: Der spätromanische W-Bau mit zwei Achtecktürmen wurde im 15. Jh. in größerer Breite um eine dreischiffige gotische Hallenkirche mit lastenden Kreuzrippengewölben, Querschiff und einschiffigem Chor mit dreiseitigem Schluß erweitert. In den Chorfenstern moderne Glasgemälde.
Überraschend ist die schöne *Renaissance-Kanzel*, laut Inschrift von 1591–92; auf einer manieristisch bewegten Trägerfigur der Kanzelkorb mit Figuren und Ornamenten reich dekoriert.

Außerdem sehenswert: An einer Ecke des 1608–10 erneuerten *Renaissance-Rathauses*

Paulinzella, Ehemalige Klosterkirche >

Paulinzella, Amtshaus und Ruine der Klosterkirche

mit Erdgeschoßarkaden und Treppenturm prangt eine bunt gefaßte Rolandsfigur (1717) als Wahrzeichen der Stadt. – Von den wenigen noch erhaltenen Bürgerhäusern sind besonders beachtenswert: *Haus Finkenburg* (an der Wassertreppe), ein gotischer Fachwerkbau um 1400, und Barfüßerstr. 6 die *Flohburg*, ebenfalls ein Fachwerkgebäude (um 1500).
Die urspr. roman. *Frauenbergkirche* (12. bis 14. Jh., stark restauriert) ist eine kreuzförmige Pfeilerbasilika mit Halbrundapsis und spitzhelmbekröntem Dachreiter. – Im *Meyenburg-Museum* (Puschkinstr. 31) werden vor-, früh- und stadtgeschichtliche Exponate, aber auch ma Bronzeepitaphe, Möbel und Kleinkunst (17.–19. Jahrhundert) gezeigt.
In der unterirdischen ehemaligen V-Waffen-Fabrik (1943 bis 1945) beim KZ *Dora-Mittelbau* (Ortsteil Krimderode) ist heute eine Gedenkstätte eingerichtet. Im Krematorium sehenswerte Ausstellung »Kunst hinter Stacheldraht« mit Werken ehem. Häftlinge.

Umgebung

Bleicherode (19 km sw): Die Deckenfresken der barockisierten *Marienkirche* (15./18. Jh.) stammen aus dem 17./18. Jh. – Neben dem *Rathaus* mit Fachwerkobergeschoß (1541) und der ma *Stadtmauer* mit dem *Zinsturm* (16./18. Jahrhundert) verdient das z. T. noch original ausgestattete *Waldhaus Japan* (18. Jh.; heute Gasthaus) Beachtung.
Ellrich (15 km nw): In der *Hospitalkirche* (12.–16. Jh.) lohnen ein spätroman. Kruzifixus und ein Auferstehungsfresko (1598), in der got. *Frauenbergkirche* eine sitzende Muttergottes (15. Jh.) und ein Chor-Lavabo mit Teufelsfratze einen Besuch.
Großlohra (18 km sw): Außer der *Burgruine* (11. Jh.) mit erhaltenem Torhaus (14./15. Jh.) und Wohntrakt (16./17. Jh.) ist im Ortsteil *Amt-Lohra* eine roman. *Doppelkapelle* (um 1190) v. Interesse, im Ortsteil *Münchenlohra* die ehem. *Zisterzienserinnen-Klosterkirche* (13./19. Jh.) mit w Zwei-

turmfassade, gestaffelten O-Apsiden und interner Nonnenempore.

Neustadt/Harz (11 km nö): Sehenswerte Ruinen v. 3 im Bauernkrieg 1526 (Ebersburg) und im Dreißigjährigen Krieg (Hohenstein und Heinrichburg) zerstörten *roman. Burgen.*

Wolkramshausen (12 km s): Im barocken *Herrenhaus* Hue de Grais (1680) zählen Fresken, Gobelins, Delfter Kacheln und venezianische Kronleuchter zur kostbaren Barockausstattung (um 1720).

P

07422 Paulinzella Rudolstadt		
Einw.: 150	Höhe: 450 m	S.226 □ D 9

Der im Landschaftsschutzgebiet Rinne und Rottenbachtal gelegene Ort ist wegen seiner Klosterruine weithin berühmt.

Ehem. Klosterkirche: Abgelegen in einem Waldtal auf dem Weg von Bad Blankenburg nach Stadtilm liegt im *Landschaftsschutzgebiet Rinne und Rottenbachtal* die monumentale Ruine des nach seiner Stifterin, einer Adeligen namens Paulina, benannten Klosters. »Einsam steh'n des öden Tempels Säulen, Efeu rankt am unverschloßnen Tor ... nichts ist bleibend, alles eilt von hinnen.« Zu diesem Gedicht, mit dem sich Schiller 1788 in das Gästebuch des Örtchens Paulinzella eintrug, hatten ihn die mächtigen Überreste aus dem Mittelalter inspiriert.

Paulinzella, Klosterkirche, Langhaus, Blick zum Chor

Von der 1112–24 erbauten roman. Säulenbasilika des nach 1100 gegr. Benediktinerdoppelklosters (1542 säkularisiert) steht heute noch die seit der Zeit der Romantik gesicherte *Kirchenruine.* Die n Langhauswand, die Mittelschiffsarkaden über Säulen mit eckspornbesetzten attischen Basen und sparsam reliefierten Würfelkapitellen, das Querhaus mit angebauter n Nebenkapelle, die v. Rundbogenfenstern durchbrochene w Langhausmauer mit Giebel und roman. Portal der *Hauptkirche* lassen als erhaltene Architekturfragmente (restauriert; über freigelegtem Fußboden) das klare Hirsauer Bauschema (dreischiffige flachgedeckte Säulenbasilika im gebundenen System mit 3 ö Rundapsiden, kreuzförmiger Grundriß) erkennen, jene klösterliche Bautradition, die seit dem späten 11. Jh. vom Schwarzwald ausging. An der SW-Ecke der kürzeren *Vorkirche* ist noch das Sockelgeschoß v. einem der beiden Türme der ehem. W-Fassade zu sehen. – Im *Lapidarium* sind die durch Repliken ersetzten z. T. verzierten

Der Rennsteig bei Kleintettau

Architekturfragmente untergebracht. Im ehem. Zinsboden des Klosters, ein spätmittelalterlicher Fachwerkaufsatz, der auf romanischen Fundamenten steht, ist eine *Heimatstube* mit Dokumenten zur Klostergeschichte untergebracht. Ein Modell der Kirche vermittelt eine Vorstellung der ursprünglichen monumentalen Ausmaße. Westlich steht ein zweigeschossiges *Renaissanceschlößchen,* das die Fürsten von Schwarzburg-Rudolphstein in der 2. H. d. 17. Jh. errichteten. Ein zweigiebeliger Bau mit Portal und paarweise angeordneten Fenstern. Im sog. Zinsboden das *Museum*, Ausstellung über die Geschichte des Klosters und der Gemeinde. Bau des 12. u. 15. Jh.

Amtshaus: Auf den Mauern des W-Traktes der Klosteranlage auf hohem Sockel ein zweigeschossiger, stattlicher Fachwerkbau vom Ende des 16. Jh. mit Walmdach, Reihung von Andreaskreuzen in den Brüstungsfeldern.
Das Amtshaus dürfte einer der ältesten und zugleich schönsten Fachwerkbauten Thüringens sein.

Umgebung

Milbitz (2 km ö): *Dorfkirche,* anstelle eines Vorgängerbaues 1767–1781 als einheitliche Barockanlage, mit vierachsigem Langhaus unter einheitlichem Mansarddach; barocke Ausstattung.
Rottenbach (6 km sö): *Dorfkirche.* Bescheidener Bau von 1685, in den der Altar des Vorgängerbaues übernommen wurde. Nach einer Nachricht auf dem Rahmen der Flügel ist er 1498 am Tage vor dem Sonntag Palmarum in Saalfeld vollendet worden.
Singen (5 km nw): *Brauerei.* In einem kleinen zweigeschossigen Fachwerkbau als Sudhaus wird der gesamte Brauvorgang in selten konzentrierter Weise in alter Tradition abgewickelt. Im Nebenraum eine 12-PS-»Miniatur«-Dampfmaschine.

Der Rennsteig, Hohe Sonne mit Wartburg im Hintergrund

R

DER RENNSTEIG

Der schmale Mittelgebirgszug *Thüringer Wald* erstreckt sich von der oberen Werra im NO bis zum Thüringer Becken, wo er im SW auf der Linie Saalfeld–Kronach in den Frankenwald übergeht. Geologisch muß zwischen den jüngeren Auffaltungen im Nordwestteil, dem eigentlichen Thüringer Wald, der in seinem Pophyrmassiv des *Großen Beerbergs* und *Schneekopfes* eine Höhe von 982 m erreicht, und den älteren Formationen des *Thüringischen Schiefergebirges* unterschieden werden. Auf dem Kamm des Thüringer Waldes, ab Neustadt den Schieferformationen folgend, führt von *Hörschel* (nw von Eisenach) der *Rennsteig* nach *Blankenstein* an der Saale. Der 168 km lange Höhenwanderweg durch abwechslungsreiche Landschaften, Mischwälder und Bergwiesen zählt zu den schönsten Deutschlands. Sein Verlauf entspricht in etwa der historischen Grenzlinie zwischen Thüringen und Hessen/Franken, geographisch der Wasserscheide zwischen Weser-, Rhein- und Elbstromgebiet. Zwar ist der Rennsteig urkundlich nicht zu belegen, seine Existenz dankt er der Wanderlust des 19. Jh., aber er dürfte auch in früherer Zeit schon als Kurierweg gedient haben.

Von Hörschel zum Großen Inselberg: Von Hörschel, →Eisenach und die Wartburg zur

Alter Grenzstein am Wappensteinweg vor Friedrichshöhe

Wappensteine (um 1725 und 1781) am Rennsteig-Grenzeck bei Kleintettau

Linken, passiert der Weg die *Hohe Sonne,* früher das *Hohe Kreuz.* Hier kreuzt den Rennsteig ein Fahrweg, der das rechts gelegene →*Wilhelmsthal* mit Eisenach verbindet. Die Steigung erreicht den *Ringberg* mit 639 m. Linker Hand →*Ruhla*, n dahinter *Thal* mit der bemerkenswerten Ruine der *Burg Scharfenberg.* Aus dem 12. Jh. sind noch der roman. Bergfried und Reste der Wehrmauern erhalten. Rechts vom *Gerberstein* mit 729 m entspringt der Steinbach.
Im *Glasbachtal* bei der Ortschaft →*Steinbach* wurde Luther 1521 gefangengenommen und von dort aus in die Wartburg geführt. Mit dem *Inselsberg* ist ein umfassendes Panorama und eine Höhe von 916 m erreicht. An seinem s Abhang der Wintersportort *Brotterode,* im NW der Luftkurort →*Friedrichroda.*

Nach Oberhof: Durch Glimmerschiefer der ältesten Gesteinsschicht senkt sich der Steig, führt über den *Spießberg,* 749 m, durch Wälder und artenreiche Bergwiesen. Auf den Paßhöhen liegen zwar alte Ausspannen wie *Heuberghaus* oder *Nesselhof,* aber keine bäuerlichen Siedlungen.
Zahlreiche Flüsse entwässern den Bergzug nach N und S, sie haben sich zu tiefen Tälern in das Gestein eingeschnitten. Der Spitterbach fließt westlich nach *Tambach-Dietharz.* Die 1919 aus zwei Straßendörfern gebildete Stadt liegt an einer seit dem Mittelalter bezeugten Paßstraße, die von Schmalkalden den Rennsteig beim *Mittleren Höhenberg* (836 m) kreuzend bis nach Erfurt führte. Zahlreiche Burgen müssen diese und andere einmündende Straßen gesichert haben. Seit 1906 versorgt die Tambacher Talsperre Gotha mit Trinkwasser. – Der Ursprung des *Erholungszentrums Oberhof* ist das *Rasthaus Oberhof* aus dem 15. Jh. an der Paßstraße von Ohrdruf nach Zella-Mehlis. Im Sommer und Winter bietet der Ort zahlreiche Freizeitmöglichkeiten. Der Thüringer Wald gilt als relativ schneesicher, schon 1931 fand hier ein erstes internationales Skirennen statt. Beachtenswert ist auch der *Botanische Garten: Hochgebirgsflora aller Länder,* der 1971 angelegt wurde. Der 1881–84 errichtete *Brandleitetunnel* verbindet die Bahnhöfe Oberhof und Gehlberg. Er war für die industrielle Entwicklung des

Am Rennsteig-Anfang an der Werra in Hörschel >

Grenzstein bei Friedrichshöhe am Saarberg

Grenzstein vor Friedrichshöhe

Raums Zella-Mehlis von entscheidender Bedeutung.

Über den Schneekopf nach Neustadt: Hinter Oberhof tauchen sw die ersten Porphyrkuppen auf. Der *Große Beerberg* mit 982 m und der fast ebenso hohe *Schneekopf* (978 m), mit Hochmooren, sind die höchsten Erhebungen des Thüringer Waldes. Der Baumwuchs nimmt Gebirgsformen an. W des *Großen Finsterberges* (944 m) liegt →*Stützerbach.* Der Ort mit seinem *Goethehaus* und *Glasmuseum* ist Endpunkt des Goethewanderwegs nach →*Ilmenau.* – *Schmiedefeld* ist einer der am schönsten gelegenen Erholungsorte des Thüringer Waldes. Im NO der historische *Bahnhof Rennsteig* von 1903/4. Die Bahnstation ist Kopfbahnhof der Strecke von Ilmenau. – Ein Stück weiter im W zweigt am Paß *Allzunah* vom Rennsteig rechter Hand eine Straße nach *Frauenwald* ab. Der Weg ist Teil der wichtigen Handelsstraße Erfurt–Nürnberg. Im Ort eine *Kirche*, die 1830/31 nach Entwürfen von K.F. Schinkel erbaut wurde. Bei Frauenwald der große Stausee der *Schleuse* durch die *Talsperre Schönbrunn.* – Auch *Neustadt am Rennweg* markiert eine der wichtigen ma Handelsstraßen, die von Franken nach Thüringen führten. Ab hier beginnt das ältere Schiefergebirge. Der Ort selbst war mit der Verarbeitung von Feuerschwamm als »Schwamm Neustadt« bekannt. Seine wirtschaftliche Lage war Ende des 18. Jh. so schlecht, daß die Bevölkerung nach Mecklenburg umgesiedelt werden sollte.

Nach Neuhaus am Rennweg: Das Städtchen *Altenfeld* neben sich lassend, vorbei an *Gießübel* erreicht der Rennsteig auf 835 m Höhe den Höhenluftkurort *Masserberg.* Von der *Rennsteigwarte* auf dem *Eselsberg* (871) bietet sich im Rundblick das Panorama der umliegenden Kuppen und das schöne *Schwarzatal.* – Weiter, vorbei an *Friedrichshöhe*, führt der Weg in die Nähe von *Limbach.* Hier hatte die *Greinersche Porzellanfabrik* des als »Porzellanpionier« bekannten Fabrikanten ihren Sitz.

Beachtenswert ist auch das *Alte Posthaus.* Der Fachwerkbau mit Krüppelwalmdach trägt die Initialen 1772. Das benachbarte Städtchen *Steinheid* wird 1362 genannt. Ab

Der Steinerne Wanderer von 1903 am Rennsteig-Ende in Blankenstein >

171

Rudolstadt, Stadtkirche, Schönfeldschers Epitaph, um 1600, Detail

1482 wurde hier Gold geschürft. Die jetzige Stadt wurde im 17. Jh. auf der Schiffskuppe, einem Hochplateau am Rande des 868 m hohen *Kieferle,* angelegt. Die *Kirche* wurde mehrfach erneuert. Der letzte Umbau erfolgte 1833/35 im spätbarocken Stil. – Der Streckenabschnitt nach *Neuhaus am Rennweg* führt durch einen Abschnitt ohne Ortschaften vorbei an kleinen Seen. Der auf dem Kamm des Schiefergebirges gelegene Ort entstand um ein 1673 von Graf Albert Anton von Schwarzburg-Rudolstadt erbautes Jagdhaus. 1834 wurde hier eine Porzellanmanufaktur gegründet, heute zählt er zu den wichtigsten Glasbläserorten des Thüringer Waldes.

Hier endet der Rennsteig als historischer Wanderweg durch den *Thüringer Wald.* Die nächsten 40 km von *Spechtsbrunn* bis nach *Blankenstein* an der Saale verliefen über 40 Jahre lang durch das ehem. DDR-Sperrgebiet bzw. (etwa 13 km davon) über das Territorium der Bundesrepublik Deutschland. Mit der Öffnung der Grenzen wurde der Rennsteig auch wieder als ein einheitlicher Wanderweg zugänglich.

07407 Rudolstadt Rudolstadt		
Einw.: 29800	Höhe: 184 m	S. 227 □ D 9

Die aus einer Slawensiedlung hervorgegangene *Rudolfestat* (800) an der mittleren Saale entwickelte sich im Schutz einer *Oberen Burg* (1264 genannt) der Grafen von Orlamünde und einer *Unteren Burg* (1334 erwähnt) zur Stadt (seit 1404), die als Residenzstadt der Fürsten von Schwarzburg-Rudolstadt im 18. und 19. Jh. eine wirtschaftliche (Porzellanmanufaktur, 1762) und kulturelle Blüte erlebte. Unter Fürst Ludwig Günther (1767–90) hielten sich die Großen der Weimarer Klassik, wie die Brüder Humboldt, Schiller und Goethe, wiederholt in Rudolstadt auf. 1788 lernte Schiller im *Beulwitzschen Haus* (Schillerstr. 25; siehe unten) seine spätere Ehefrau Charlotte von Lengefeld kennen. Von 1794–1803 leitete Goethe von Weimar aus das 1792/93 erbaute Theater. Dort wirkten der Schauspieler und Regisseur Eduard Devrient und die durch ihre Intrigen berühmt gewordene Schauspielerin und Sängerin Karoline Jagemann. Die Musiker F. Liszt und N. Paganini gaben Gastspiele, und Richard Wagner war 1834 Korrepetitor am Rudolstädter Theater. Eine bedeutende Tochter der Stadt ist Karoline von Wolzogen (1763–1847). Die Schwägerin von Schiller trat als Verfasserin des anonym in den Horen veröffentlichten Romans »Agnes von Lilien« und einer wichtigen Schiller-Biographie hervor. Auch F. Chr. Perthes, der erste Sortimentsbuchhändler, wurde 1772 in Rudolstadt geboren.

Stadtkirche: Die dreischiffige spätgot. Hallenkirche (14./15. Jh.) wurde 1634–36 durch den Baumeister Jacob Huber im Stil der Spätrenaissance umgestaltet. Jedoch wurden gotische Architekturmerkmale wie die einfachen Achteckpfeiler, das Kreuzrippengewölbe und die doppelten Emporen beibehalten. An der N- und S-Seite kunstvolle

Rudolstadt, Stadtkirche >

Rudolstadt, Pfarrkirche St. Andreas und Schloß Ludwigsburg

Säulenportale mit dem Schwarzburger Wappen. Beeindruckend wirkt das Innere durch seine einheitliche qualitätvolle Gestaltung in den Formen der Spätrenaissance und des Frühbarock. Die reiche Renaissancekanzel stammt von 1636, der barocke Altarretabel (um 1780/90) dient für spätgot. Gemälde. Die Fenster- und Gewölbebogen schmückt Beschlag- und Rollwerkmalerei.

Schloß Heidecksburg: Die anstelle der 1735 abgebrannten *Oberen Burg* (12.–16. Jh.) hoch über der Stadt nach Plänen von J. Ch. Knöffel erbaute Dreiflügelanlage des barocken *Fürstenschlosses* (18. Jh.) wird von einem SW-Turm (1744) überschattet. Aus dem Vorgängerbau wurde vor allem das kurz vorher erst vollendete festliche Spiegelkabinett übernommen. Reichste Rokoko-Prunkräume sind im W-Trakt der *Festsaal* und das *Rote Kabinett,* beide von J. P. Pedrozzi stuckiert und v. L. Deisinger mit Deckengemälden (Olymp bzw. Selene und Endymion, 1744) geschmückt. Im *Grünen Kabinett* sehenswerte Holzskulpturen v. C. A. Kaendler und K. Ch. Reinthaler, der auch mehrere Phantasielandschaften (1751) in der *Marmorgalerie* schuf. Im Stil des Rokoko, Empire und Biedermeier wurden im 19. Jh. die *Wohnräume* des S-Trakts möbliert, der heute die *Kunstsammlungen* mit Kleinkunst, Porzellan aus den Manufakturen R.-Volkstedt und Meißen, sakrale Skulpturen (14.–16. Jh.) und Gemälde des 17.–20. Jh. aufnimmt. Im N-Flügel mit *Renaissanceportal* (16. Jh.) haben die *Natur- und Kulturgeschichtlichen Museen* mit der umfangreichen Waffensammlung *Schwarzburger Zeughaus* sowie eine *Schiller-Gedenkstätte* ihren Sitz. – Ein barocker Musikpavillon (18. Jh.) und ein klassiz. Tempelchen (1798) bilden Akzente im *Schloßgarten.*

Schloß Ludwigsburg: Die 1734 erbaute Dreiflügelanlage des *Barockschlosses* (heute Kulturakademie) in der *Altstadt* diente bis zur Fertigstellung v. Schloß Heidecksburg als fürstliche Residenz. Eine prächtige

Rudolstadt, Schloß Heidecksburg, Renaissance-Portal

Rokoko-Ausstattung (18. Jh.) besitzt der Festsaal im Inneren.

Volkskundemuseum (Große Wiese 2): Das *Freilichtmuseum* mit Thüringer Fachwerkbauernhäusern (17. Jh.) und einer eingebauten ehem. Dorfapotheke gewährt mit Haus- und Landwirtschaftsgeräten und einer Dokumentation Einblick in das einstige Leben der Thüringer Bauern.

Villa mit Park: Am Ortsausgang in Richtung Saalfeld eine *Villa mit Park* für den Fabrikanten Richter (Produzent der Anker-Steinbaukästen), vom Nürnberger Architekten C. Walther 1888 in Renaissance-Formen erbaut. Die repräsentative Fassade zur Straße mit steilem Giebel, Dachgaupen und hohen Schornsteinen und Treppenturm angelehnt an Rathaus- oder Schloßbauten vom Ende des 16. Jh.
Die aufwendige Innenarchitektur des Hauses (Vertäfelungen, Intarsien, Holzdecken) ist trotz der Nutzung als Kindergarten erhalten. Der Park ist als Renaissance-Garten angelegt, Brunnen, Balustraden, Vasen, Statuen bereichern die strenge, aber reizvolle Schöpfung.

Außerdem sehenswert: Neben einigen *Renaissance-Bürgerhäusern* (17. Jh.) mit eleganten Portalen, darunter das Haus (Schillerstr. 25), in dem Schiller erstmals Goethe traf, verdient das 1784 barockisierte *Alte Rathaus* (16. Jh.) mit barockem Dachreiter Beachtung. – Im Ortsteil Volksstedt steht eine *Dorfkirche* mit einem spätgot. Flügelaltar von vor 1490. Der *Dorfkirche* im Ortsteil Schaala blieb ein frühgotischer Turm mit Zinnen erhalten, das Langhaus ist barock, im Inneren ein spätgot. Flügelaltar mit Gemälden nach Stichen von Schongauer (um 1500).

Umgebung

Großkochberg (11 km n): Eine Gedenkstätte im N-Flügel und ein originalgetreu einge-

Rudolstadt, Schloß Ludwigsburg

richtetes Goethe-Zimmer erinnern an den häufigen Gast der Charlotte von Stein, deren Gemahl seit 1733 Besitzer der an der Stelle einer ma Vorgängerin erbauten barocken *Wasserburg* (1730) war. Im *Schloßpark (18./19. Jh.) klassizistisches Liebhabertheater (1815), Leinwand- und Badehäuschen. – In der z. T. spätgot. veränderten spätroman. Dorfkirche*, einer Chorturmkirche (um 1200) mit bemalter Holztonne, findet sich ein spätgot. Flügelaltar mit kostbaren Schreinfiguren (Muttergottes und Erzengel Michael, um 1500).

Haufeld (12 km nw): *Dorfkirche.* Schlichter Bau, Turmuntergeschoß und Chor kreuzgewölbt. Fragmente von Wandmalereien aus der zweiten Hälfte des 14. Jh. mit Szenen aus der Genesis und dem Leben Jesu, das Jüngste Gericht und andere Darstellungen, großflächig, erzählend, belehrend, zum Teil archaisch anmutend.

Keilhau: (7 km w): *Fröbelsche Erziehungsanstalt.* Der Pädagoge gründete in diesem abgeschiedenen Dorf 1817 eine Erziehungsanstalt. Der Gebäudekomplex enthält das Unterhaus (1823), das Oberhaus (1817–21), der Speisesaal ist nach Entwürfen Fröbels gestaltet.

Kirchhasel (4 km ö): *Dorfkirche.* Bemerkenswert der runde Kirchturm, eines der in Thüringen seltenen Bauwerke (siehe Untersuhl), 14./15. Jh. als Rest einer Wehranlage erhalten, das Langhaus mit einem bedeutenden spätgot. Flügelaltar.

Neusitz (13 km nö): *Dorfkirche.* Schnitzaltar um 1500 aus der Saalfelder Werkstatt, wahrscheinlich von dem Riemenschneider-Schüler Hans Gottwald von Lohr.

Orlamünde (15 km nö): Um die oberhalb der Orlamündung in die Saale gelegene ma *Burgruine* (10.–14. Jh.) mit roman. Kemenatenwohnturm rankt sich die Sage der zur Strafe für einen Kindermord rastlos umherirrenden Weißen Frau (Gräfin Kunigunde v. Orlamünde).

Schauenforst (18 km nö): Die über Dorndorf-Rödelwitz gelegene ma *Burgruine* (13. Jh.) bewahrt den tiefen Burggraben, Wehrmauern und den Bergfried.

Teichel (8 km n): An der sog. Kupferstraße

Rudolstadt, Altes Rathaus (l), Kirchhasel (Rudolstadt), Dorfkirche, Kirchturm (r)

eine von den Schwarzburgern gegründete Siedlung mit rechteckigem Markt und leiterförmigem Stadtgrundriß. Stadtrechte seit 1417, galt als die kleinste Stadt der ehem. DDR. Repräsentatives neugot. *Rathaus* um 1860. *Pfarrkirche* mit spätgot. Teilen, beachtlich eine komplette neugotische Ausstattung von 1848 mit Emporen, Gestühl, Altar, Kanzel.

S

07318 Saalfeld

Saalfeld

Einw.: 32600 Höhe: 235 m S. 227 □ D 9

An der Stelle des karolingischen Reichshofes *Curia Salauelda* (899 erwähnt) auf dem Petersberg oberhalb der Saale wurde 1081 ein Benediktinerkloster gegründet, über dessen Resten im 17./18. Jh. das *Schloß* der Herzöge v. Sachsen-Saalfeld erbaut wurde. Im Schutz des mittelalterlichen Klosters entwickelte sich um den zentralen Marktplatz die Stadt (seit 1208). Die bevorzugte Verkehrslage, die den Durchgangshandel begünstigte, und die Erz- und Mineralienvorkommen der Umgebung führten im 14. bis 16. Jh. zu einer wirtschaftlichen Blüte und zum Höhepunkt der architektonischen und künstlerischen Entwicklung. Es gab bedeutende Bildschnitzerwerkstätten. Der Dreißigjährige Krieg, an dessen Folgen die Stadt verarmte, beendete die günstige Aufwärtsentwicklung. Von 1680–1735 Residenz des Herzogtums Sachsen-Saalfeld, gelangte

Vorhergehende Doppelseite:

Links: Saalfeld, Johanniskirche, Tympamon des Südportals
Rechts: Saalfeld, Johanniskirche, Täuferfigur

die Stadt ab 1826 zum Herzogtum Sachsen-Meiningen. 1806 fiel Prinz Louis Ferdinand von Preußen in der Schlacht bei Saalfeld, deren Niederlage die Unterwerfung Preußens bei Jena vorbereitete. Ein Denkmal rechts der Straße Saalfeld–Rudolstadt erinnert an dieses Ereignis.

Residenzschloß: Das 1676–1720 über U-förmigem Grundriß erbaute dreigeschossige *Barockschloß* besitzt ein prächtiges *Barockportal* mit wappengeschmückter Supraporte und gipfelt über dem Hauptgebäude in einem kleinen Dachreiter (1726). Das Innere der einschiffigen *Schloßkapelle* mit eingebauter Empore wurde v. C.L. Castelli mit Deckenfresken (»Glorie der Hl. Trinität«, um 1714) und v. den Brüdern B. und D. Lucchese mit eleganten spätbarocken Stukkaturen dekoriert. – Ein geschnitzter spätgot. Kreuzigungsaltar befindet sich in der nahen sw *Siechenkapelle* (12.–18. Jh.).

Johanniskirche: Die 1380–1514 mit 2 Flankentürmen seitlich des einschiffigen Chors erbaute spätgot. Hallenkirche besitzt über dem *W-Portal* mit Tympanonrelief (Weltgericht, um 1400) und dem Altan ein riesiges *Maßwerkfenster.* Durch das ebenfalls mit einem Tympanonrelief (Epiphanie, um 1400) geschmückte *S-Portal* gelangt man ins dreischiffige Innere mit Bündelpfeilern und Kreuzrippengewölben. Prunkstücke der spätgot. Ausstattung sind das n *Hl. Grab* (14. Jh.), die *Schreinfiguren* (Beweinung Christi, um 1475) des Flügelaltars und die mannshohe *Täuferfigur* (um 1500/10) des Riemenschneider-Schülers H. Gottwald.

Rathaus: Der von 2 Dachreitern bekrönte Hauptbau des *Renaissance-Rathauses* (1526–37) bezieht in die zum Markt gewandte *Schaufassade* mit linkem Eckerker, rechtem Fassadenerker und kurvigen Renaissancegiebeln einen polygonalen spätgot. *Treppenturm* mit Maßwerkbalkon und origineller Bedachung mit ein, der noch vom Vorgängerbau stammt. – Ebenfalls am Markt steht das *Roman. Haus* (um 1180, restauriert), in dessen erhaltenem Erdgeschoß die ehem. *Hofapotheke* eingerichtet wurde.

Außerdem sehenswert: Im ehem. *Franzis-*

Saalfeld, Johanniskirche, Tympanon des Westportals (u.), Burgruine Hoher Schwarm

Saalfeld, Feengrotten

kanerkloster (13.-18. Jh.; Münzplatz 5), dessen Festsaal bemalte Deckenstukkaturen (um 1720/30) schmücken, ist heute das *Thüringer Heimatmuseum* mit Dokumentationen zu Stadtgeschichte, Volkskunde und Bergbau sowie umfangreichen Sammlungen früher Druck-Erzeugnisse, ma Altarfiguren der Saalfelder Schule und Saalfelder Münzen (11.–19. Jh.) eingerichtet. – Im S des in den Übergangsformen v. der Spätgotik zur Renaissance mit 7 hohen Staffelgiebeln erbauten Schlößchens *Kitzerstein* (15./16. Jh.) steht die Burgruine *Hoher Schwarm* (um 1300/10) mit 2 runden hohen Ecktürmen. – Zur streckenweise erhaltenen ma *Stadtmauer* (13./14. Jh.) gehören 4 *Stadttore* aus dem 14./15. Jh. – Aus der Renaissance erhalten sind beachtenswerte *Bürgerhäuser:* die heut. Stadtapotheke von 1617–20 (Saalstr. 11), ein zweigeschossiger Bau mit dekorativem Portal, Zwerchhäusern mit Volutengiebeln, im Hof ein Laubengang, und das doppelgeschossige *Haus Höhn* (1609) (Saalstr. 17) mit reichem Portal. – Im S der Stadt kann man in dem um 1840 stillgelegten Alaunschieferbergwerk die 1911 entdeckten naturfarbigen Tropfsteinhöhlen der *Feengrotten* besichtigen, deren buntschillernde Farben in jahrhundertelanger Abgeschlossenheit – die Zugänge waren verschüttet – von selbst entstanden sind. – Ebenfalls beachtenswert sind im Ortsteil Gorndorf die *Wehrkirche* mit einem romanischen Ostturm und einem schönen Schnitzaltar von 1490 und im Teil Köditz die romanische *Dorfkirche* mit halbrunder Apsis und einem gemalten spätgot. Flügelaltar. – Zum Gedenken des Todes von Prinz Louis Ferdinand von Preußen, der in dem Gefecht bei Saalfeld fiel, wurde im Ortsteil Wöhlsdorf von Saalfeld ein Denkmal errichtet, das 1821 Fr. Schinkel in Form eines antiken Grabmals entwarf. Der Genius als Relief von Friedrich Tieck.

Umgebung

Graba (1 km n): Die *Dorfkirche* (16.–18. Jh.)

Ranis (Saalfeld), Blick auf Stadt und Burg

birgt eine harmonische Rokoko-Ausstattung mit Deckenfresko (1775) und einen prächtig geschnitzten spätgot. Flügelaltar (1510).
Könitz (10 km ö): Einen spätgot. Treppenturm mit Maßwerkbalkon und einen ö Bergfried bezieht das *Renaissanceschloß* (15./16. Jh.) mit ein.
Langenschade (8 km nö): In einem Waldtal unweit der Kreisstadt erstreckt sich der Ort zusammen mit dem Dorf Reichenbach ca. 5 km lang mit vereinzelt liegenden Höfen und Ensembles v. schlichten Fachwerkbauten um die Kirchen. Die *Dorfkirche* des 14. Jh. mit späteren Umbauten, aus ihr findet sich ein bedeutendes Kruzifix v. 1330 bis 1340 jetzt im Thüringer Museum in Eisenach.
Leutenberg (19 km sö): Vermutlich im 13. Jh. von den Schwarzburger Grafen als planmäßig rechteckige Anlage gegründet und zur Stadt erhoben. Oberhalb der Siedlung mit der *Stadtkirche* von 1512, die nach einem Brand 1812–15 in jetziger Form errichtet wurde, die Burg der Schwarzburger, die in Leutenberg eine besondere Linie unterhielten, seit dem 18. Jh. auch als *Friedensburg* bezeichnet. Unregelmäßige Anlage des 15.–17. Jh. um einen kleinen Burghof, im S der Bergfried, die Gebäude zum Teil in Fachwerk, schlichte Formen, im Innern zum Teil Stuck, bemerkenswert das sog. Apfelzimmer (Wandverkleidungen aus Pappmaché, farbig bemalte Blumenmuster).
Neunhofen (30 km nö): *Dorfkirche*. Eindrucksvolle Lage auf einem Felsen oberhalb des Ortes, 1071 gegr., 1409 erweitert und 1699 verändert. Der Innenraum wird von Stuckdekorationen an der Decke, an den Emporenbrüstungen und im Chor beherrscht. Zwei spätgot. Altäre von guter Qualität (1485 und 1514).
Oberoppurg (27 km nö): *Dorfkirche*. Das Langhaus 16./17. Jh., der mächtige Chorturm got. mit vier massiven Ecktürmchen, die sich um den hohen Spitzhelm gruppieren. Der wehrhafte Eindruck durch eine umschließende Ringmauer verstärkt.
Oberwellenborn (8 km ö): *Dorfkirche*. Im

Ziegenrück (Saalfeld), Panorama

got. Chor der Kirche, deren Langhaus 1760 umgebaut wurde, ein Triptychon vom Ende des 15. Jahrhunderts aus der Saalfelder Werkstatt.

Oppurg (24 km nö): *Schloß.* Von der Burg Friedrichstein, die 1354 die Ritter von Brandenstein erbauten, der Turm erhalten und die Anlage einer Wasserburg noch erkennbar. Neubau 1608–14 als massiver dreigeschossiger Baukörper mit kurzen Seitenflügeln auf der Hofseite, kräftige Betonung des Portals, die Fassade mit flacher Stuckdekoration versehen, 1746/47 v. C. W. Müller aus Rudolstadt, Innenräume zum Teil mit Stuck von C. W. Brentani. Restaurierung des Schlosses mit Park als Kulturzentrum im Gange.

Pößneck (19 km nö): Am *Markt* mit Brunnen und sog. Marktbornmännchen steht das spätgot. *Rathaus* (15./16. Jh.) mit überdachtem zweiläufigem und maßwerkverziertem Treppenaufgang (1531), Staffelgiebeln und originellen Dachreitern.

Pößneck-Schweinitz (23 km nö): Langgestrecktes Dorf, dessen keilförmiger Anger von meist giebelseitigen Fachwerkhöfen umsäumt ist. Die dominiert stehende kleine *Kirche* ist ein Rechteckbau mit eingezogenem Chor und Dachreiter (15.–17. Jh.), bedeutender Marienaltar um 1500.

Ranis (18 km ö): Über einen fast 400 m langen Felsrücken erstrecken sich Unter-, Vor- und Hauptburg der im 16./17. Jh. erweiterten ma *Burganlage* (10./14. Jh.). Durch ein mit Volutengiebeln geschmücktes Torgebäude gelangt man in den Burghof und zum w Palas (1648) mit dem ma Bergfried. Das *Kreisheimatmuseum* dokumentiert die Burggeschichte und zeigt interessante vorgeschichtliche Höhlenfunde. – In der *Liebfrauenkirche* (15.–19. Jh.) sehenswerte Reliefs aus dem 16. (Abendmahl) und 17. Jh. (Kreuzigung).

Unterwellenborn (7 km ö): Der Ort ist eine Missionsgründung, Bedeutung erhielt er, nachdem 1872/73 die ersten Hochöfen als Zweigbetriebe der Maximilianshütte Rosenberg bei Amberg angeblasen wurden. Nach 1945 wurde die Hütte wesentlich erweitert als ein bedeutender Stahlproduzent der damaligen DDR. Die Erze wurden zunächst aus dem benachbarten Kamsdorfer Revier bezogen, später importiert. *Kulturhaus* der Maxhütte, 1952–55 von Hopp, Reimer und Rubinow im Stile eines Neuklassizismus errichtet. Der Hauptbau mit Saal, die Nebentrakte mit Café, Klubräumen usw. Die Fassaden als Tempelfronten konzipiert, um den hohen Anspruch der Kultur anzukündigen. *Dorfkirche.* Chor (heute Taufkapelle) mit derbem Kreuzrippengewölbe, in den Kappen Reste von Wandmalereien des 14. Jh. Schnitzaltar von Anfang des 16. Jh. aus der Saalfelder Schule.

Ziegenrück (30 km sö): Oberhalb des im engen Saaletal gestreckten Städtchens mit *Rathaus* und spätgot. *Pfarrhaus* liegt die *Burg.* Sie wurde 1222 genannt, brannte 1550 ab, von ihr hat sich ein mächtiger Wohnturm vom Typ der Kemenaten (siehe Orlamünde, Großkochberg, Reinstädt) erhalten. Heute Jugendherberge. Die sog. *Fernmühle*, das erste Wasserkraftwerk an der Saale, wurde anstelle einer mittelalterlichen Wassermühle 1900 eingerichtet, mit seiner originalen technischen Ausstattung ist es heute Museum.

Schleiz, Schloß der Vögte >

< Schleiz, Schloß Burgk

07907 Schleiz

Schleiz

Einw.: 7400 Höhe: 440 m S. 227 □ E 9

Aus slawischen Ursprüngen entwickelte sich die Schleizer Altstadt. Daneben wächst im Schutz der Burg der Herren von Lobdeberg die Neustadt heran, 1232 als Slewitz erstmals beurkundet. Aufgrund von Streitigkeiten zwischen der inneren Neu- und der äußeren Altstadt wurden die beiden Ortschaften 1482 von den Landesherren, den Vögten von Gera, zu einer Gemeinschaftsstadt zusammengeschlossen. Das Schloß der Vögte fiel 1689 einem Stadtbrand zum Opfer, wurde aber danach von Großfürst Heinrich I. und seinen Nachfolgern Heinrich XI. und XII. wieder aufgebaut, 1837 bei einem erneuten Stadtbrand schwer beschädigt und ist heute nach einem schweren Bombenangriff bis auf die beiden Türme völlig verschwunden. Um das Schloß entstand seit 1704 ein Landschaftsgarten *Heinrichsruh,* dessen Umfang um 1840 beträchtlich erweitert wurde und der heute öffentliches Erholungsgebiet der Stadt Schleiz ist.

Bergkirche: Das auf einem der Stadt benachbarten Hügel unter Einbeziehung v. roman. Bauteilen wie dem *W-Portal* erbaute spätgot. Gotteshaus (15. Jh.) mit *N-Turm* und s *Annenkapelle* zu seiten des Chors mit $^5/_8$-Schluß birgt im netzgewölbten Innenraum mit umlaufender *Empore* und integrierten Strebepfeilern eine sehenswerte Ausstattung. Spätgot. Überreste sind die maßwerkverbrämte *Kanzel* (Schalldeckel v. 1670) und die *Tumba* für den 1500 gestorbenen Heinrich den Mittleren. Schöne Stücke der umfänglichen Barockausstattung sind das *Altarretabel* (1634), die *Emporenorgel* (1636 und 1671), das *Reußsche Epitaph* (1639), das *Burgksche Prunkepitaph* (1642), der *Fürstenstuhl* (1658) und der *Langhaus-Kronleuchter* (1687).

Umgebung

Burgk (11 km w): Die im Kern spätgot. *Burg* erhielt im 16.–18. Jh. ihr heutiges Aussehen. Wehrbauten aus dem MA sind der Hungerturm und der Zwinger. Das Innere der Wohngebäude mit der spätgot. Schloßküche, dem Renaissance-Jagdzimmer und anderen mit Barock- und Rokokostukkaturen verzierten Räumen sowie die Schloßka-

Schloß Burk (Schleiz), Schloßkapelle (1625) mit Silbermann-Orgel

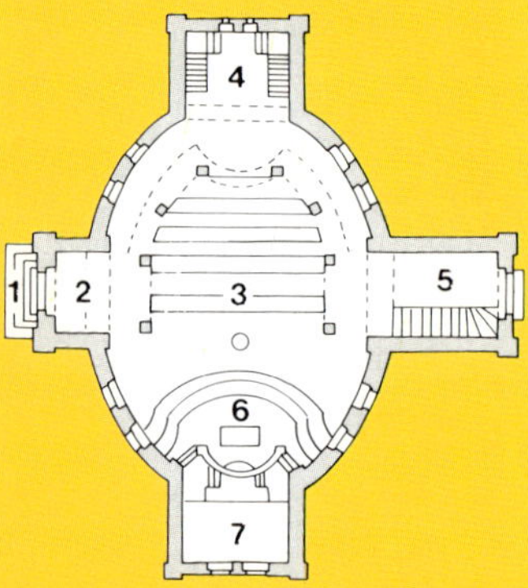

Kirschkau, Dorfkirche 1 S-Portal mit Vortreppe **2** s Kreuzarm **3** Ovaler Betraum mit pilastergegliederten Wänden und Rokokostukkaturen (um 1753) **4** w Kreuzarm **5** n Kreuzarm **6** Kanzelaltar **7** ö Kreuzarm

pelle (1625) mit ihrer Silbermann-Orgel v. 1743 ist heute als *Schloßmuseum* mit Gedenkstätten für Dr. K. Duden und J. F. Böttger (Erfinder des europäischen Hartporzellans) zugänglich.

Kirschkau (8 km nö): Die 1753 v. J. G. Riedel über kreisförmigem Grundriß mit kurzen Kreuzarmen erbaute barocke *Dorfkirche* besitzt eine harmonische Rokoko-Ausstattung mit eleganten Deckenstukkaturen aus der Bauzeit.

Mühltroff (10 km sö): Die 1367 als Stadt erwähnte Siedlung entwickelte sich aus einem Rechteckangerdorf. Das *Schloß* ist aus einer ma Wasserburg hervorgegangen, der große runde Bergfried in den schmucklosen Neubau des 17. Jahrhunderts einbezogen. Die *Schloßkirche* von 1815 trat an die Stelle der 1648 abgerissenen Stadtkirche St. Georg.

98574 Schmalkalden

Schmalkalden

Einw.: 16500 Höhe: 297 m S. 226 □ B 9

In der ab 1360 von den Hennebergern und den hessischen Landgrafen gemeinsam regierten Stadt im sanften Tal der Schmalkalde vereinten sich 1531 die protestantischen Fürsten im *Schmalkaldischen Bund* gegen den katholischen Kaiser. Gegen Karl V. richteten sich auch die von Martin Luther ausgearbeiteten und von ihrer Mehrzahl beim Bundestag von 1537 unterzeichneten *Schmalkaldischen Artikel.* Das Schicksal des Bundes, der seit 1542 wegen der Interessengegensätze von Städten und Fürsten zunehmend geschwächt wurde, besiegelte der *Schmalkaldische Krieg* 1546/47, der 1547 mit der Niederlage der Protestanten gegen die Habsburger endete. Eisenerzfunde und Hüttenindustrie in der Nachbarschaft haben bereits im 14. und 15. Jh. zu einer florierenden Kleineisenindustrie geführt. Schmalkaldische Werkzeuge und Bestecke waren auf vielen Messen vertreten, Waffen wurden schon seit dem 16. Jh. hergestellt. Noch heute ist die eisenverarbeitende Industrie ein bedeutender Wirtschaftsfaktor.

Schloß Wilhelmsburg: Das 1585–90 über den Resten einer ma Burg nach Plänen v. Ch. und H. Müller erbaute *Renaissanceschloß* ist eine rechteckige Vierflügelanlage mit Treppentürmen in den Hofecken. Im Inneren ist neben dem riesigen *Bankettsaal* mit Kassettendecke, dem 1590 kunstvoll stuckierten *Weißen Saal* und der figürlich stuckierten *Schloßkapelle* mit doppelstöckigen Emporen, an deren Stirnseite erstmalig Altar, Taufe, Kanzel und Orgel übereinander angeordnet sind, auch das im Schloß eingerichtete *Kreisheimatmuseum* mit Dokumentationen zum Schmalkaldischen Bund und zum hiesigen Hütten- und Schmiedewesen v. Bedeutung.

Schmalkalden, Blick vom Schloßhof auf die Stadt >

Schloß Wilhelmsburg, Innenhof

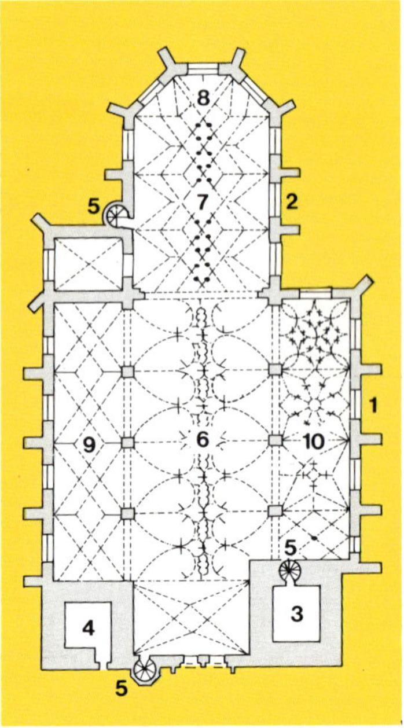

Schmalkalden, Stadtkirche St. Georg
1 S-Portal **2** S-Fassade des O-Chors **3** S-Turm (1570) mit spätromanischen Untergeschossen (um 1200) **4** N-Turm **5** Treppentürmchen bzw. Wendeltreppe **6** Mittelschiff (1509) mit Schlingsterngewölbe **7** O-Chor (1437 bis 1500) mit spätgot. Netzgewölbe **8** $^5/_8$-Schluß **9** n Seitenschiff mit Parallelrippengewölbe **10** s Seitenschiff mit spätgot. Ziergewölben

Stadtkirche St. Georg: Die 1437–1509 erbaute spätgot. Hallenkirche besitzt eine w *Zweiturmfassade* mit Eselsrückenportal und im dreischiffigen Langhaus originelle *Rippengewölbe* (um 1500) und eine W-Empore. Im netzgewölbten einschiffigen Polygonchor mit vierbahnigen *Maßwerkfenstern* spätgot. *Wandfiguren* und über der *Renaissancetaufe* (1560) ein *Kronleuchter* (1642). Die frühbarocke *Kanzel* am rechten Chorbogenpfeiler ist eine Zutat v. 1669. Im sog. *Lutherstübchen* über der n Sakristei sind die kostbaren spätgot. Ausstattungsstücke zu sehen, so ein Kreuzigungsgemälde (um 1430/40), ein fränkisches Altarretabel (Hl. Sippe, um 1520), ein Hieronymus- (um 1550/60) und ein Auferstehungsbild (um 1600).

Vorhergehende Doppelseite:

Links: Schmalkalden, Schloß Wilhelmsburg

Rechts: Schmalkalden, Schloß Wilhelmsburg, Schloßkapelle

Hessenhof: Der Fachwerkbau von 1531 bis 1532, der 1837 stark verändert wurde, ruht auf spätromanischen Fundamenten. Das Gebäude war Sitz des landesherrlichen Beamten. Seine Kellergewölbe, die sogenannte Trinkstube, stammen noch aus dem Anfang des 13. Jh. Sie sind ausgemalt mit dem ältesten in Deutschland noch erhaltenen Bilderzyklus zu profanen Themen. Die Freskenfolge von 1220–1250 ist die Darstellung von Hartmann von Aues Versroman »Iwein«. Im Hauptbild die Hochzeit des Helden.

Schmalkalden, Marktplatz mit Stadtkirche St. Georg

Außerdem sehenswert: Die Stadtbefestigung, ein doppelter Mauerring, der innere ab 1315, die äußere Mauer aus dem 15. Jh., im 16. Jh. verstärkt, ist fast noch vollständig erhalten. Von den Toren und Aufbauten steht noch der fünfgeschossige Pulverturm (um 1320). – Von den *herrschaftlichen Häusern*, die die Zeit überdauerten, sind bemerkenswert: Die *Große Kemenate* (Weidenbrunner Gasse 26/28), ein viergeschossiger spätgotischer Bau von 1420 mit Treppengiebeln, der *Henneberger Hof, ein* spätgotischer Wohnturm, die *Todenwarthsche Kemenate,* ein dreigeschossiges Renaissancegebäude (1575) mit spätgotischen Merkmalen, und die *Rosenapotheke* (Steingasse 11). In dem dreigeschossigen spätgotischen Haus wohnte Melanchthon während seines Aufenthaltes in Schmalkalden (Inschrift). Zahlreich sind die erhaltenen *Fachwerk-Bürgerhäuser,* die der Stadt ihren historischen Charakter geben. Beachtenswert das *Lutherhaus* am Lutherplatz. An dem im Kern spätgotischen Gebäude, innen mit reichen barocken Stuckdecken, weist eine Gedenktafel mit dem Schwan als Symbol der Reformation und Luthers Wappen auf seinen Aufenthalt hin.

Das *Rathaus*, 1419 genannt, wurde von 1901 bis 1903 stark verändert. Das dreigeschossige Gebäude mit Treppengiebel enthält im Flur ein großes Wandgemälde mit der Darstellung Schmalkaldens im 16. Jahrhundert.

Die *Friedhofskapelle* ist ein einschiffiger Barockbau mit Tonnengewölbe und doppelten Emporen. Im Friedhof Grabdenkmäler aus dem 16.–18. Jh.

Neue Hütte (Ortsteil Weidebrunn). Durch Eisenerzvorkommen bedingt, errichtete S. Happel unweit der Stadt 1656 einen Eisenhammer, 1669 wurde ein Blauofen angeschlossen, 1835 die Anlage erweitert. Wichtigster Bauteil ist der 12 m hohe Holzkohle-Hochofen (1870 erhöht). Ein klassizistischer Mantelbau in Fachwerk umschließt den Ofen, ein kleinerer Ofen steht frei. Erhalten sind (oder werden zur Zeit rekonstruiert) die technischen Anlagen mit Kunstgraben, Abwasserkanal, Zylinder-

Schmalkalden, Hessenhof,
< Älteste deutsche Profanmalerei

gebläse, Holzkohleschuppen, Meisterhaus usw.

Umgebung

Zillbach (15 km w): Der frühere Bankettsaal im Renaissancetrakt (1595) des klassizistischen *Jagdschlosses* (1790–1800) wurde um 1720 in eine Kirche umgestaltet, die 1741 einen Fachwerkturm erhielt.

99610 Sömmerda
Sömmerda

Einw.: 22700 Höhe: 141 m S. 226 □ D 8

Im fruchtbaren Thüringer Becken nnw von Erfurt liegt am rechten Ufer der Unstrut die Stadt Sömmerda. 876 erstmals erwähnt. Bis 1682 unter Fuldaer Lehensherrschaft, fiel der Ort 1165 an Mainz, 1802 an Preußen. Die im S und W durch die Unstrut umflossene Stadt, deren Nordseite durch eine noch gut erhaltene Stadtmauer geschützt wurde, brachte es bis zum Anfang des 19. Jh. nur bis zu einer Ackerbürgerstadt. Dann setzte im 19. Jh. eine rasche Industrialisierung (Metallverarbeitung) ein.

Bonifatiuskirche: Der Chor (um 1400) im einschiffigen Innenraum der spätgotischen Pfarrkirche (15./16. Jh.) erhielt 1562 seine *Kassettendecke.* Sehenswerte Stücke der Ausstattung sind ein *Auferstehungsgemälde* und ein *Kreuzigungsgemälde* (beide um 1400/10) sowie das vierflügelige spätgot. *Altarretabel* (um 1490) und die barocke *Orgel* (um 1680).

Außerdem sehenswert: Das spätgotische *Rathaus* (1539) und das *Fachwerk-Pfarrhaus* (1589) krönen auf ihren steilen Satteldächern jeweils 2 Türmchen. – In 3 der 6 *Türme* der erhaltenen ma *Stadtmauer* sind Sammlungen zur Vor- und Frühgeschichte, zur Holzverarbeitung und zur

Bad Tennstedt (Sömmerda), Stadtmauer >

Weißensee (Sömmerda), Runneburg

Flechterei sowie zur Flachsverarbeitung eingerichtet.

Umgebung

Bad Tennstedt (21 km w): 775 erstmals genannt, seit 1440 Stadtrecht, Kleinstadt mit Schwefelbad zwischen Bad Langensalza und Sömmerda gelegen, mit Resten einer ehem. den Ort umschließenden *Stadtmauer* und dem *Osthöfer Tor. Rathaus*, bescheidener Bau (16.–18. Jh.). *Trinitatiskirche*, urspr. Basilika, spätgot. kreuzgewölbter Chor mit $^3/_8$ Schluß v. 1418, dreischiffiges Langhaus nach Brand 1618 mit flacher Holzdecke versehen, reiche frühbarocke Ausstattung.

Beichlingen (15 km nö): *Schloß*. Sitz eines ehem. mächtigen Geschlechts (bedeutender Grabstein des Albert v. Beichlingen um 1370, in der Barfüßerkirche zu Erfurt). Das hohe Haus mittelalterlich, im Inneren Räume mit Kassettendecke, Bohlenwände, Malereien E. 16. Jh. Schloßkapelle ruinös. Die urspr. eindrucksvolle Wirkung der Burganlage 1973 durch Abrisse und Neubau einer Mensa für die Fachschule brutal und maßstablos zerstört.

Bruchstedt (25 km nw): Das Dorf wurde 1950 durch ein Unwetter und eine anschließende Flutwelle größtenteils zerstört, der Neuaufbau von ca. 70% der Häuser, z. T. in Lehmbauweise, war in damaliger Zeit ein Symbol der Hilfe und der Solidarität. 10 Gehöfte in einheitl. Form, Kulturhaus, Schule und Kindergarten neu gebaut.

Großrudestedt (9 km s): *Dorfkirche*. 1724 bis 1734 wurde der roman. Bau umgestaltet. Erhalten hat sich ein Altar aus einer Erfurter Werkstatt, 1487 datiert.

Kölleda (10 km nö): Typische Ackerbürgerstadt, z. T. noch mit Scheunenviertel. Um das Zentrum am Markt das *Rathaus* (15. und 18. Jh.) und die got. *Wipertikirche. Backlebener Tor* als Rest einer ehemals vollständigen Umwehrung des Ortes.

Weißensee (7 km nw): Von der spätroman. Landgrafenburg *Runneburg*, die um 1150/60 mit ovalem Bering w der ehem. Marktsiedlung über den Resten früher Vorgängerburgen (6./7. Jh.) angelegt wurde, sind die Toranlage und Teile des Palas (um 1190) erhalten, neben dem 1738 das barocke *Fürstenhaus* erbaut wurde. – In der *Peter-und-Pauls-Kirche* (12.–17. Jh.) mit einer Kassettendecke im einschiffigen Langhaus befindet sich ein spätgot. Flügelaltar mit qualitätvollen Heiligenfiguren im Schrein.

99706 Sondershausen

Sondershausen

Einw.: 23 000 Höhe: 189 m S. 226 □ C 8

Am Fuße der Burg, die den Hainleitepaß, der das Wippertal mit dem Thüringer Bekken verbindet, schützte, entstand am Wipperufer die Siedlung Sondershausen, die, urkundlich das erste Mal erwähnt 1125, seit dem Anfang des 14. Jh. planmäßig in einem leiterförmigen Straßennetz ausgebaut wurde. Seit 1356 war die Stadt Residenz des Fürstentums Schwarzburg-Sondershausen. Über die Grenzen des schwarzburgerschen Fürstentums hinaus berühmt wurde die 1801 neu eingerichtete Hofkapelle, das sogenannte »Lohorchester«, das im Sommer im Loh, einem schattigen Platz im Schloß-

Sondershausen, Schloß

hof, Konzerte gab und das F. Liszt zu den besten Deutschlands zählte. Johann K. Wezel wurde als wahrscheinlich illegitimer Sohn des Fürsten Heinrich I. 1747 in Sondershausen geboren. Der Verfasser bedeutender Gesellschaftsromane starb nach Schwierigkeiten mit der Zensur als verkannter Sonderling in der Hauptstraße 15 (Gedenktafel).

Schloß: Die ehemalige Residenz des Hauses Schwarzburg-S. ist im 17. u. 18. Jh. als prunkvolles Zeichen des barocken Absolutismus ausgebaut worden. Traurige Berühmtheit erlangte der »Diamantfürst« Heinrich I. (1740–58), der seine Prachtentfaltung durch einen exzessiven Stellenverkauf finanzierte. Die Vierflügelanlage um einen *Innenhof* mit Barockbrunnen besteht aus 2 Renaissancetrakten (1533–76, im N und O) mit dem Turm sowie einem barokken S-Trakt (um 1700) mit dem überreich stuckierten und mit hochbarocken Kolossalfiguren dekorierten *Riesensaal* im 2. Obergeschoß und einem W-Trakt (um 1770) mit dem ehemaligen *Weißen Saal,* der im Stil des Rokoko stuckiert ist. Ein 1650 opulent stuckiertes Gewölbe besitzt die kleine *Hofapotheke* zwischen dem O- und N-Trakt. – Neben natur- und heimatkundlichen Exponaten wird im *Schloß- und Heimatmuseum* auch eine Sammlung v. Abgüssen antiker Bildwerke gezeigt. – Im sog. *Karussell* (w des Schlosses; heute Konzertsaal), einem 1708/09 achteckig erbauten ehem. Lustschlößchen mit doppelten Zuschaueremporen, läßt sich der Erdgeschoßboden mechanisch drehen. Im Schloßpark befinden sich der »Lohplatz« und ein barocker Lustgarten. Am ö Abhang des Schloßberges steht eine klassizistische *Hauptwache* von 1838 und ein barockes *Prinzenhaus* (1724–1726).

Außerdem sehenswert: Von der alten *Stadtbefestigung* sind noch Reste der Mauer und einiger halbrunder Wehrtürme erhalten geblieben. – Der Turm der *Pfarrkirche St. Trinitatis* mitten in der Altstadt stammt noch aus der Gotik (1. H. 14. Jh.). Die Turmhau-

Sondershausen, Sogenanntes Karussell

be und Innenausstattung aus dem 17. Jh. Von der ehemaligen Klosterkirche *St. Crucis* in der Nähe der Wipperbrücke (erb. 1392) sind nur noch Ruinen erhalten.
In der Nähe der Hauptstraße sind einige *Fachwerkbürgerhäuser* aus dem 18. Jahrhundert bemerkenswert, ebenso das barocke *Gottschalksche Haus* an der Langen Straße.

Jagdschloß Possen: Oberhalb der Residenzstadt auf einer Höhe der Hainleite ließen 1732 die Schwarzburger ein Jagdschloß errichten, um 1760 wurden Wohn- und Wirtschaftsgebäude hinzugefügt, meist aus Fachwerk. Unweit der *Possenturm,* ein achtgeschossiger Fachwerkbau von 1781 mit barocker Haube.

Förderturm des Kaliwerkes Glückauf, Schacht II. 1907 in offener Stahlbauweise als doppelter Seilscheibenturm errichtet, 44 m hoch, 4 Stahlstützen überschreiten in schräger Stellung das Maschinenhaus, der Turmaufbau übernimmt die Schräge in entgegengesetzter Richtung, so daß eine spannungsreiche Architektur entsteht, die trotz der technischen Funktion des Turmes eine künstlerische Wirkung erzielt. Der Überlieferung nach war die qualitätvolle Gestaltung eine fürstliche Forderung, damit sie sich der Residenz anpaßte.

Umgebung

Ebeleben (16 km sw): Das *Schloß* war Sitz der 1651 ausgestorbenen Linie der Herren von Ebeleben, zuletzt zu Schwarzburg-Sondershausen gehörig. In der Barockzeit mit großem Park angelegt, das Schloß im 2. Weltkrieg völlig zerstört, die urspr. Anlage des Parkes mit Gartenplastiken noch erkennbar.
Großfurra (4 km nw): Die ehem. Wasserburg zu einem *Schloß* umgewandelt, vom alten Bau noch der Rundturm erhalten. Doppeltürmige *Dorfkirche* aus roman. Zeit, diente bis zur Säkularisierung als Kloster-

kirche eines Zisterzienser-Nonnenklosters. – Im *Ortsteil Neuheide* findet sich die erste Neubauernsiedlung auf dem Boden der ehem. DDR, nach der Proklamation der Bodenreform Bau von 30 Kleingehöften in Fachwerk-Lehmbauweise, nur noch wenige Höfe unverändert erhalten, dennoch zum historischen Denkmal erklärt.

99326 Stadtilm Arnstadt		
Einw.: 5200	Höhe: 360 m	S. 226 □ D 9

Der Ort liegt am N-Hang des Thüringer Waldes im Tal der Ilm. Er wird im N und S v. bewaldeten Höhen begrenzt. Mitte des 12. Jh. erstmals bezeugt, erhielt er im späten 13. Jh. Stadtrechte. Die Entwicklung des Ortes wurde dadurch begünstigt, daß er im 14. und 15. Jh. der Endpunkt der sogenannten Kahlertstraße war, einer Handelsstraße, die von Coburg aus über Eisfeld den Thüringer Wald durchquerte. Aber die Geschichte der Stadt, die sich vom 12.–20. Jh. in schwarzburgischem Besitz befand, wurde auch geprägt durch die schwierigen Erbstreitigkeiten der einzelnen Linien. Die Wirtschaft der Stadt gründete sich auf Hopfenanbau und Brauerei (14. Jh.). Später beförderte ausgedehnte Schafhaltung das Spinnerei- und Tuchmachergewerbe. Da Stadtilm erst 1894/5 an die Eisenbahn von Arnstadt angeschlossen wurde, konnte die industrielle Entwicklung erst spät einsetzen.

Stadtkirche: Diese bedeutende frühgotische Anlage dokumentiert die Herrschaftsinteressen der schwarzburgischen Fürsten. Der Bau wurde in der 2. H. des 12. Jh. bis zur 1. H. 13. Jh. ausgeführt, 1335 geweiht. Die zweitürmige W-Fassade, das N- und S-Portal des Langhauses und der gerade Chorstuhl im Stil der Zisterzienser gehören noch zu der ursprünglichen Anlage. Die beiden spätromanischen Türme des W-Baus erhielten im 14. Jh. hochgotische Obergeschosse mit Pyramidenhelmen. Die S-Portalvorhalle (um 1320) ist von Strebepfeilertabernakeln, in denen je eine große Figur steht, einge-

Sondershausen, Jagdschloß Possen, Possenturm >

Stadtilm, Blick auf die Stadt

faßt. Der Giebel stammt aus dem 19. Jh. Die Vorhalle des n Figurenportals aus d. 14. Jh. ist mit einem Kreuzgewölbe und Blendnischen noch kunstvoller gestaltet. Die Innenausstattung wurde 1784 umgebaut, Chorschranken, Kanzel und Orgel zeigen eine interessante Gestaltung im Stil des Rokoko.

Rathaus: Das v. modernen Anbauten des 20. Jh. wieder befreite zweigeschossige *Renaissance-Rathaus* wurde um 1600/10 unter Einbeziehung v. frühgot. Gebäudeteilen des ehem. *Zisterzienserinnenklosters* (1287 gegr.) errichtet. So findet sich im Inneren, in dem auch das *Heimatmuseum* mit vor-, früh- und stadtgeschichtlichen Sammlungen seinen Sitz hat, das einstige *Refektorium* (heute Ratskeller). Den Bau zieren ein ö *Treppenturm* und die *Zwerchhausgiebel* aus der Renaissance.

Außerdem sehenswert: Die heutige Altstadt, deren Mittelpunkt ein großer rechteckiger Marktplatz bildet, wurde durch eine im 15./16. Jh. angelegte, starke *Stadtbefestigung* mit Wallgräben geschützt. Große Teile der Anlage mit mehreren Wehrtürmen sind heute noch gut erhalten. – *Eisenbahnviadukt* für die Linie Arnstadt–Saalfeld, 1890 erbaut. 21 Bögen in Bruchsteinmauerwerk überspannen in imposanter Art das Ilmtal.

Umgebung

Dienstedt (7 km nö): Die aus einer roman. Vorgängerkirche hervorgegangene *Dorfkirche,* eine Chorturmkirche aus dem 15. Jh., birgt im Inneren ein kunsthistorisch bedeutendes spätgot. Altarretabel aus dem Jahre 1513.

Ehrenstein (8 km östlich): Die *Ruine* der wohl bereits im 13. Jh. am Ort einer mittelalterlichen Vorgängerin auf dem Buchenberg errichteten Burg bewahrt die jüngeren Befestigungsanlagen (14. Jh.) wie Bering, Bergfried und einen Wehrturm.

07646 Stadtroda Stadtroda		
Einw.: 6200	Höhe: 191 m	S. 227 □ E 9

Der Ort liegt in einem waldreichen Gebiet ö der mittleren Saale an der Roda. Bei dem Dorf Roda gründeten die Herren v. Lobdeburg vor 1247 ein Zisterzienser-Nonnenkloster, in dessen Anschluß sich die Stadt entwickelte, dessen ursprüngliches Zentrum auf der Höhe des linken Roda-Ufers der alte Markt mit der *Kirche zum heiligen Kreuz* (siehe unten) war. 1340 erhält die Siedlung Stadtrechte, 1523 erlangte die sich trotz häufiger Überschwemmungen gut entwickelnde Unterstadt Gleichberechtigung. 1925 wurde Roda in Stadtroda umbenannt.

Salvatorkirche: Einen spätgot. Chor bezieht die um 1580/90 erbaute Renaissance-Pfarrkirche mit ein, deren Dach v. einer Laterne mit Barockhaube bekrönt wird. Das oktogonale Innere (rest.) des nach einem Brand 1650 und 1738 erneuerten Zentralbaus besitzt eine dreigeschossige *Rundumempore* aus der Barockzeit. Prunkstück der Ausstattung ist die von einer Tragefigur (Moses, 17. Jh.) gestützte *Barockkanzel* (rest.).

Heilgenkreuzkirche: Das Gebäude ist Teil der planmäßigen Anlage des alten Marktes. Der im Kern romanische Bau v. 2. H. 12. Jh., dessen Turm einen noch aus dieser Zeit stammenden Chor und ein gotisches Kreuzrippengewölbe hat, wurde ca. 1680 durch ein barockes Langhaus mit Flachdecke verändert und birgt in seinem Inneren mehrere spätgotische Holzfiguren.

Außerdem sehenswert: Von der ma *Stadtbefestigung* ist nur noch das Rote Tor am Töpferberg erhalten. – Ein großer Stadtbrand vernichtete das alte Renaissanceschloß. Der Neubau, 1663–68 als schlichtes Barockgebäude errichtet, diente zunächst als Amtshaus, von 1733–81 als Residenz von Prinzen und Prinzessinnen des Hauses Sachsen-Gotha-Altenburg. – Von der dreiteiligen *Saalkirche* des ehem. *Zisterzienserinnenklosters* sind noch umfängliche Reste erhalten. In den Ruinen befinden sich w Emporenfragmente und s des frühgotischen Chors ein re-

Stadtilm, Rathaus

liefiertes Tympanon aus der Entstehungszeit um 1270/80.

Umgebung

Lippersdorf (10 km sö): *Dorfkirche.* Für die schlichte Kirche des Spätmittelalters fertigte 1718 Johann Conrad Schönig aus Ronneburg eine Kassettendecke mit 55 Gemälden, die nach der Historischen Bilderbibel von Johann Ulrich Krause (1700) gestaltet wurden. Reste von spätgot. Schnitzaltären.

Renthendorf (12 km sö): *Brehm-Gedenkstätte.* Schlichter Backsteinbau, letzte Wohn- und Arbeitsstätte von Alfred E. Brehm, der 1829 in Renthendorf als Sohn des Ornithologen und Pfarrers Christian Ludwig Brehm geboren wurde. Innenräume im Stil der Zeit.

Trockenborn-Wolfersdorf (9 km s): Das landschaftlich reizvoll im waldigen Schüsselgrund gelegene *Jagdschloß Fröhliche Wiederkunft* wurde v. N. Gromann als Renaissance-Wasserschloß erbaut und erhielt erst im 19. Jh. sein heutiges neugotisches Gepräge.

98527-29 Suhl		
Suhl		
Einw.: 53 900	Höhe: 434 m	S. 226 □ C 9

Der Ort liegt am SW-Rand des mittleren Thüringer Waldes in einem Granitkessel, der v. der Lauter und ihren Zuflüssen durchzogen wird. Suhl, an der Paßstraße v. Meiningen und Schleusingen nach Erfurt gelegen, wird 1232 erstmals genannt. Damals gehörte es den Grafen von Henneberg, die bereits Salz- und Eisenerzbergwerke betrieben. Die Eisenverarbeitung ist bis heute der vorherrschende Industriezweig der Stadt (Stadtrechte 1527). 1583 kam Suhl unter wettinische Verwaltung, 1660 an das Kurfürstentum Sachsen, 1815 an Preußen. 1570 gab es in Suhl bereits sechs Eisenhämmer, zehn Büchsenschmieden und 22 Kleinschmieden. 1595 wurden 27 000 Gewehre und 1100 Pistolen hergestellt. Suhl galt als Rüstkammer und Zeughaus Deutschlands. Auch heute noch haben Jagdwaffen aus Suhl einen guten Ruf. Mit dem Eisenbahnanschluß 1884/85 und

Trockenborn-Wolfersdorf (Stadtroda), Jagdschloß Fröhliche Wiederkunft >

der Ansiedlung von Maschinen- und Fahrzeugbauindustrie stieg zu Anfang des 20. Jh. die Einwohnerzahl sprunghaft an, und die umliegenden Dörfer wurden eingemeindet. Architektur und Kunst haben in dieser Stadt der Arbeit einen eher bescheidenen Raum eingenommen. Die überwiegende Bebauung waren einfache Fachwerkhäuser. Nach dem 2. Weltkrieg erfolgte seit 1952 ein schneller Ausbau von modernen Verwaltungsgebäuden, Industrieanlagen und Wohnsiedlungen.

Hauptkirche St. Marien: Ö des historischen Marktes steht die einschiffige Barockkirche. Ursprünglich in der Spätgotik (1487 bis 1491) errichtet, brannte diese, bei den großen Stadtbränden, die die Suhler Altstadt mehrfach verwüsteten, zweimal ab und wurde zuletzt 1753–69 wieder aufgebaut. Der Chor hat einen dreiseitigen Schluß, an seiner N-Seite ein Turm mit Barock-Haube und Laterne. Im Inneren bestechen ein reicher Rokoko-Kanzelaltar und der dekorative Orgelprospekt von K. Klemm (nach 1753).

Kreuzkirche: An Stelle der 1731–1739 er-

Stadtroda, Zisterzienserinnenkloster (unten)

bauten lutherischen Kirche stand zuvor eine Kreuzkapelle. Der einschiffige Barockbau mit dreigeschossigen Emporen und doppelten Fensterreihen, der Turm im O mit Haube und Laterne, besitzt einen reichverzierten Kanzelaltar und Orgelprospekt aus der Entstehungszeit.

Waffenmuseum: Im ehem. *Malzhaus* am Herrenteich, einem langgestreckten ma Bau, der 1633 das walmdachgedeckte *Fachwerkobergeschoß* mit paarweise angeordneten Fenstern erhielt, dokumentiert eine reiche Kollektion v. Büchsen, Gewehren und Pistolen die Geschichte der Handfeuerwaffen vom Hinterlader bis zum modernen Jagdgewehr. Eine historische *Büchsenmacher-Werkstatt* und eine *Gewehrlauf-Schmiede* (19. Jh.) veranschaulichen den handwerklichen Herstellungsprozeß der in Suhl seit 1553 gefertigten Waffen. Prunkstück der Ausstellung ist eine ma *Handbüchse* von 1399.

Suhl-Heinrichs: Dieser erst 1936 eingemeindete Stadtteil bietet reichhaltige Sehenswürdigkeiten. An dem als Ensemble von Fachwerkhäusern angelegten Straßenmarkt des im 12. Jh. gegründeten Waldbauerndorfes fällt besonders das barocke *Rathaus* von 1657 mit seinem feingegliederten Fachwerkaufbau ins Auge. Das massive Erdgeschoß mit seinen Eckquadern stammt schon von 1531. Die spätgotische Chorturmkirche *St. Ulrich* (1452–1503) mit Maßwerkfenstern und Portalen an W- und N-Seite besitzt einen Chor mit Kreuzgewölbe, der mit spätgot. Fresken ausgemalt ist. In der Saalkirche, mit umlaufenden Emporen (17. Jh.), steht ein in filigraner Steinmetzarbeit gestaltetes Sakramentshaus (1521). Beachtenswert auch das Pfarrhaus mit interessanter Fachwerkkonstruktion im Giebel (17. Jh.). Ebenfalls bemerkenswert sind auch die übrigen *Fachwerkbauten* in reichen dekorativen Stilformen vorwieg. des 17. Jh., zumeist zweigeschossige Traufenhäuser mit großen Toreinfahrten. Z. T. sind Schmuckformen noch unter Putz- oder Schieferverkleidungen verborgen.

Suhl-Heinrichs, Rathaus

Im Ortsteil Neundorf: Ensemble von Fachwerkhäusern des 17.–19. Jh., bes. das ehem. *Waisenhaus* mit derbem Fachwerk und die Gaststätte »Zum Goldenen Hirsch«. *Dorfkirche* v. 1760/63, schlichter Bau mit Kanzelaltar.

Außerdem bemerkenswert: Das Zentrum von Suhl in der Umgebung des Marktes beherbergt eine Anzahl von schmucken *Bürgerhäusern* vorwieg. aus dem 18. Jh. Am Steinweg 6 ist ein zweigeschossiges *Rokokohaus* mit dekorativer Fassade zu beachten. Direkt am Markt ist das 1927/28 im Stil der neuen Sachlichkeit erbaute Kaufhaus ein interessantes Dokument aus der Frühzeit der Kaufhauskultur.
In dem in den 60er und 70er Jahren umgestalteten Teil des Zentrums ist vor allem die Stadthalle, die Wandbilder an den anschließenden Flachbauten der Gaststätten und Sportbildungsstätten von W. Neubert, H. Preiß u. W. Sitte, ein beachtliches Monument eines kollektiven Gestaltungswillens.

Umgebung

Christes (30 km nw): *Dorfkirche.* Als kleine dreischiff. Basilika von drei Jochen wurde die Wallfahrtskirche Mitte des 15. Jh. erbaut mit einschiffigem, gerade geschlossenem Chor und Westtürmen. In der Sakristei spätgot. Wandmalereien.

Kühndorf (21 km w): Die Ruine der ehem. *Johanniterburg* (um 1300) umfaßt Brücke und Torhaus, eine ma Scheune in der einstigen Vorburg, fünf- bzw. sechsstöckige Wohngebäude am kleinen Burghof sowie als Wehrbaufragmente den zylindrischen S- und den oktogonalen N-Turm des Zwingers.

Marisfeld (16 km sw): *Schloß.* Wiederaufbau 1663–65 anstelle einer 1641 zerstörten Burg der Herren von Marisfeld. Rechteckiger Bau in Form einer Fortifikationsanlage mit vier Ecktürmen, umgeben v. einem tiefen Graben. Sehr kleiner Hof, in dem sich ein aufwendiges Barockportal befindet.

Oberhof (14 km n): Das *Hotel »Panorama«* gehört zu einer Reihe von Bauten der sechziger Jahre, die durch ihre äußere Form Bezüge zur Landschaft oder dem Charakter einer Stadt symbolisch herzustellen versuchten (Jena = Fernrohr, Leipzig = Buch, hier zwei sich gegenüberstehende Sprungschanzen). Als Ausdruck einer Flucht vor der um sich greifenden Typisierung evtl. zu deuten und zur semiotischen Architektur zu zählen. – *Obelisk.* Am Stadtrand an der Kreuzung des Rennsteigs mit der Straße Erfurt–Suhl zur Erinnerung des 1830–32 erfolgten Straßenbaus in Form einer übergroßen got. Fiale errichtet. – *Brandleitetunnel* (11 km n): 1881–84 für eine zweispurige Eisenbahnverbindung von N nach S erbaut. Er unterquert das Brandleitemassiv und verbindet die Bahnhöfe Gehlberg und Oberhof auf kürzestem Wege. Mit einer Länge von 3038 m war er einer der längsten Tunnelbauten der damaligen Zeit.

Rohr (16 km sw): Die um 820 als Klosterkirche und Pfalzkapelle St. Michael über einer heidnischen Kultstätte gegr. und mehrfach umgebaute *Dorfkirche* (10. bis 17. Jh.) bewahrt unter dem Chor die ottonische Krypta mit 4 quadratischen Gewölbestützen sowie außen die roman. Friedhofsbefestigung mit wehrgangbestückter Friedhofsmauer, trutzigem Vortor und massigem Torturm. Im Kircheninneren Kassettendecke und figürlich geschmückte Emporenbrüstungen aus dem 17. Jh.

Beachtung verdient auch die *Alte Baderei,* ein Fachwerkbau aus dem Jahre 1686.

Schwarza (21 km w): In der *Wasserburg* (13.–18. Jh.) ist heute die *Heimatstube* mit einer volkskundlichen Sammlung, darunter Thüringer Trachten, untergebracht.

Zella-Mehlis (7 km n): Die Orte Zella St. Blasii und Mehlis – beide sehr frühe Gründungen – wurden 1919 vereinigt. Bemerkenswert die *Stadtkirche St. Blasius,* als der bedeutendste Zentralbau Südthüringens, 1768–74 auf ovalem Grundriß errichtet. Im Inneren umlaufende Emporen, an

Suhl, Steinweg

der südl. Längsseite der Kanzelaltar, gegenüber die barocke Orgel.

W

99423-27 Weimar
Weimar

Einw.: 59100 Höhe: 217 m S.227 □ D 9

In der bereits in vorgeschichtlicher Zeit besiedelten Aue der Ilm stand im frühen Mittelalter eine Burg Hornstein der Grafen von Weimar, die anläßlich eines Hoftages Kaiser Ottos I. 975 erstmals genannt wird und in deren Schutz sich ab 1254 die Stadt (seit 1348) entwickelte. 1372 gelangte sie in den Besitz der Wettiner, die sie zu ihrer Residenz erhoben, in der Lucas Cranach und Martin Luther weilten. Nach dem Schmalkaldischen Krieg blieb sie auch unter den Ernestinern Residenzstadt und bis 1918 Hauptstadt des Herzogtums Sachsen-Weimar.

Während seiner Zeit als Hoforganist (1708–17) wurden Johann Sebastian Bach in den Jahren 1710 und 1717 seine Söhne Friedemann und Emanuel geboren. Die Geschichte der Stadt ist von einem wechselhaften Schicksal gekennzeichnet. Die Bedürfnisse des Hofes und eine ständig wachsende Beamtenschaft ließen in der 2. H. d. 16. Jh. das Wirtschaftsleben aufblühen, es setzte eine rege Bautätigkeit ein, deren Spuren noch heute zu sehen sind. Schon ab 1600 erfolgte mit einschränkenden Maßnahmen der städtischen Interessen durch die Landesherrn ein rascher Niedergang. Im 17. und 18. Jh. vollzog sich bei einer gleichzeitigen absolutistischen Ausweitung der herzoglichen Macht ein fast vollständiger Abbau des kommunalen Eigenlebens. Um die Mitte des 18. Jh. stand die Stadt vor dem finanziellen Ruin. Erst die Reformen des Herzogs Carl August brachten 1810 das Ende der veralteten städtisch ständischen Verfassung. Aber auch noch nach den Befreiungskriegen von 1813–15 und während der 48er Revolution blieb die Mehrzahl der Bürgerschaft obrigkeitstreu.

Unter der Herrschaft von Herzog Carl August und dem Patronat der Herzoginwitwe Anna Amalia erlebte Weimar in der 2. H. des 18. Jh. einen Höhepunkt von höfischer Kulturpflege, der als Epoche des *klassischen Weimar* in die Geschichte eingegangen ist. 1772 kam Christoph Martin Wieland als Prinzenerzieher nach Weimar und blieb dort bis an sein Lebensende. Aus Goethes Besuch 1775 entstand eine lebenslange Bindung an den Hof. 1776 wurde Herder zum Hofprediger berufen, und 1779 ließ sich Schiller endgültig in der Hauptstadt nieder. Diese Korona der deutschen Klassik zog die bedeutendsten Köpfe der Zeit an, deren Aufenthalten Weimar seine einzigartige geistige Ausstrahlungskraft verdankte.

Auch nach Goethes Tod 1832 konnten die Thronfolger Carl Augusts die Tradition der Kulturförderung fortsetzen. F. Liszt wurde 1842 nach Weimar berufen. 1860 fand die Gründung der Kunsthochschule statt, an der u.a. Böcklin, Lenbach und Liebermann lehrten. Aus der Verbindung mit der 1902 von Harry van de Velde gegründeten Kunstgewerbeschule ging 1919 das berühmte Bauhaus hervor, das u.a. so bedeutende Maler wie L. Feininger, P. Klee u. W. Kandinsky als Lehrer verpflichten konnte (1925 unter W. Gropius Übersiedlung nach Dessau).

1900 starb F. Nietzsche in Weimar, und im Haus von Harry Graf Keßler (Cranachstr. 13), der 1913 die Cranach-Presse gründete, begegneten sich G. Hauptmann, H. v. Hofmannsthal, R. M. v. Rilke, Richard Strauss und viele andere bedeutende Künstler.

1919 wurde im *Deutschen Nationaltheater,* dem ehemaligen Hoftheater, durch die Deutsche Nationalversammlung mit der Verfassung von Weimar die *Weimarer Re-*

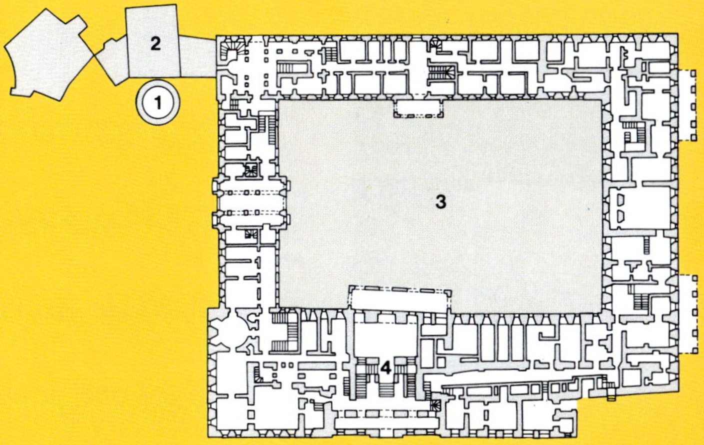

Weimar, Schloß 1 Fragmente des Rundturmes (11.Jh.) der Vorgängerburg mit Barockhelm (1728) von G. H. Krohne mit Laterne **2** Torbau (Bastille 1460/70) mit Hauptportal (1545) von N. Grohmann **3** Innenhof **4** Treppenhaus

publik (1919–33) aus der Taufe gehoben. Die Ära des Nationalsozialismus und der 2. Weltkrieg fügten dem traditionsreichen Stadtgefüge schwere Wunden zu. Die Nationalsozialisten veränderten die Substanz der Stadt durch unvollendet gebliebene Partei- und Regierungsgebäude und verlegten ein Konzentrationslager in ihre Nähe (*Buchenwald,* siehe unten). 1945 zerstörte ein schwerer Luftangriff viele wichtige Denkmale und verwüstete Teile des Parks. Durch kampflose Übergabe der Stadt konnten weitere Kriegsschäden vermieden werden.

Nach der weitgehenden Restauration der historischen Baudenkmäler ist die Stadt heute ein Ort der Forschungs- und Gedenkstätten der klassischen dt. Literatur und mit ihren Hochschulen der Pflege von Musik und Kunst verpflichtet.

Schloß: Die anstelle der ma Wasserburg unter Leitung v. N. Grohmann, N. F. Thouret, C. W. Coudray u. a. erbaute und mehrfach erweiterte Vierflügelanlage (15. bis 20. Jh.) besitzt eine durch eine klassizistische, der Ilm zugewandte *Säulenhalle.* Das *Treppenhaus*, die *Falkengalerie* und der *Große Festsaal* im Inneren wurden von H. Gentz 1801–03 klassizistisch gestaltet und v. F. Tieck dekoriert. Nach Plänen v. Thouret entstand das *Luisenzimmer,* nach solchen v. Karl Friedrich Schinkel die *Goethe-Galerie* im W-Flügel. Heute sind in den Schloßräumen die *Staatlichen Kunstsammlungen* untergebracht, die neben dem graphischen Kabinett (15 000 Zeichnungen und 50 000 Drucke) und einer Münzsammlung v. a. eine umfangreiche Gemäldegalerie umfaßt: Gezeigt werden u. a. spätgot. Thüringer Flügelaltäre, Bilder v. Hans Baldung,

Weimar, Goethes Gartenhaus

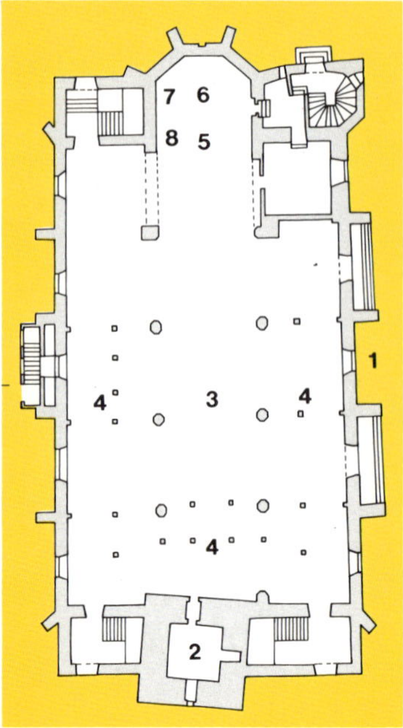

Weimar, Herderkirche 1 S-Fassade mit 2 Portalen **2** W-Turm mit Spitzhelm **3** Bethalle **4** Barockemporen **5** Eingezogener Polygonchor (um 1500) **6** Cranachaltar (Kreuzigung Christi vor alt- und neutestamentlichen Szenen, Luther und Cranach, links Kurfürst Johann Friedrich und Gemahlin, rechts Johann Friedrichs Söhne, 1555) von Lucas Cranach d. Ä. **7** Grabstein (um 1556) für L. Cranach d. Ä. mit klassizistischer Rahmung **8** Marmorepitaph (1576) von S. Grohmann für Herzog Johann Wilhelm

genannt Grien, Barthel Bruyn d. Ä. und Lucas Cranach d. Ä., niederländische und ital. Werke des 17./18. Jh. v. Adriaen Brouwer, Adriaen van Ostade, Peter Paul Rubens, Tintoretto und Paolo Veronese, Gemälde aus der Goethezeit v. Johann Heinrich Füßli, Anton Graff, Philipp Hakkert, Angelika Kauffmann und Johann Heinrich Wilhelm Tischbein, Bilder der Romantik v. Caspar David Friedrich und Philipp Otto Runge sowie zahlreiche Werke des 19./20. Jh. aus der Weimarer Malerschule und der Moderne. – Vor der SW-Ecke des Schlosses stehen der 1732 barock bekrönte *Schloßturm* und die 1545 v. N. Grohmann erneuerte sog. *Bastille.*

Im S erstreckt sich der v. Goethe zusammen mit Gärtnern angelegte *Landschaftsgarten an der Ilm* mit *Goethes Gartenhaus* (17. Jh.; originalgetreu eingerichtet), in dem er 1776–82 wohnte. Im *Borkenhäuschen* vis-à-vis verlustierte sich Großherzog Karl August, für den Goethe weiter s das klassizistische *Röm. Haus* (1791–97) entwarf, das mit Wand- und Deckengemälden geschmückt ist. Am W-Ufer der Ilm steht das *Shakespeare-Denkmal* (1904) v. O. Lessing. In den als Gedenkstätte hergerichteten Räumen im sw *Liszt-Haus* (ehem. Haus des Hofgärtners) lebte der Komponist Franz Liszt während der Jahre 1869–86.

Herderkirche: Im lichten Inneren der 1735 bis 1745 barock umgestalteten spätgot.

Weimar, Herderkirche >

Weimar, Goethe-Nationalmuseum

Stadtkirche St. Peter und Paul, deren mit einem Dachreiter bekröntes großes Satteldach über alle 3 Schiffe der Halle reicht, findet sich unter der Orgelempore die *Tumba Herders* (†1803), der in der Kirche als ev. Superintendent und Prediger auftrat. Im einschiffigen Chor steht der berühmte 1555 v. Lucas Cranach d.J. vollendete *Kreuzigungsaltar*, dessen Mitteltafel den Gekreuzigten mit den rechten Begleitfiguren Luthers und Cranachs d.Ä. zeigt. Das reliefgeschmückte *Renaissance-Epitaph* für Lucas Cranach d.Ä. (†1555) an der n Chorwand skulptierte N. Grohmann, die *Tumba* in der Chormitte und weitere *Epitaphe* für die ernestinischen Fürsten stammen aus dem 16. und 17. Jh. – L. Schaller schuf das *Herder-Standbild* (1850) vor dem s Seitenschiff. – Zum Hausgarten des nahen *Krim-Krakow-Hauses* (nö, Jakobstr. 10) mit Barockfassade und klassizistischen Wohnräumen (u.a. Herder-Gedenkzimmer) gehört auch ein erhaltener Teepavillon.

Goethehaus: Das innenarchitektonisch nach Goethes Vorstellungen umgestaltete zweigeschossige Barockgebäude (1709, restauriert) mit mansarddachgedecktem Mittelrisalit am Frauenplan bewohnte Goethe 1782–1832. Die historisch getreu eingerichteten Räume wie das *Arbeitszimmer* und die *Bibliothek* (5400 Bände) sind Teil des *Goethe-Nationalmuseums,* das Leben und Wirken Goethes dokumentiert. – Eine ähnliche Gedenkstätte ist das nahe *Schillerhaus* (nw, Schillerstr. 12) mit der Mansardenwohnung, die der Dichter seit seiner Erhebung in den Adelsstand (1802) bis zu seinem Tode (1805) bewohnte.

Goethe- und Schiller-Archiv: In dem n des Schlosses 1896 errichteten Bau ist das größte Archiv der neueren deutschen Literatur mit ca. 60 geschlossenen Dichternachlässen und Einzelhandschriften von ungefähr 450 Autoren untergebracht. Zu den in etwa 600000 Handschriften zählen außer denen der Namensgeber u.a. die Hinterlassenschaften von Herder, Wieland, Mörike, Hebbel und Nietzsche.

Bauten am Platz der Demokratie: Im S des Platzes wurde 1770–74 das ehem. *Fürstenhaus* als ein dreigeschossiger Barockbau errichtet. Der Säulenvorbau der heutigen Hochschule für Musik »Franz Liszt« stammt aus dem Jahre 1889. Das *Reiterstandbild* des Großherzogs Carl August davor ist von A. Donndorf (1875). Im O steht das *Grüne oder Französische Schloß,* es wurde 1563–69 vermutl. von Nicolaus Grohmann als Wohnhaus mit welschem Garten erbaut und beherbergt heute die *Zentralbibliothek der Nationalen Forschungs- und Gedenkstätten.* 1761–66 entstand beim Umbau des von einer Arkatur umzogenen Rechteckbaus zur fürstlichen Bibliothek der schöne ovale Rokokosaal mit umlaufender Galerie, ausgestattet mit Porträtbüsten, von Trippel, Dannecker, Schadow u.a. Von 1821–25 erfolgte die Einbeziehung des alten Wehrturms durch einen Zwischenbau. Die Bibliothek besitzt den stattlichen Gesamtbestand von etwa 800000 Bänden, davon 11000 allein zum Faustthema. Die barocke Farbgebung des Gebäudes wurde 1975 rekonstruiert. Gegenüber im W das *Rote Schloß,* der langgestreckte Renaissancebau von 1574–76, der im 19. Jh. durch d. Abbruch der Erker-Ausbauten stark verändert wurde, besitzt ein reiches Renaissanceportal. In unmittelbarer Nachbarschaft liegt das barocke *Gelbe Schloß* von 1702, mit von ionischen Säulen gerahmten Fenstern und gebrochenem Giebel.

Wittumspalais: (Am Palais 3) Im ehemal. Witwensitz der Herzogin Anna Amalia (ab 1775) sind mehrere im Stil der Goethezeit eingerichtete Räume erhalten geblieben. Der zweigeschossige Barockbau von 1767 enthält im Grünen Salon ein Deckengemälde von F. A. Oeser. In den anderen Räumlichkeiten erinnern kostbare Gemälde von Anton Graff und der Malerfamilie Tischbein und auch Porträtplastiken an die erlauchten Persönlichkeiten der einstigen Tafelrunde der Herzogin. Im O-Trakt des Palastes wurde 1963 ein *Wieland-Museum* mit Exponaten zu Leben und Werk des bedeutenden Klassikers eingerichtet.

Jakobskirche: Im N der Stadt liegt die einschiffige Barockkirche, die 1712/13 nach Entwürfen J. Mützels und J. A. Richters er-

Weimar, Reiterstandbild des Großherzogs Carl August

baut wurde. Ihr W-Turm trägt eine Zwiebelhaube. Auf dem *Friedhof* befindet sich die erste Grabstätte Schillers, gemahnen Gräber an Personen wie Lucas Cranach d. Ä., Christiane von Goethe und Carl August Musäus.

Weimarer Bauschule: Die heutige Hochschule für Architektur und Bauwesen entstand 1904/5 und 1911 in zwei Bauabschnitten nach dem Entwurf von Harry van de Velde, als richtungweisendes Gebäude einer neuen Architektur. Der dreigliedrige Längsbau mit kurzen Querflügeln hat im Mittelteil ein Hauptportal, das auf die berühmte elliptisch geführte Haupttreppe im Inneren leitet. Die Straßenfront ist unter Verzicht jedweder historisierender Elemente nur durch ihre wuchtigen Pfeiler und großen Fensterflächen gegliedert und folgt allein dem Prinzip der Zweckmäßigkeit. Im Inneren des Hauptgebäudes und des im Stil entsprechenden *Van-de-Velde-Baus* gegenüber befinden sich Wandgemäl-

Weimar, Weimarer Bauschule, Haupttreppe

de v. H. Bayer und Reliefs von O. Schlemmer und J. Schmidt. – Sehenswert ist außerdem das 1923 im Zusammenhang mit der Planung einer Bauhaussiedlung nach einem Entwurf von G. Muche errichtete *Musterhaus am Horn.* In diesem als Serienhaus projektierten Bau wurde versucht, alle Werkkunstdisziplinen des Bauhauses durch Konstruktion und Ausstattung zu einer neuen Lösung zu vereinen. – Ebenfalls bemerkenswert ist das *Haus Belvedere-Allee 58* 1907/8 nach Plänen von H. van de Velde.

Außerdem sehenswert: Im N der Altstadt befindet sich das nach dem Weimarer Schriftsteller (1747–1822) benannte *Bertuchhaus.* Das klassizistische Gebäude (1780) beherbergt das *Stadtmuseum* mit Exponaten zur Stadtgeschichte und der bäuerlichen und Industriekultur. – Vor dem traditionsreichen *Deutschen Nationaltheater* (19./20. Jh.) im SW des Stadtkernes steht das bekannte *Goethe-Schiller-Denkmal* (1857) von E. Rietschel. Gegenüber liegt das ehemal. *Kulissenhaus,* heute eine *Kunsthalle* für Wechselausstellungen. – Auf dem s Friedhof vor dem Frauentor wurde 1832 Goethe neben Schiller in der 1825–27 nach dem Entwurf von C. W. Coudray erbauten klassizistischen *Goethe-und-Schiller-Gruft* beigesetzt. Dahinter seit 1862 die *Griechisch-Russische Kapelle,* Grabstätte der Großherzogin Maria Paulowna. Auf dem Friedhof Gräber von J. P. Eckermann, der Ch. v. Stein sowie das *Denkmal der Märzgefallenen* von W. Gropius. – In der Nachbarschaft hat mit seinen umfänglichen Sammlungen das *Museum für Ur- und Frühgeschichte Thüringens* im *Poseckschen Haus* Aufnahme gefunden. – Am Markt 11 steht das *Lucas-Cranach-Haus.* Das stattliche dreigeschossige Renaissancedoppelhaus mit zwei Zwerchhäusern und zwei reich ornamentierten Portalen (z. T. 19. Jh.) wurde 1549 von N. Grohmann erbaut. An der N-Seite des Marktes ist das *Stadthaus,* ein Renaissancebau von 1547 (rekonstruiert), bemerkenswert. An seiner W-Seite steht das neugotische *Rathaus* von 1837 bis

Weimar, Deutsches Nationaltheater

1841. – Nicht unerwähnt bleiben können Gedenkstätten an so bedeutende Persönlichkeiten wie Charlotte von Stein, ihr Haus, ein nach Plänen Goethes umgebautes Stallgebäude, ist an der Ackerwand erhalten geblieben. Das *Liszthaus,* erbaut 1798 (Marienstr. 17) enthält die historisch getreu wiederhergestellten Wohn- und Arbeitsräume (1869–86) des Musikers.

Landesmuseum: Nördlich des Jakobsviertels entstand Mitte 19. Jh. eine großzügige Anlage mit dem Bau des *Landesmuseums,* das der tschechische Architekt Josef Zitek 1853–78 in Neurenaissanceformen ausführte. Es gehört mit zu den ersten Museumsbauten in Deutschland. Nach einer Teilmontage 1948/50 Ruine. Rekonstruktion geplant. – Im S der Stadt liegt der ehem. Sommersitz der Herzogin Anna Amalia, *Schloß Tiefurt* (16.–19. Jh.), in dessen *Landschaftsgarten* (1776–85) sich ein Musentempelchen, der Teepavillon (1805) und Denkmäler (u.a. für Mozart, Wieland und Herder) befinden.

Umgebung

Bad Berka (13 km sw): Die Goethestube im *Alten Kurhaus* (1825) dokumentiert die mit dem Wirken des Geheimrates verknüpfte Geschichte des Heilbades. – Zentralklinik für Herz- und Lungenkrankheiten. Oberhalb des Ilmtales, am Beginn ausgedehnter Wälder 1951–58 als Tbc-Heilstätte erbaut. Großzügige, mehrflügelige Anlage mit Innenhöfen; der Mitteltrakt mit turmartigem Aufbau und der Eingang in Form der Propyläen sowie das Kulturhaus sind typische Beispiele für die Architektur der sechziger Jahre im Stile der »Nationalen Traditionen« als ein Neo-Klassizismus. – In der Nähe die Heilstätte München, die 1898 als Lungenheilstätte in Fachwerk erbaut wurde. Elemente der Heimatkunst mischen sich mit konstruktivistischer, bedingt durch die Nutzung, Auflösung in große Glasflächen.

Belvedere (4 km sö): Vor dem *Rokokoschloß Belvedere* (1724–32) und seinen bei-

Vorhergehende Doppelseite:

Links: Weimar, Goethe-Schiller-Denkmal

Rechts: Weimar, Griechisch-Russische Kapelle

den symmetrischen Kavaliershäusern erstreckt sich der u.a. durch Goethe, J.K. Sckell und Fürst v. Pückler-Muskau aus einem Barockgarten in einen englischen Garten umgestaltete *Schloßpark* (1756–1853) mit Orangerie, Heckentheater (1823), Grotten und einer nachgebauten romantischen Ruine (1818).

Blankenhain (21 km s): *Stadtkirche.* Spätgot. Saalbau mit rechteckigem Chor, nach Bauinschrift 1481 und 1493. Charakteristischer Spitzhelm. Relief der hl. Sippe um 1525, Reste eines spätgot. Altarwerkes. *Schloß,* ehem. Sitz der Herren von Blankenhain, der Grafen von Gleichen und Nachfolger. Grundriß kreisförmig, mit engem Innenhof und Treppenturm. Erker mit Hochrelief und Wappen. Seltener Typ eines Rundschlosses in Thüringen.

Buchenwald (6 km nw): An die 56000 verhungerten, vergasten und verbrannten Lagerinsassen gemahnen im ehemaligen *KZ Buchenwald* (1937–45) die in der Effektenkammer und im Krematorium eingerichteten Gedenkstätten und die monumentale Bronzegruppe (1958) v. F. Cremer vor dem hohen Glockenturm (Glocke aus →Apolda) auf dem Großen Ettersberg.

Buchfart (8 km s): J. Linde schnitzte die Schreinfiguren (1492) des Flügelaltars und den spätgot. Kruzifixus in der *Dorfkirche.* – Die nahe altsteinzeitliche *Höhlen- und Felsenburg* am Ilm-Hochufer diente bis ins 12. Jh. als Fluchtburg und danach als Raubritternest. – Über die Ilm spannt sich eine gedeckte *Holzbrücke* aus dem 18. Jh.

Buttelstedt (11 km n): Das neugot. veränderte Innere der spätgot. *Nikolaikirche* (15. bis 19. Jh.) bewahrt ein spätgot. Tafelbild (1563), die Kanzel aus der Zeit um 1630 und mehrere Epitaphe (16.–18. Jh.).

Buttstädt (20 km nö): Die *Michaeliskirche* (16.–18. Jh.) besitzt eine interessante Barockausstattung mit Fresken des Florentiners F.D. Minetti. – Aus der Übergangszeit v. der Spätgotik zur Renaissance stammen das *Rathaus* und das ehem. *Vogtshaus,* das heute das *Heimatmuseum* mit einer Thüringer Bauernstube (1800) beherbergt.

Ettersburg (7 km nw): Das barocke *Jagdschloß* (1706–22; heute Altenheim) mit Mittelrisalit und Freitreppe vor der zum *Landschaftsgarten* (1776–1852) gewandten S-Fassade erhielt 1863–65 eine neugot.

Weimar, Stadthaus und Lucas-Cranach-Haus am Markt (unten), Marktbrunnen (rechts)

Kranichfeld (Weimar), Oberschloß

Schloßkapelle, die neben dem Epitaph (um 1300/10) für Ludwig v. Blankenhain und Gemahlin u. a. einen spätgot. Flügelaltar (Marienkrönung, um 1490) birgt.

Hohenfelden (21 km sw): Übernahme eines Bauernhofes als Ausgangspunkt eines Freilichtmuseums am Rande des Dorfes, neben der Kirche Ausbau einer Scheune als Museum, Aufbau translozierter Gebäude – Bienenhaus, Taubenturm.

Kranichfeld (22 km sw): Durch diese Kleinstadt ging bis 1920 die Grenze zwischen den Besitzen des Großherzogtums Sachsen-Weimar und des Herzogtums Sachsen-Meiningen. – Im 1887 neugot. renovierten Inneren der spätgot. *Pfarrkirche* (1499) finden sich das Grabmal (1570) der Gräfin v. Gleichen und ein spätgot. Gestühl aus der Zeit um 1500. – *Oberschloß,* auf einem Bergsporn ehem. eine große Anlage mit Vorhöfen und Wirtschaftsgebäuden. Ruine des 1934 ausgebrannten Schlosses des 16. Jh. mit älteren Resten, bes. großem Bergfried erhalten. Ausbau vorgesehen.

Kromsdorf (4 km nö): Anstelle einer Wasserburg ließ Georg Albrecht von Kromsdorf 1580 ein Schloß errichten, das teilweise mit wertvollen bemalten Tapeten ausgestattet war. Der Garten Ende 17. Jh. von einer Mauer umschlossen, in deren Nischen zahlreiche Sandsteinbüsten standen, ursprünglich 64 Denkmäler von Persönlichkeiten der weimarischen und der Weltgeschichte. Teilweise erhalten.

Tannroda (18 km sw): Die *Burg* vermutl. im 12. Jh. entstanden, 1465 zerstört, nach Wiederaufbau 1551 abgebrannt, der Bergfried erhalten. In der Nähe die *Stadtkirche* St. Michael, schlichter klassizistischer Neubau.

Tiefengruben (17 km sw): Dorfanlage als Rundling, als Typus insgesamt unter Denkmalschutz. Die Bauernhöfe meist giebelseitig zum Anger gerichtet. In der Nähe Schloß **Tonndorf** (21 km sw), von der Burg des 13. Jh. Bergfried erhalten, übrige Gebäude 17.–19. Jahrhundert. Jetzt Feierabendheim.

37339 Worbis

Worbis

Einw.: 4600 Höhe: 333 m S. 226 □ B 8

Am Südhang des Ohmgebirges als Paßsperre der alten Heerstraße Duderstadt–Mühlhausen entstand im 12. Jh. die Burgstadt. – Das älteste Siegel von 1255 weist auf die Grafen von Beichlingen als Stadtgründer hin. Ab 1373 unter der Herrschaft von Mainz, fiel der Ort 1802 an Preußen. Im Revolutionsjahr 1848 liefen die Aufständischen Sturm gegen das zur Zwangsarbeitsanstalt umfunktionierte Rathaus, das 1864 einem Brand zum Opfer fiel.

Antoniuskirche: Die v. A. Petrini entworfene frühbarocke ehem. *Franziskanerklosterkirche* (1670–77) mit Tonnengewölbe über kräftigen Gurtbogen erhielt im Rahmen ihrer spätbarocken Umgestaltung (1765) durch C. Schmitt auch eine qualitätvolle *Rokoko-Ausstattung.* Nach einer einfühlsamen Restaurierung (1980) präsentieren sich der mit Heiligen- und Engelsfiguren sowie J. S. Beck zugeschriebenen Gemälden (»Glorie des hl. Antonius v. Padua«, 1765) geschmückte *Choraltar* und die ebenfalls mit gefärbtem Stuckmarmor und Marmor-

Weimar, Belvedere

Worbis, Panorama mit Antoniuskirche

imitation gestalteten *Neben-* und *Seitenaltäre,* aber auch die figürlich verzierte *Kanzel* und die *Beichtstühle* wieder in altem Glanz.

Außerdem sehenswert: Die spätbarocke *Nikolauskirche* (1765) birgt ein spätgot. Altarretabel (Leiden Christi, um 1500). Die *St.-Rochus-Kapelle,* ein schlichtes Barockgebäude aus dem Jahr 1683, ist eine Gedenkstätte an die Pesttoten der Stadt von 1682/83. – Beachtenswert sind in der barokken *Hardtkapelle,* von 1749, die vierzehn an der Nordwand aufgestellten Nothelfer, entstanden nach 1680. – In der Stadt sind zahlreiche Wohnhäuser in Fachwerkbauweise erhalten, einen Besuch lohnt das *Heimatmuseum* im ehemal. *kurmainzischen Rentamt.* In dem prächtigen Fachwerkbau werden eine Sammlung zur Ur- und Frühgeschichte des Kreisgebietes und Exponate zur Geschichte der Stadt und Volkskunde ausgestellt.

Umgebung

Deuna (12 km sö): Die nach der Zerstörung im Bauernkrieg 1540 wieder aufgebaute *Wasserburg* (12.–16. Jh.) wurde durch den Bau des zusätzlichen *Neuen Schlosses* (um 1600) zum sog. Hinterhof-Schloß. Es bewahrt v. der ma Bewehrung die Burgmauern mit Schießscharten und massigen Wehrtürmen.

Dingelstädt (14 km s): In der kleinen *Kirche Maria im Busch* (1688) befindet sich eine spätgot. Pietà (14./15. Jh.).

Hauröden (14 km nö): Dorfanlage mit stattlichen Fachwerkhöfen, am Anger die Dorfkirche, um 1670 als sehenswerter Fachwerkbau errichtet.

Wachstedt (23 km s): Unterhalb der mehrfach umgestalteten *Burg Gleichenstein* (13. bis 20. Jh.) steht die barocke *Wallfahrtskapelle* (1769) mit einer spätgot. Pietà (15. Jh.) und einer Außenkanzel (1614).

Worbis, Ehemaliges kurmainzisches Rentamt

Zeittafel

Ca. 400–531: Königreich der Thüringer.

8. Jh.: Beginn der Christianisierung.

704: Erwähnung Arnstadts. Als erste Burg wird die Mühlburg erwähnt.

741: Gründung des Bistums Erfurt.

825: Die Michaelskirche in Rohr als karolingische Basilika gegründet. Mehrere Aufenthalte deutscher Kaiser in Rohr.

Mitte 11. Jh.–1247: Herrschaft der Thüringer Landgrafen.

1085: Gründung von Reinhardsbrunn als erstes Benediktinerkloster in Thüringen.

Um 1200: Sängerkrieg auf der Wartburg.

1211–27: Elisabeth von Thüringen (hl. Elisabeth).

1224: Niederlassung der Franziskaner in Erfurt, erster Bettelorden in Thüringen.

1247–62: Thüringer Erbfolgekrieg, Herrschaft der Wettiner.

1349: Gegenkönigtum Günthers XXI. von Schwarzburg.

1392: Gründung der Erfurter Universität.

1482: Teilung des Wettiner Besitzes in die Albertinische und Ernestinische Linie.

1505: Eintritt Luthers in das Augustinerkloster Erfurt.

1509/10: »Tolles Jahr« in Erfurt.

1521: Luther auf der Wartburg.

1525: Reformation. Deutscher Bauernkrieg mit Zentrum Mühlhausen.

17.3.–25.5. 1525: Einsetzung des »Ewigen Rates« in Mühlhausen mit Thomas Müntzer.

Mai 1525: Niederlage der Bauernschaft in der Schlacht bei Frankenhausen.

1557: Gründung der Universität Jena.

1585: Beginn des Baus der Wilhelmsburg in Schmalkalden mit der Schloßkapelle als einer der ersten protestantischen Kirchenräume.

1664: Ausbau des Petersberges zu einer mächtigen Festungsanlage mitten in Erfurt.

1685: Johann Sebastian Bach in Eisenach geboren.

18. Jh.: Höhepunkt der politischen Zersplitterung Thüringens.

1760: Erste Porzellanfabrik in Sitzendorf.

1774: Übersiedlung Goethes nach Weimar auf Einladung des Herzogs Carl August.

1782: Der Pädagoge Friedrich Fröbel in Oberweißbach geboren.

1784: Gründung der Erziehungsanstalt Schnepfenthal durch Ch. G. Salzmann und J. Ch. F. Guts Muths zur Förderung der Körperkultur.

1789: Antrittsvorlesung Schillers an der Universität Jena.

1806: Gefecht bei Saalfeld, Tod des Prinzen Louis Ferdinand. Doppelschlacht von Jena und Auerstedt.

1808: Erfurter Fürstenkongreß. Treffen Goethes mit Napoleon.

1816: Gründung des preußischen Regierungsbezirks Erfurt.

18. 10. 1817: Burschenschaftsfest auf der Wartburg.

1829: Der Zoologe Alfred Brehm in Renthendorf bei Stadtroda geboren.

1833: Älteste Dampfmaschine Thüringens in Gera.

1838–90: Restaurierung der Wartburg.

1839/40: Einrichtung des ersten Kindergartens durch Friedrich Fröbel in Bad Blankenburg.

1846: Erste Thüringer Eisenbahnstrecke Weimar–Weißenfels. Gründung der ersten Optischen Werkstätten von Carl Zeiss in Jena.

1848: Bürgerliche Revolution.

1850: Unionsparlament in der Augustinerkirche zu Erfurt.

1860: Gründung der Kunstschule Weimar.

1869: Gründung der Sozialdemokratischen Partei Deutschlands in Eisenach.

1875: Einigungsparteitag der Sozialisten in Gotha.

1891: Erfurter Parteitag der SPD (»Erfurter Programm«).

1918/19: Auflösung der Fürsten- und Herzogtümer, Erklärung zu Freistaaten.

1919: Deutsche Nationalversammlung in Weimar (Weimarer Verfassung). Gründung des Bauhauses in Weimar.

1920: Niederschlagung des Kapp-Putsches in Thüringen. Zusammenschluß der Freistaaten zum Land Thüringen: ehemaliges Großherzogtum Sachsen-Weimar-Eisenach, Herzogtümer Sachsen-Altenburg, Sachsen-Gotha, Sachsen-Meiningen, die Fürstentümer Schwarzburg-Rudolstadt und Schwarzburg-Sondershausen sowie Reuß Ältere Linie und Reuß Jüngere Linie (der Teil Coburg des Herzogtums Sachsen-Coburg-Gotha geht durch Volksabstimmung an Bayern).

1937: Einrichtung des Konzentrationslagers Buchenwald bei Weimar.

1944: Anschluß der preußischen Gebiete mit Erfurt an das Land Thüringen.

1945: Im April Befreiung Thüringens durch amerikanische Truppen. Im Juli Besetzung des Landes vertragsgemäß durch die Rote Armee. Weimar als Landeshauptstadt mit der ersten thüringischen Regierung.

1948: Übersiedlung der Ministerien nach Erfurt.

7.10. 1949: Ausrufung der Deutschen Demokratischen Republik (DDR).

1952: Auflösung des Landes Thüringen, Einrichtung der Bezirke Erfurt, Gera und Suhl.

November 1989: Wende und Schlußphase der SED-Herrschaft.

Register der Fachausdrücke

Ädikula: Wandnische, die zur Aufstellung einer Büste oder Statue dient; meist mit → Giebel, → Pfeilern oder → Säulen verziert.
Akanthus: Schmuckelement, das sich vor allem am → korinthischen → Kapitell findet und aus der stilisierten Darstellung eines scharf gezackten, distelähnlichen Blattes entwickelt wurde.
Altaraufsatz: Schreinartiger Aufbau über dem Altartisch.
Altarauszug: Oberer, abgehobener Teil des → Altaraufsatzes.
Altarretabel: → Altaraufsatz.
Ambo: Pult an den Chorschranken in altchristlichen und mittelalterlichen Kirchen; Vorläufer der → Kanzel.
Anna selbdritt: Darstellung von Anna, Maria und dem Jesusknaben.
Apsis: Abschluß des → Chors, meist halbkreisförmig. In der Regel Standort des → Altars.
Arabeske: Ein stilisiertes Blattwerk, das als Schmuckmotiv verwendet wird.
Architrav: Steinerner Hauptbalken über den → Säulen.
Archivolte: Bogenlauf über romanischen und gotischen Portalen.
Arkade: Bogen, der von → Säulen oder → Pfeilern getragen wird. Mehrere Arkaden werden zu Bogengängen zusammengefaßt. Wenn die Arkaden keine Öffnung haben (und nur aus dekorativen Gründen verwendet werden), spricht man auch von Blendarkaden.
Atrium: Bei den Römern ein zentraler Raum mit einer Öffnung im Dach, durch die das Regenwasser einfallen konnte.
In der christlichen Architektur ein Vorhof, der meist von → Säulen umgeben ist, auch Paradies genannt.
Attika: Eine (meist reich verzierte) Wand, die über das → Gesims einer Säulenreihe gemauert wird und das Dach verdecken soll.
Aula: Halle, Versammlungssaal.

Backsteingotik: Bauten aus → Backstein in den Forrnen der → Gotik.
Vorwiegend in Nord-, Ost- und Süddeutschland zu fnden.
Baldachin: Schutzdach über → Altären, Grabmalen, Statuen und Portalen.
Baluster: Kleine bauchige oder profilierte Säule.
Balustrade; aus → Balustern gebildetes Geländer.
Baptisterium: Taufkirche oder Taufkapelle, in der Regel Zentralbau.
Barock: Stilbezeichnung für die Kunst und Kulturepoche ab etwa 1600 bis etwa 1750. Bestimmend sind kraftvoll bewegte, ineinandergreifende Formen.

Basilika: Griechische Königshalle; im Kirchenbau Bezeichnung für eine mehrschiffige Kirche (→ Schiff), deren Satteldach über dem Hauptschiff höher ist als die Pultdächer über den Seitenschiffen. Siehe auch → Säulenbasilika und → Pfeilerbasilika.
Basis: Fuß einer → Säule oder eines → Pfeilers, meist breit auslaufend und dekorativ gestaltet.
Bergfried: Hauptturm einer Burg, letzte Zufluchtsstätte bei Belagerungen.
Biedermeier: Kunst und Kulturepoche (v.a. im deutschsprachigen Raum) v. ca. 1815 bis ca. 1850.
Blendarkade: → Arkade.
Blende: in die Wand eingetieftes Feld oder der Wand vorgelegtes architektonisches Motiv mit der Wirkung einer Scheinarchitektur.
Blendmaßwerk: → Maßwerk.
Bogenformen: Der Bogen dient zur Überbrükkung größerer Spannweiten im Steinbau.
Bogenfries: Ein → Fries in der Form von Rundbogen (häufig bei romanischen Bauwerken).
Bündelpfeiler: In der Gotik beliebte → Pfeilerform. Um Kernpfeiler gruppieren sich kleinere und größere Dreiviertelpfeiler.

Campanile →Kampanile.
Cella: Hauptraum des antiken Tempels mit dem Götterbild.
Chor: Der meist erhöhte und in der Regel östlich gelegene Abschluß des Kirchenraumes. Der Chor hat meist nicht die gleiche Breite wie das → Schiff. Er dient zur Aufnahme des → Altars. Im Mittelalter war der Chor oft durch Schranken zum Kirchenraum abgegrenzt.
Chorumgang: Ein Gang, der durch die Fortführung der Seitenschiffe entsteht und um den Chor herumführt.
Confessio: Vorform der ma Krypta. Unter dem Hochaltar angelegtes Märtyrer- oder Kirchenheiligengrab.

Dachformen, *Pultdach:* eine einzige schräg ansteigende Dachfläche. *Satteldach:* zwei schräge, gegeneinander aufsteigende Dachflächen, an den Enden durch einen Giebel begrenzt. *Tätschdach:* flach geneigtes Satteldach. *Walmdach:* Satteldach, bei dem auch die Giebelseiten mit einer Dachfläche (Walm) versehen sind. *Krüppelwalmdach:* Walmdach, bei dem nur der obere Giebelteil abgewalmt ist. *Zeltdach:* vier steil aufsteigende Dachflächen über viereckigem Grundriß, z.B. als Turmabschluß. Vgl. → Klebdach.
Dachreiter: Türmchen über dem Dachstuhl.
Dienste: Dünne Säulen oder Rundstäbe, die einer Wand oder einem Pfeiler vorgelagert sind, meist zur Unterstützung des Gewölbes.

Diptychon: Zusammenklappbare zweiteilige (Altar-)Tafel.
Dorische Säulenordnung: → Ordnung, bei der die → Säulen ohne → Basis direkt auf den Boden gesetzt sind und flache, wulstförmige → Kapitelle tragen.
Draperie (franz. drap »Tuch«): Dekoration mit Stoffen, Behänge aus Stoffen und deren malerische Darstellung.

Epitaph: Gedenktafel oder Gedenkstein an Wand oder Pfeiler, oft über dem Grab des Verstorbenen.
Exedra: Apsis, überwölbt mit einem Kuppelausschnitt.
Exvoto: Ein aufgrund eines Gelübdes gestiftetes Bild: Votivbild, -tafel.

Fassade: Haupt- oder Schauseite eines Bauwerks.
Fassung: Bemalung.
Fayence: Töpferwaren mit Glasurüberzug, benannt nach der italienischen Stadt Faënza.
Fiale: Ziertürmchen in der → Gotik; oft als Bekrönung eines → Strebepfeilers.
Filigranwerk: Ursprünglich Goldschmiedearbeit, bei der Gold- und Silberdraht ornamentartig auf eine Metallunterlage gelötet werden. Auch auf vielfach durchbrochene Schnitzwerke und Stukkaturen übertragen.
Fischblase: Flammenförmige Ornamentform im gotischen → Maßwerk.
Flügelaltar: Der → Altaraufsatz hat ausklappbare, reich geschnitzte oder bemalte Flügel.
Fresko: Auf den noch feuchten Kalkputz werden Wasserfarben ohne Bindemittel aufgetragen. Beim Trocknen des Mörtels verbinden sich die Farben besonders haltbar mit dem Putz.
Fries: Schmuckstreifen zum Abschluß oder als Untergliederung einer Wand. Der Fries kann flächig oder plastisch sein, er kann aus Figuren oder → Ornamenten bestehen.

Galerie: Ein langgestreckter Raum; oft werden → Emporen und → Arkadengänge auch Galerie genannt.
Gaube: Als Giebelhäuschen ausgebildetes Dachfenster.
Gesims: Ein vorspringender Wandabschluß.
Gesprenge: Abschließende Bekrönung des → Altaraufsatzes.
Gewölbe: Bogen- oder haubenförmiger Abschluß eines Raums.
Gewölbeformen: *Tonnengewölbe:* Gewölbe mit dem Querschnitt eines Halbkreis-, Segment-, Korb- oder Spitzbogens.
Stichkappengewölbe: Tonnengewölbe, das durch einen seitlich einschneidenden Kappenkranz, meist mit Fensteröffnungen, begrenzt ist. *Kreuzgewölbe/Kreuzgratgewölbe:* rechtwinklige Durchdringung von zwei gleich hohen Tonnengewölben, die Durchdringungslinien heißen Grate. *Kreuzrippengewölbe:* Kreuzgratgewölbe mit tragenden Rippen entlang der Grate.
Sterngewölbe: sternartig verzweigtes Rippengewölbe.
Gobelin: Bildteppich.
Gotik: Epoche der europäischen Kunst und Kultur, die von der Mitte des 12.Jh. bis ins 16.Jh. reicht.
Grisaille: Malerei in verschiedenen Grauabstimmungen.

Hallenkirche: Im Gegensatz zur → Basilika sind Hauptraum und → Seitenschiffe gleich hoch; ohne → Querhaus.
Halsgraben: Künstlich geschaffener Graben, der Burgen vom Landrücken trennt. Oft auch Zugang über Zugbrücken.
Helm: Der Abschluß eines Turmes.

Intarsia: Einlegearbeit in Holz, Stuck, Stein etc.
Ionische Säulenordnung: → Ordnung, bei der die → Säulen auf einer mehrgliedrigen → Basis stehen und das → Kapitell durch zwei Schneckenbögen charakterisiert ist.

Joch: Grundeinheit des durch → Pfeiler, → Säulen oder → Gurtbogen gegliederten Raumes.
Jugendstil: Nach der Münchner Zeitschrift »Jugend« benannte Stilrichtung, die sich gegen die Übernahme alter Formen wendet und neue, der Natur entnommene Ausdrucksformen schafft. Schwerpunkt von 1895 bis um 1905.

Kämpfer: Steinplatte zwischen → Säule bzw. → Kapitell und Bogen oder Gewölbe.
Kalotte: Gewölbte Kuppel in Form eines Kugelabschnitts.
Kamee: Stein oder Edelstein mit erhaben geschnittener Darstellung.
Kampanile, *Campanile:* (meist frei stehender) Glockenturm.
Kanon: Regelmäßiges, wiederkehrendes Maß.
Kapitell: Abschließender, kopfartiger Teil einer → Säule. Die Form der Kapitelle ist ausschlaggebend für Stil oder → Ordnung.
Kapitelsaal: Versammlungsraum der Klostergemeinde.
Kartusche: Zierrahmen, mit dem Wappen, Initiale oder Inschriften eingefaßt sind.
Karyatide: → Gebälk tragende Figur.
Kassettendecke: Diese in rechteckige Felder unterteilte Decke ist durch → Ornamente, Bemalung oder anderen Schmuck ausgeprägt.
Kathedrale: Bischofskirche, Dom.
Klassizismus: Von klassisch-antiken Vorbildern ausgehende Stilrichtung, die zwischen etwa 1770 bis etwa 1830 ihren Höhepunkt erreichte.
Klostergewölbe: (Haubengewölbe): Ein kup-

pelähnliches, waagrecht gerade abschließendes Gewölbe aus Tonnenabschnitten.
Knorpelstil: Die vorbarocke Form des → Ornaments, aus dem → Beschlagwerk entwickelt, mit ohrmuschelartigen Formen.
Knospenkapitell: Abwandlung des → korinthischen Kapitells in frühgotischer Zeit.
Konche: Halbrunder, sich in einen Nebenraum öffnender Raum, besonders Halbkuppel der Apsis.
Konsole: Wandvorsprung, Balkenstütze.
Korbbogen: Flachgedrückter Rundbogen.
Korinthische Säulenordnung: Reiche Zierformen kennzeichnen bei dieser → Ordnung die → Kapitelle. Die → Basis ähnelt der → ionischen Ordnung.
Kragstein: Aus der Mauer herausragender Stein, der als Stütze, als Auflage oder auch nur als Träger für eine Büste dient.
Kreuzgang: Meist gewölbtes, nach innen durch → Arkaden geöffnetes Geviert, das als Umgang im Hof eines Klosters dient und an einer Seite an die Kirche anschließt.
Kreuzgewölbe: Ein → Gewölbe, bei dem sich zwei → Tonnengewölbe rechtwinklig kreuzen. Man unterscheidet das einfache Kreuzgratgewölbe von dem Kreuzrippengewölbe, bei welchem die Schnittkanten durch Rippen verstärkt sind.
Krypta: Unterkirche, Grabraum, meist unter dem → Chor gelegen. Oft sind Kirchen über einer alten Krypta errichtet worden.
Kuppelformen, wichtigste: *Pendentif- oder Hängekuppel:* über quadratischem oder vieleckigem Grundriß gewölbte halbrunde Kuppel mit ausgeschiedenen Seitenflächen. Die von der Kuppelwölbung in den Kuppelansatz überleitenden sphärischen Dreiecke heißen *Pendentifs* oder *Hängezwickel. Tambourkuppel:* Pendentifkuppel mit zylindrischem oder polygonalem Zwischenstück *(Tambour, Trommel)*, das zwischen Pendentifs und Halbkugel geschoben ist.
Der obere Abschluß einer Kuppel wird meist durch eine → Laterne gebildet.
Langhaus: Hauptteil der Kirche, für die Gemeinde bestimmt (ohne → Chor und → Apsis).
Laterne: Runder oder polygonaler, mit Fenstern versehener kleiner Aufbau über der Scheitelöffnung einer Kuppel oder als Turmbekrönung.
Leibung, Laibung: Fläche des Mauereinschnitts bei Fenstern und Türen.
Lettner: Wand oder Brüstung zwischen → Chor und → Mittelschiff, die den klerikalen Bereich vom Laienraum trennt.
Lisene: Schwach aus der Wand vortretender senkrechter Mauerstreifen ohne Basis und Kapitell.
Loggia: Nach außen geöffnete Säulenhalle eines Bauwerks, häufig im Obergeschoß.
Louis-Quatorze: Französischer Kunststil, dem deutschen → Barock vergleichbar; benannt nach Ludwig XIV. (1638–1715).
Louis-Quinze: Epoche des Spätbarock in Frankreich, benannt nach Ludwig XV. (1710 bis 1774). Entspricht in etwa dem → Rokoko in Deutschland und Österreich.
Louis-Seize: Beginn des → Klassizismus in Frankreich, benannt nach Ludwig XVI. (1754 bis 1793); eine gemäßigte Form des → Rokoko.
Lüftlmalerei: Malerei an Hauswänden, vornehmlich im süddeutschen Raum.
Lünette: Halbkreisförmiges Feld über Türen und Fenstern, oft mit Malerei oder Plastik.

Manierismus: Kunststil zwischen → Renaissance und → Barock (ungefähr von 1530 bis 1630). Der Manierismus vernachlässigt natürliche und »klassische« Formen zugunsten gewollter Künstlichkeit der Manier.
Maßwerk: Gotische geometrische Zierformen, vor allem für die Ausgestaltung von Fensterbögen oft verwendet. Liegen die Zierbogen direkt auf der Wand, spricht man von Blendmaßwerk.
Mausoleum: Ein prächtiges Grabmal, meist in der Form eines Hauses oder Tempels.
Mensa: Die Deckplatte des Altars.
Mezzanin: Halb- oder Zwischengeschoß.
Miniatur: Kleinformatiges Bild; handgemalte Bilder in alten Handschriften.
Monstranz: Schmuckgerät, in dem (meist hinter Glas) die geweihte Hostie gezeigt wird.
Mosaik: Wand-, Boden- oder Gewölbeschmuck, zusammengefügt aus kleinen bunten Steinchen, Glasscherben oder anderen Materialien.
Münster: Große Klosterkirche bzw. große Stiftskirche, vor allem in Rheinnähe gebräuchlich.
Muschelwerk: Zierornamente, die dem Muschelmotiv nachempfunden sind; vor allem in der späten → Renaissance und im → Rokoko.

Narthex: Vorhalle von Basiliken und Kirchen.
Netzgewölbe: Ein → Gewölbe, bei dem sich die Rippen mehrfach kreuzen. Vor allem zur Zeit der → Gotik anzutreffen.
Neubarock: Reaktion auf den kühlen → Klassizismus. Die Wiederverwendung der Formen des → Barock entwickelte sich im letzten Drittel des 19.Jh. als ein historisierender Prunkstil mit übertriebenem plastischem Schmuck und auffälligen Farben.
Neugotik (Neogotik): Historisierender Kunststil, mit dem man im 19. Jh. die Bauformen und Schmuckornamente der → Gotik neu beleben wollte.
Nonnenchor: → Empore, auf der Nonnen dem Gottesdienst beiwohnen.

Obelisk: Frei stehender Pfeiler mit quadratischem Grundriß und pyramidenartiger Spitze.

Odeon: Meist rundes Gebäude, in dem musikalische und andere musische Aufführungen stattfinden.
Oktogon: Gebäude mit achteckigem Grundriß.
Olifant: Das Wunderhorn Rolands, ein Signal- und Kriegshorn aus Elfenbein, reich geschnitzt und in Edelmetall gefaßt.
Orangerie: Teil barocker Schloß- und Parkanlagen, ursprünglich für die Überwinterung der während des Sommers im Freien aufgestellten Orangenbäume und anderer südlicher Gewächse gedacht.
Oft erhielten die Orangerien jedoch Festräume für große Hofgesellschaften.
Oratorium: Kleine Kapelle, die in der Regel nicht für die Öffentlichkeit zugänglich ist, oft dem →Chorraum angegliedert.
Ordensburg: Burgen des Deutschen Ritterordens, vornehmlich in Preußen und Livland. Die vierflügeligen Anlagen sind um einen Innenhof gruppiert und durch sehr starke Befestigungsanlagen geschützt. Kloster, Garnison und Verwaltung sind in den Ordensburgen gemeinsam untergebracht gewesen.
Ottonische Kunst: Kunst aus der Zeit der Könige Otto I., Otto II. und Otto III. (936 bis 1002). Anreger und Finanziers dieser Kunst waren die Könige sowie Würdenträger der Kirche.

Pagode: Süd- und ostasiatischer Reliquienschrein und Tempel.
Pala: Altaraufsatz.
Palas: Wohnbau einer Burg.
Pallium: Ein mantelähnlicher Umhang der Römer, im Mittelalter Krönungsmantel für Könige und Kaiser, später auch bei Erzbischöfen.
Paneel: Brusthohe Holzvertäfelung.
Pantheon: Den Göttern geweihter Tempel. Nach dem Vorbild des Pantheons in Rom.
Paradies: → Atrium.
Patio: Innenhof des Hauses, vor allem in Spanien.
Pavillon: Meist mehreckiger oder runder Bau in Parkanlagen. Bei Barockschlössern verbinden sehr häufig Eckpavillons den Hauptbau mit den davon abzweigenden → Galerien.
Pendentifkuppel: → Kuppelformen.
Peristyl: Einen Hof umgebende Säulenhalle, bei profanen wie sakralen Bauten verbreitet.
Pesel: Wohnraum und Zentrum norddeutscher Bauernhäuser.
Pfalz: Wohnstatt für Könige und Kaiser, die im Mittelalter nicht an einem Ort residierten, sondern ihren Sitz regelmäßig wechselten.
Pfeiler: Stützglied wie die → Säule, doch von recht- oder mehreckigem Grundriß.
Piano Nobile: Das wichtigste Geschoß eines Profanbaues, meistens das 1. Obergeschoß z.B. mit Prunk- und Repräsentationsräumen.
Pilaster: → Pfeiler, der aus einer Wand hervortritt (Halbpfeiler), mit → Basis und → Kapitell.
Pinakothek (griech.): Bildersammlung.
polychrom: Vielfarbig ausgeführt; Farben deutlich gegeneinander abgesetzt: Ggs. monochrom.
Polygon: Vieleck.
Polyptychon: Ein aus mehreren Tafeln (Flügeln) zusammengesetztes (Altar-)Bild.
Portikus: Von → Pfeilern gestützte Vorhalle.
Postament: Sockel eines Standbildes.
Predella: Unterbau des → Altars.
Presbyterium: Ursprünglich »Raum der Priester«, heute allgemeine Bezeichnung für den → Chor bzw. die → Apsis einer Kirche.
Propyläen: Die Eingangshalle monumentaler Bauten. Vorbild späterer Bauten waren die Propyläen auf der Akropolis in Athen (entstanden 437 bis 432 v. Chr.).
Pulpitum: Frei stehende Kanzel.
Putten: Nackte engelhafte Kinderfiguren in der → Renaissance, im → Barock und im → Rokoko.

Quader: Behauener Block aus massivem Stein.
Quadriga: Ein vierspänniger Wagen.

Refektorium: Speiseraum in Klöstern.
Régence: Französische Ausformung des → Rokoko.
Relief: Bildhauerarbeit, bei der die Figuren halbplastisch aus der Fläche herausgeschnitten (Holz) oder gemeißelt (Stein) sind. Je nach der Stärke der Erhebung spricht man von Flach-, Halb- oder Hochrelief.
Reliquiar: Behälter, in dem die Reliquien eines Heiligen aufbewahrt werden.
Remter: Speisesaal einer → Ordensburg (→ Refektorium).
Renaissance: Stilbezeichnung für die bildende Kunst ab etwa 1500 bis etwa 1600. Die Renaissance fällt zusammen mit dem Ende des mittelalterlichen Weltbilds und dem Beginn einer neuen, an der Antike orientierten Lebenshaltung (ital. rinascimento = Wiedergeburt).
Risalit: Aus der Fluchtlinie vortretender Teil eines Gebäudes, der dessen volle Höhe erreicht.
Rocaille: Reich gestaltete, muschelähnliche → Kartusche, die namengebend für das → Rokoko wurde.
Rokoko: Stilbezeichnung für die Zeit des ausklingenden → Barock (etwa 1720–70), mit eleganten, leichten, oft verspielten, vor allem ovalen Formen.
Romanik: Die zusammenfassende Bezeichnung für die Kunst vom Jahr 1000 bis ins 13.Jh. In ihren Bauwerken ist die Romanik bestimmt von Rundbogen, ruhigen Omamenten und einer insgesamt schweren Haltung.
Romantik: Kunstrichtung zu Beginn des 19.Jh., die sich vor allem in der Literatur (Märchen), Malerei und Musik ausbreitete. Sie nimmt For-

men und Motive des Mittelalters wieder auf und bedeutet eine Abkehr von den rationalen Normen des → Klassizismus.
Rosette: Rosenartige Dekorationsform, z B. in Kassetten oder an Friesen.
Rotunde: Rundbau.
Rustika: Mauern aus → Quadern, deren Schauseite absichtlich unbehauen geblieben ist.

Saalkirche: Stützenfreier Kircheninnenraum, also ohne → Seitenschiff.
Säkularisation: Umwandlung geistlicher Besitztümer in weltliche, vor allem in der Zeit unter Napoleon (1803).
Säule: Stützglied mit kreisförmigem Grundriß, Gliederung in Basis, Schaft und Kapitell. Säulenordnungen sind durch strenge Maß- und Proportionsregeln gekennzeichnet und kommen in den klassischen bzw. den von der Klassik beeinflußten Stilepochen vor (→ Pfeiler).
sakral: kirchlich, geistlich (im Gegensatz zu → profan).
Sakramentshäuschen: Gehäuse zur Aufbewahrung der geweihten Hostien. In der späten → Gotik entstanden zahlreiche große Sakramentshäuschen, die zu bedeutenden Kunstwerken ausgestaltet sind.
Sarkophag: Meist reich verzierter steinerner Sarg.
Satteldach: Von zwei schräg gegeneinander gestellten Flächen gebildetes Dach. Die 2 Giebel befinden sich an den Schmalseiten.
Schalldeckel: → Kanzel.
Schiff: Der Raumteil einer Kirche; daraus einschiffige oder mehrschiffige Kirchen; letztere durch → Säulen oder → Pfeiler aufgeteilt.
Sepultur: Für Begräbnisstätten reservierter Kirchenraum.
Sgraffito: Kratzputz.
Sprengwerk: → Gesprenge.
Stabkirche: Holzkirche (in Deutschland fast ausschließlich im Harz) aus senkrecht stehenden Planken und Pfosten.
Stabwerk: Senkrechte Stäbe zur Gliederung gotischer Fenster und Fassaden (→ Maßwerk).
Stichkappengewölbe: Ein von dreieckigen Kugelflächen eingeschnittenes → Tonnengewölbe.
Strebewerk: System von Strebepfeilern und -bögen an Außenwänden zur Abstützung von Mauern und Gewölben; im got. Kirchenbau häufig verwendet.
Strickbau: → Blockbau.
Stuck: Ein leicht formbarer Werkstoff aus Gips Kalk, Sand und Wasser, der v.a. im 17./18.Jh. zur plastischen Ausschmückung von Innenräumen gedient hat.
Stukkatur: Ornamentale und figürliche Stuck-Dekoration v.a. im Barock.
Synagoge: Jüdisches Gotteshaus.
Tabernakel: Altargehäuse für die Hostie.
Tabor: Befestigtes Lager, Befestigung, besonders in der Steiermark gegen Türkeneinfälle; auch Taborkirche.
Terrakotta: Gebrannte, unglasierte Tonerde.
Tonnengewölbe: → Gewölbe, das einer Tonne gleicht, die in Längsrichtung durchgeschnitten wird.
Triptychon: Dreiteiliges Altarbild.
Triumphbogen: Geschmückter Torbogen.
Tumba: Aufbau über einer Grabstelle.
Tympanon: Das Bogenfeld über dem mittelalterlichen Portal.

Vedute: Gemälde oder Zeichnung mit der genauen Darstellung einer Stadt oder Landschaft.
Verblendung: Verkleidung von Bauteilen, die nicht sichtbar sein sollen.
Verkröpfung: Vorziehen eines Gesimses über einem vorstehenden Bauteil (Wandpfeiler, Pilaster usw.).
Vesperbild: Pieta.
Vierung: Die Stelle, an der sich → Lang- und → Querhaus kreuzen.
Vollplastik: Allseits plastisch gearbeitetes Bildwerk (dagegen → Relief).
Volute: Spiralenförmiges → Ornament.
Vorhalle: Ein der Westfassade integrierter Vorraum bei Kirchenbauten.

Wange: Seitlicher Abschluß des → Chorgestühls.
Welsche Haube: Geschwungenes Haubendach für Türme, Vorläufer der → Zwiebelhaube.
Westwerk: Monumentaler Westabschluß bei Kirchen aus karolingischer, ottonischer und romanischer Zeit.
Als Kirche für den Herrscher vorgesehen und deshalb oft auch mit einem eigenen Altar ausgestattet.
Wimperg: Giebelartige Bekrönung über got. Portalen und Fenstern, meist aus Maßwerk konstruiert.

Ziborium (auch Ciborium): Großer von Säulen getragener steinerner → Baldachin über dem → Altar.
Zopfstil: Stilrichtung aus der Zeit zwischen → Rokoko und → Klassizismus (etwa um 1760–80); geprägt von strenger Ausdrucksweise.
Zwerchhaus: Dachhäuschen mit einem Giebel, der quer zum Hauptdach steht.
Zwerggalerie: Gang in der Außenmauer unter dem Dachgesims; nach außen geöffnet und meist reich verziert.
Zwiebelhaube: Dach in der Gestalt einer Zwiebel.
Zwinger: Das Gelände zwischen den inneren und äußeren Mauern der mittelalterlichen Stadtbefestigungen. Hier wurden oft Tiere gehalten. Im → Barock errichtete man an dieser Stelle dann oft Vergnügungsstätten.

Künstlerregister

Ortsregister

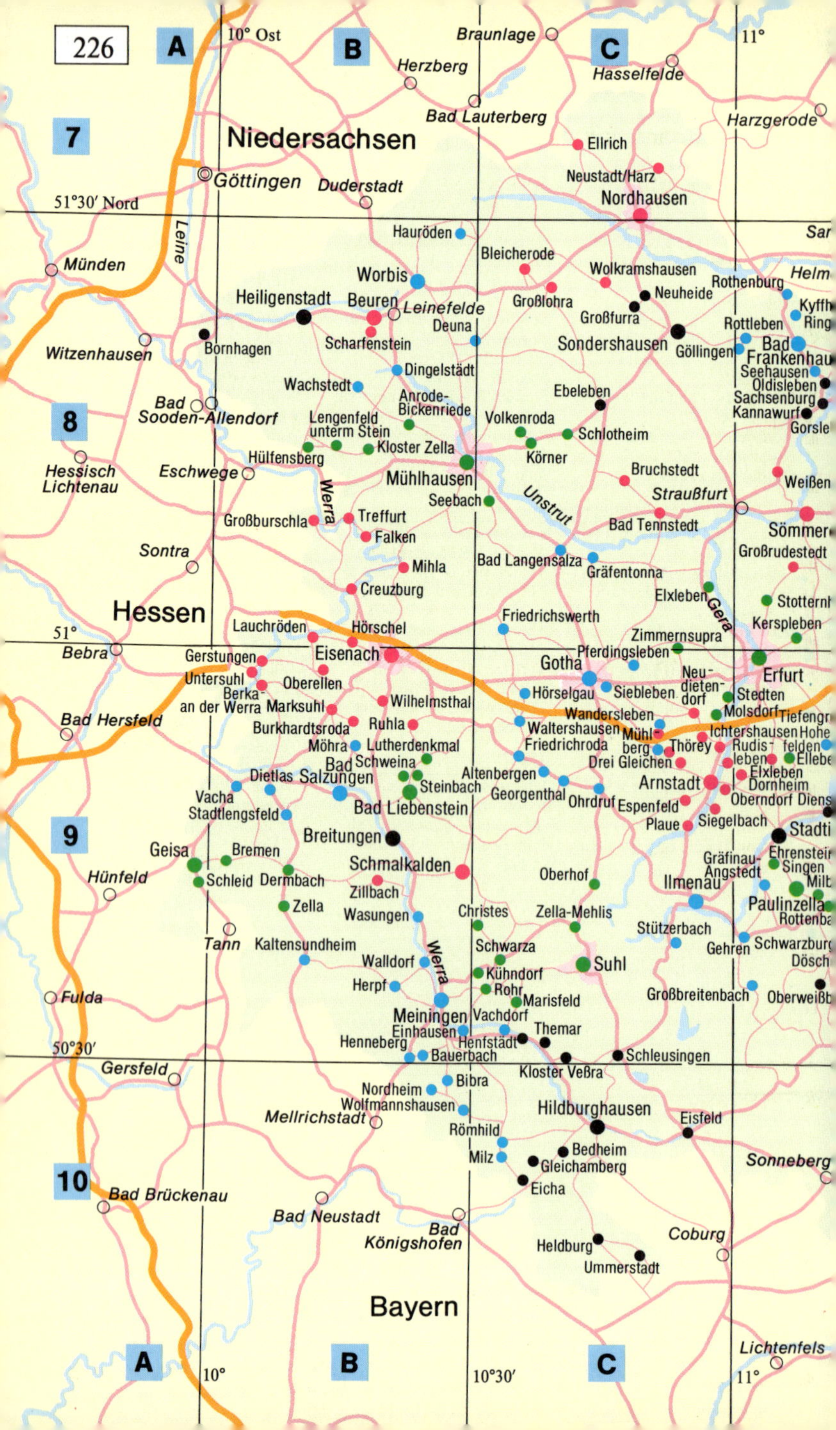
A
B
C
7
8
9
10
10° Ost
11°
51°30′ Nord
51°
50°30′
10°
10°30′
Niedersachsen
Hessen
Bayern
Braunlage
Herzberg
Hasselfelde
Bad Lauterberg
Harzgerode
Ellrich
Neustadt/Harz
Nordhausen
Göttingen
Duderstadt
Leine
Münden
Hauröden
Bleicherode
Wolkramshausen
Worbis
Großlohra
Neuheide
Rothenburg
Helm
Sar
Heiligenstadt
Beuren
Leinefelde
Großfurra
Kyffh
Ring
Witzenhausen
Bornhagen
Scharfenstein
Deuna
Sondershausen
Göllingen
Rottleben
Bad Frankenhau
Seehausen
Oldisleben
Sachsenburg
Kannawurf
Gorsle
Dingelstädt
Wachstedt
Anrode-Bickenriede
Ebeleben
Bad Sooden-Allendorf
Lengenfeld unterm Stein
Volkenroda
Schlotheim
Kloster Zella
Körner
Hülfensberg
Hessisch Lichtenau
Eschwege
Mühlhausen
Bruchstedt
Weißen
Werra
Seebach
Unstrut
Straußfurt
Großburschla
Treffurt
Falken
Bad Tennstedt
Sömmer
Sontra
Mihla
Bad Langensalza
Gräfentonna
Großrudestedt
Creuzburg
Elxleben
Gera
Stotternh
Friedrichswerth
Kerspleben
Lauchröden
Hörschel
Zimmernsupra
Bebra
Gerstungen
Eisenach
Pferdingsleben
Gotha
Erfurt
Untersuhl
Oberellen
Neu-dieten-dorf
Berka-an der Werra
Wilhelmsthal
Hörselgau
Siebleben
Stedten
Marksuhl
Wandersleben
Molsdorf
Tiefengr
Bad Hersfeld
Burkhardtsroda
Ruhla
Waltershausen
Mühlberg
Ichtershausen
Hohe
Möhra
Lutherdenkmal
Friedrichroda
Thörey
Rudisleben
felden
Ellebe
Bad Salzungen
Schweina
Drei Gleichen
Dietlas
Altenbergen
Elxleben
Vacha
Steinbach
Georgenthal
Arnstadt
Dornheim
Stadtlengsfeld
Bad Liebenstein
Ohrdruf
Espenfeld
Oberndorf
Diens
Plaue
Siegelbach
Breitungen
Stadti
Geisa
Bremen
Gräfinau-Angstedt
Ehrenstein
Singen
Hünfeld
Schleid
Dermbach
Schmalkalden
Oberhof
Ilmenau
Milb
Zillbach
Paulinzella
Rottenba
Zella
Wasungen
Christes
Zella-Mehlis
Stützerbach
Tann
Kaltensundheim
Schwarza
Gehren
Schwarzburg
Walldorf
Werra
Suhl
Dösch
Kühndorf
Herpf
Rohr
Fulda
Marisfeld
Großbreitenbach
Oberweißb
Meiningen
Vachdorf
Einhausen
Themar
Henneberg
Henfstädt
Bauerbach
Schleusingen
Kloster Veßra
Gersfeld
Bibra
Nordheim
Wolfmannshausen
Hildburghausen
Eisfeld
Mellrichstadt
Römhild
Bedheim
Milz
Gleichamberg
Sonneberg
Eicha
Bad Brückenau
Bad Neustadt
Bad Königshofen
Heldburg
Coburg
Ummerstadt
Lichtenfels

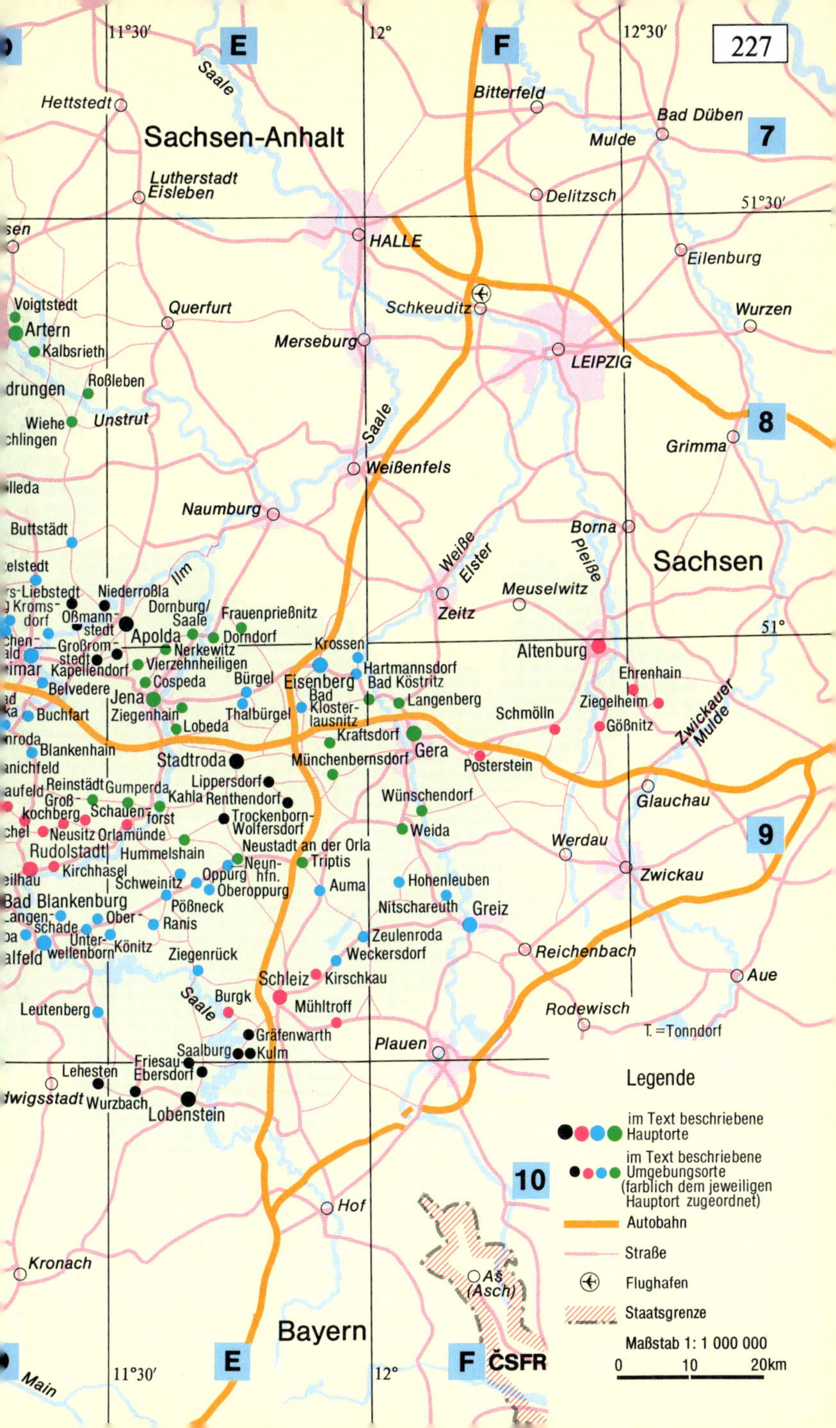
11°30′
E
12°
F
12°30′
Saale
Hettstedt
Bitterfeld
Bad Düben
Sachsen-Anhalt
Mulde
7
Lutherstadt Eisleben
Delitzsch
51°30′
HALLE
Eilenburg
Voigtstedt
Artern
Kalbsrieth
Querfurt
Schkeuditz
Wurzen
Merseburg
LEIPZIG
Roßleben
Wiehe
Unstrut
Saale
8
Grimma
Weißenfels
Buttstädt
Naumburg
Borna
Pleiße
Weiße Elster
Sachsen
Ilm
Niederroßla
Dornburg/ Saale
Frauenprießnitz
Meuselwitz
Zeitz
Oßmannstedt
Apolda
Dorndorf
Großromstedt
Nerkewitz
Krossen
51°
Altenburg
Kapellendorf
Vierzehnheiligen
Hartmannsdorf
Ehrenhain
Belvedere
Cospeda
Bürgel
Eisenberg
Bad Köstritz
Jena
Bad Klosterlausnitz
Langenberg
Ziegelheim
Buchfart
Ziegenhain
Thalbürgel
Schmölln
Gößnitz
Zwickauer Mulde
Lobeda
Kraftsdorf
Blankenhain
Stadtroda
Münchenbernsdorf
Gera
Posterstein
Reinstädt
Gumperda
Lippersdorf
Kahla
Renthendorf
Wünschendorf
Glauchau
Groß-kochberg
Schauenforst
Trockenborn-Wolfersdorf
Neusitz
Orlamünde
Weida
Werdau
9
Rudolstadt
Hummelshain
Neustadt an der Orla
Kirchhasel
Neunhofen
Triptis
Zwickau
Schweinitz
Oppurg
Oberoppurg
Auma
Hohenleuben
Bad Blankenburg
Pößneck
Nitschareuth
Greiz
Langenschade
Ober-
Ranis
Unterwellenborn
Könitz
Zeulenroda
Weckersdorf
Reichenbach
Ziegenrück
Schleiz
Kirschkau
Aue
Saale
Burgk
Mühltroff
Rodewisch
Leutenberg
T. = Tonndorf
Gräfenwarth
Saalburg
Kulm
Plauen
Friesau
Ebersdorf
Lehesten
Wurzbach
Lobenstein
Legende
im Text beschriebene Hauptorte
im Text beschriebene Umgebungsorte (farblich dem jeweiligen Hauptort zugeordnet)
Autobahn
Straße
Flughafen
Staatsgrenze
Maßstab 1: 1 000 000
0 10 20km
10
Hof
Kronach
Aš (Asch)
Bayern
E
F
ČSFR
11°30′
12°
Main

Abkürzungen

bes.	besonders
d. Ä.	der Ältere
d. Gr.	der Große
d. h.	das heißt
d. J.	der Jüngere
dt.	deutsch
ehem.	ehemalig(e)
eigtl.	eigentlich
ev.	evangelisch
gegr.	gegründet
got.	gotisch
griech.	griechisch
Hl., hl.	Heilige(r), heilige(r)
Jh.	Jahrhundert
Jtd.	Jahrtausend
kath.	katholisch
km	Kilometer
l	links
m	Meter
MA	Mittelalter
ma	mittelalterlich
N	Norden, Nord-
n	nördlich
O	Osten, Ost-
ö	östlich
qm	Quadratmeter
r	rechts
röm.	römisch
roman.	romanisch
S	Süden, Süd-
s	südlich
sächs.	sächsisch
sog.	sogenannt(e)
sorb.	sorbisch
St.	Sankt
u. a.	und andere, unter anderem
urspr.	ursprünglich
usw., etc.	und so weiter
v.	von
vgl.	vergleiche
W	Westen, West-
w	westlich
z. B.	zum Beispiel
z. T.	zum Teil

Knaurs
Kulturführer
in Farbe
Griechische Inseln

Knaurs
Kulturführer
in Farbe
Großbritannien und Irland

Knaurs
Kulturführer
in Farbe
London
und Umgebung

Knaurs
Kulturführer
in Farbe
Heiliges Land

Knaurs
Kulturführer
in Farbe
Holland

Knaurs
Kulturführer
in Farbe
Italien

Knaurs
Kulturführer
in Farbe
Florenz und Toskana

Knaurs
Kulturführer
in Farbe
Rom und Latium

Knaurs
Kulturführer
in Farbe
Sizilien

Knaurs
Kulturführer
in Farbe
Südtirol

Knaurs
Kulturführer
in Farbe
Venedig und Venetien
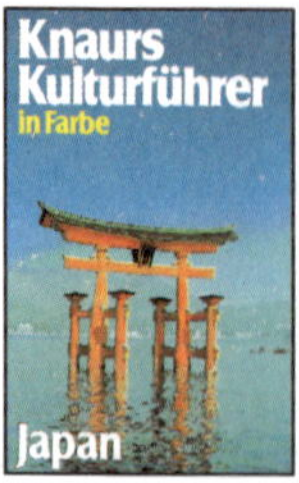
Knaurs
Kulturführer
in Farbe
Japan

Knaurs
Kulturführer
in Farbe
Marokko

Knaurs
Kulturführer
in Farbe
Mexiko

Knaurs
Kulturführer
in Farbe
Norwegen

Knaurs
Kulturführer
in Farbe
Österreich

Knaurs
Kulturführer
in Farbe
Kärnten

Knaurs
Kulturführer
in Farbe
Tirol

Knaurs
Kulturführer
in Farbe
Wachau
Nibelungengau · Waldviertel

Knaurs
Kulturführer
in Farbe
Salzburg
Salzburger Land